广东科技学院 2023 年第二批博士科研启动经费资助
广东省高等教育学会 2023 年度“十四五”规划一般课题(23GYB68, 20230)

教育现象学视域下我国高校辅导员教育智慧养成与发展的行动研究

李　英　刘佳琪　著

中国矿业大学出版社
·徐州·

图书在版编目(C I P)数据

教育现象学视域下我国高校辅导员教育智慧养成与发展的行动研究 / 李英，刘佳琪著. — 徐州 ：中国矿业大学出版社，2024. 12. — ISBN 978 - 7 - 5646 - 6458 - 9

Ⅰ. G645.1

中国国家版本馆 CIP 数据核字第 2024P8Z464 号

书　　名　教育现象学视域下我国高校辅导员教育智慧养成与发展的行动研究
著　　者　李　英　刘佳琪
责任编辑　徐　玮
出版发行　中国矿业大学出版社有限责任公司
（江苏省徐州市解放南路　邮编 221008）
营销热线　(0516)83885370　83884103
出版服务　(0516)83884895　83884920
网　　址　http://www.cumtp.com　**E-mail**:cumtpvip@cumtp.com
印　　刷　苏州市古得堡数码印刷有限公司
开　　本　787 mm×1092 mm　1/16　**印张** 12.75　**字数** 250 千字
版次印次　2024 年 12 月第 1 版　2024 年 12 月第 1 次印刷
定　　价　56.00 元

前　言

“君子之所以教者五：有如时雨化之者，有成德者，有达财者，有答问者，有私淑艾者。”我国新时代高校辅导员是促进高等教育改革、提高高等教育质量、培养高素质人才的关键教育工作者，面临新形势、新任务、新要求，亟须经验型向智能型转变。因此，建设一支拥有基于认知情境和实践基础的教育智慧的高素质辅导员队伍是新时代赋予高校的重要课题。那么，有什么可行机制和路径能够促进高校辅导员教育智慧的养成？通过对高校辅导员进行专业知识培训、业务技能培训、文化知识传授等是否就够了？作者通过查阅“高校辅导员教育”相关文献，发现仅仅通过这些传统方式来提高高校辅导员教育能力和水平显然是不够的，是有其局限性的。现象学教育学开创者马克斯·范梅南及其弟子李树英的教育现象学研究具有实践性、人文性、反思性等特点，这为高校辅导员教育智慧养成与发展提供了一种独特的视角和范式。因此，本书通过对教育智慧、高校辅导员教育智慧、教育现象学三方面的文献综述，确定以教育体验为核心、现象学态度为关键特征的教育现象学方法论作为指导，通过基于教育现象学行动研究范式“描述体验故事—研读体验故事—针对体验故事共同反思”来构建高校辅导员教育智慧养成与发展的可行路径。

也许有些读者对于通过此研究范式来探究高校辅导员教育智慧有所陌生、有所疑虑，或许也有好奇和期待，但研究者认为，通过高校辅导员的具体教育事件和教育实践来探究教育智慧的养成，更能使辅导员产生共鸣和认同感，因为生活体验不仅开启了我们的理解力和认知感，更重要的是“一切真理都来自实践”。因此，研究者遵循采集生活体验文本故事，完善体验文本故事，聚焦反思、探究和分析体验故事本质与意义，追踪检验参与研究辅导员反思力和教育敏锐性提升的教育现象学行动研究范式，邀请教育现象学专家、高校辅导员等参与教育现象学聚焦反思研讨活动，与活动参与者形成反思研讨共同体，共同探究 8 篇教育体验故事文本蕴含的本质与意义。聚焦反思研讨活动按辅导员描述自己的教育体验故事、参与者对体验故事提出好奇、展开反思流程开展反思交流研讨。在开展高校辅导员教育智慧养成与发展的教育现象学行动研究基础上，为追求最大化信度和效度，研究者和参与研究者共同设计出 3 种调查问卷，收集到 709 份“大学生心目中好的辅导员”、61 份高校辅导员教育智慧养成与发展路径、11 份追踪访谈问卷调查作为辅助数据。经共同研究有了 3 个方面的重要发现。一是高校辅导员教育智慧具备的共有特质，包括但不限于具有教育学视域好奇心和敏感性；倾听学生心声和观察学生的细微变化，理解学生体验；充满爱和信任，发现及挖掘学生内驱动力和成长可能性；把握教育契机，施以个性发展化教育，发挥教育影响力；实践中反思、反思中创新，螺旋式提升与学生更好相处的智慧。二是教育现象学行动研究范式是高校辅导员教育智慧养成的一种可行路径，专家、研究者、辅导员对教育体验故事追溯、好奇、追问、反思、探讨，有效促进辅导员逐渐养成教育智慧。这种养成路径是无止境螺旋上升的过程，是无法测量和量化的，相较于机械地培训和灌输知识技巧或学历上的提升更有成效。三是高校辅导员通过教育现象学行动研究，自身养成了撰写、研读、反思教育体验故事习惯，并能对比、提炼其他辅导员的教育体验故事的本质与意义，挖掘出自己当时教育情境中具有教育智慧的一面和教育不足的一面，从而自觉提升自己的反思力，以更好地形成优秀的教育智慧品质。

突出理论与实践相融合，从教育现象学理论及方法论视角，提出通过教育体验故事写作与描述、教育体验故事文本分析与改写、现象学一对一开放式对话访谈、针对教育体验聚焦反思研讨等教育现象学行动研究，是实现高校辅导员教育智慧养成与发展的一个可供选择的较佳路径。基于本书发现，研究者建议教育管理部门、高校、辅导员三个层面加强联动，在相互作用中更好更快养成和发展高校辅导员教育智慧。高校在对辅导员培养及培训时，能借鉴、运用和推广以"描述和撰写体验故事—改写体验故事文本—共同反思研讨体验故事—探究出体验故事蕴含的本质与意义—获得教育学洞见"的教育现象学行动研究范式，以此促进高校辅导员教育智慧养成与发展和发展，使高校辅导员更加全面胜任作为关键教育工作者的职责任务，科学有效落实立德树人根本任务，培养德智体美劳全面而有个体化发展的高素质人才，为实现我国人才高质量发展作出应有贡献。

著　者

2024 年 5 月

目　录

第一章　绪　　论

我国高校辅导员在高等教育体系中扮演着至关重要的角色。他们不仅是高等教育特色职业的代表，也是高校育人体系中的核心力量。辅导员的工作直接影响着高等教育改革的进程、教育质量的提升以及高素质人才的培养。他们肩负着立德树人、五育并举的重任，是实现教育目标的关键教育者。在当前中华民族伟大复兴和世界大变局的背景下，辅导员需要不断提升自己的判断力、领悟力和执行力，以更好地服务于国家的教育事业。培养一支具有教育智慧的高校辅导员队伍，对于新时代高等教育的改革和发展、高素质人才的培养具有重要意义。本书在教育现象学方法论的指导下，对高校辅导员教育智慧的养成与发展进行行动研究，旨在探索有效的培养路径，助力辅导员自身教育智慧的发展，为我国高素质人才培养贡献力量。本章从研究背景、研究问题、研究目的与意义等方面进行论述，旨在深入探讨如何通过教育智慧的培养，促进高校辅导员队伍的专业成长和学生素质的提升，以实现教育的长远目标。

第一节　研究缘起

一、基于研究者的工作实践和兴趣

阅读教育学现象学开创者马克斯·范梅南著、李树英译的《教学机智——教育智慧的意蕴》，以及二人合著的《教育的情调》，感触颇深！联想自己20余年来的高校教育教学管理生活，特别是担任高校辅导员8年间，遇到不少有“问题”的大学生。笔者反问自己对学生的教育是否投入了爱；是否从教育学的角度关注了学生的独特性和生活体验；对学生的教育是否是成功的、有机智、有智慧的；是否记住了自己替代学生“父母”的关系；是否在自己身上寻找到了教育价值。在反思中，笔者似乎捕捉到了教育智慧的意义，体会到了教育智慧带来的喜悦和幸福。例如，在一名新生外出遇到事故时，能及时进行应急处理，避免学生受到严重伤害；对经常迟到旷课的学生，通过观察和了解，采取个体化教育，使其成为创业成功者；对在班会上公然指责“老师不应该化妆”的学生，则充满耐心和宽容心地对其解释说明，使其理解和接纳等。但也有极个别的教育遗憾。例如，为了学生能在学校提高技能和综合素质，增强就业能力，要求学生制订包括在大学期间每年考取一个技能证的学业计划，导致一名家庭贫困学生因经济压力大而产生过激的负面情绪。诸如此类的教育体验使笔者时常自问，如果重新遇到相同的教育情境，是否还会用同样的方式去处理？是否还有更好的更适合当时情境的教育方式去引导和教育学生？

有幸的是，攻读博士期间，笔者得到了导师汤贞敏教授、李树英教授、周光礼教授的悉心指导，他们的教育理念、教育智慧及教育情怀深深地影响吸引着笔者，并给予很多研究上的启发、灵感和帮助。同时，教育界著名专家学者杨小微、王战军、李盛兵、马凤岐、王闯、金生竑、彭俊等教授的博士生课程讲授使笔者受益匪浅，深刻理解了教育智慧是教育者的一种实践能力。基于笔者多年的高校辅导员工作经历以及对教育现象学的浓厚兴趣，笔者对高校辅导员教育智慧是否可以养成、是否有可行发展路径等问题充满了好奇。

二、基于国家对高校辅导员队伍建设的重视

我国高校辅导员制度是高等教育的一项重要制度。在高校制度中设置大学生辅导员的历史，可以追溯到创办于 1933 年的中国工农红军大学的政治指导员。中华人民共和国成立后，清华大学倡导设立“双肩挑”政治辅导员。1952 年 10 月，教育部印发《关于在高等学校有重点地试行政治工作制度的指示》，提出在高等学校设立政治辅导处。从此，高等教育发展中，国家出台了一系列关于辅导员队伍建设的重要文件，使得高校辅导员制度逐渐形成并不断发展和完善。例如，1961 年印发《教育部直属高等学校暂行工作条例（草案）》，提出“专职政治辅导员”概念；2004 年中共中央国务院《关于进一步加强和改进大学生思想政治教育的意见》提出，把“政治辅导员”改称为“辅导员”；2013 年中共教育部党组印发《普通高等学校辅导员培训计划（2013—2017）》，指出高校辅导员是高校教师队伍和管理干部队伍的重要组成部分；2017 年教育部印发《普通高等学校辅导员队伍建设规定》，确定辅导员是开展大学生思想政治教育的骨干力量，是高校学生日常思想政治教育和管理工作的组织者、实施者、指导者。这些制度和政策（见附录十三），有效规范了高校辅导员的角色行为，提升了高校辅导员的角色地位和作用，保障了高校辅导员的角色权益。2008 年 7 月，中国高等教育学辅导员工作研究分会成立，并创办《高校辅导员》会刊，充分展示了高校辅导员队伍建设研究成果，以指导高校辅导员工作实践。

目前，国家持续推进高等教育高质量发展，对大学生的思想品德、科学文化、身心健康愈加重视，对高校辅导员的素质也提出了更高的要求。因此，深入研究如何提升高校辅导员的教育智慧和教育工作水平是回应新时代高等教育高质量发展的必然要求。

三、基于新时代高校人才培养的要求

习近平总书记在党的二十大报告“第五条 实施科教兴国战略，强化现代化建设人才支撑”中强调两个自主：一是全面提高人才自主培养质量，着力造就拔尖创新人才；二是加快实施高水平科技自立自强，增强自主创新能力。可见，人才培养和知识创新既是高校学理上的基本属性，也是高校存在和发展的首要理由，是高校区别其他社会组织的不变特征，亦是高校教育责任担当上的核心使命。当前，我国高等教育越来越普及，大学生人数越来越多，2021 年毛入学率已达到 57.8%，其规模、结构、质量、特色、效益面临新的形式、任务和要求。面向“十四五”乃至 2035 年，高校分层定位、分类发展和建设高质量高等教育体系，高校辅导员在履行大学生人生导师和知心朋友职责中，不仅要有良好的政治素质、专业素养、创新精神，还要在大学生思想政治教育、心理健康教育、就业创业教育、党团班级建设等方面具有较强的实践能力，才有可能把大学生培养成有高尚的情操、人格和品格，有较强的社会责任感与使命感，有正确的理想与信念的社会主义建设者和接班人。

目前，我国高校辅导员队伍长期年龄偏小，教育经验不足，专业化程度不高，教育智慧比较欠缺，在工作上普遍难以充分发挥应有的角色效能，这种状况与新时代高校人才培养要求有较大差距。针对我国高校辅导员工作的实践性、创新性、个体独特性、动态生成性、多元整合性等特征，其教育智慧要有针对性地培养。如何使高校辅导员更好地承担新时代人才培养重任，促进大学生全面而有个性地成长成才；如何使高校辅导员适应新时代经济社会高质量发展、科技创新和教育变革，不断增长教育智慧；探究一条有效的高校辅导员教育智慧养成与发展路径，提升辅导员教育机智和教育敏感性，帮助辅导员在教育过程中与大学生更好地相处，这是教育界的迫切需求。

四、基于信息化、智能化时代大学生成长成才的需求

当代大学生生长在大数据、区块链、5G、人工智能等颠覆性信息技术时代，是伴随着科技革命和产业变革迅猛发展而成长的一代，是网络时代的“原住民”。信息技术的虚拟性、开放性、交互性、公共性，使大学生行为简捷、快速、低成本，同时更趋于随意、盲目和非理性，也使教育形态出现变化和总体性变迁，特别是疫情期间的“宅家教育”“线上线下混合式教育”，传统教育亦教学进行了“移动、搬迁”，教育模式改革探索进入新的活跃期，使高校教育走向新形态、新范式。大学生要在这个教育数字化、网络化、智能化战略、变革行动中，以及不确定的社会中有确定的世界观、人生观、价值观和成长成才方向与目标，就必须培养互联网、大数据、人工智能、元宇宙等信息技术素养和技术伦理，这给高校辅导员的职业工作带来巨大的挑战。高校辅导员如何充分掌握信息化、智能化时代的有关技术及其伦理，增强与大学生“离身化”在线交流的教育情境敏感性与体验的敏锐性，如何将线上线下教育场景和对学生的个性化教育相融合、相融通，增强“具身化"教育,如何提升自身的教育智慧以适应信息化、智能化时代教书育人的新形势、新任务、新要求,这是高校辅导员必须面对和解答的新课题。

第二节 研究问题

2022年3月17日,教育部召开新闻发布会,截至目前,全国高校专兼职辅导员达24.08万人,师生比1∶171。面对如此庞大的高校辅导员队伍,如何大幅度提升他们的整体素质,如何使他们基于认知情境和实践基础的教育智慧不断拓宽延展亦非常重要。本书将阐明高校辅导员教育智慧是什么、有何特征、现实怎样、机制如何、有何养成路径等问题,具体内容聚焦在以下三方面。

一、高校辅导员教育智慧养成与发展的共有特质

高校辅导员教育智慧不同于一般理论知识和普通实践经验,而是辅导员理论知识和实践经验在学生工作中的深度融合,是辅导员在教育过程中自身知识、能力、价值、态度等的综合表现。高校辅导员除日常教育和管理工作所需的政治、经济、历史、地理、文化、心理、技术素质外,还需具备哪些素养,如何提高自身教育情怀、教育追求、教育敏感性、教育机智和教育预见性,如何在守正创新中具有职业价值性、稳定性、开放性、发展性和独特性,如何养成教育好奇心、敏锐性、反思力等可持续发展的教育智慧特质,都是本书的主要内容。

二、教育现象学视域下高校辅导员教育智慧养成与发展的路径

高校辅导员的教育智慧是面对一个个真实的、有血有肉有性格的、具有独特性的学生。这需要辅导员只有在捕捉问题、识别问题、处理问题上具有很强的敏锐性和精准性,才能实现最有效的教育效果,才能体现教育智慧。那么,高校辅导员教育智慧养成与发展有哪些路径,教育现象学视域下高校辅导员教育智慧养成与发展有哪些可行路径,此路径为高校辅导员解决什么教育问题,教育现象学的行动研究范式是否可以成为高校辅导员教育智慧养成与发展的一种可行路径,都是本书的主要内容。

三、教育现象学行动研究能否有效促进高校辅导员教育智慧养成与发展

通过参与教育现象学的行动研究的高校辅导员的教育理念、教育行为、教育效果是否有所改变;在参与教育现象学的行动研究中,教育智慧是否有明显发展和提升,在具体情境中是否更能把握教育学生的契机,是否更有敏锐性地从学生角度出发进行教育而使学生心甘情愿地接受批评;辅导员是否能从教育学角度理解学生内心体验,更好地将教育理论与实践有机结合,使自身养成和发展教育智慧,用教育智慧贯彻落实立德树人根本任务;亦是本书的主要内容。

第三节 研究目的与意义

本书采用教育现象学的理论和研究方法，着重开展对高校辅导员教育智慧养成与发展路径的探究，以促进高校辅导员更好地开展教育体验、发展教育智慧，同时也促进教育管理部门和高校对辅导员教育智慧养成与发展予以高度关注和重视，使高校辅导员队伍更好地围绕落实立德树人根本任务，对大学生施以科学又有智慧的教育和管理，培养德智体美劳全面发展而有个性发展的、担当民族复兴大任的时代新人。

一、研究目的

（一）提升高校辅导员教育敏感性和机智

加强培训、研究和实践锻炼，引导高校辅导员以教育现象学视阈下的教育学实践、反思性教育、独特性教育提高自身综合素养，更好养成和发展教育智慧，更好地胜任教育和管理工作。

（二）提供高校辅导员教育智慧养成与发展的可行路径之教育现象学的行动研究范式

高校辅导员教育智慧养成与发展可通过教育现象学实践性、人文性、反思性等功能启发灵感，激发批判性思维，不断提升处置复杂、急迫、微妙问题的能力。这一研究将为高校辅导员教育智慧养成与发展提供一种“描述—反思—探讨”的教育现象学独特视角和范式。

（三）提出高校辅导员教育智慧养成与发展应具备的要素及建议

通过理论研究和实践探索，揭示高校辅导员教育智慧的内涵、特征与价值，了解高校辅导员教育智慧普遍性状况，探讨高校辅导员教育智慧养成与发展和发展的要素、条件与机制，并提出相应的策略建议。

二、研究意义

（一）理论意义

任何教育生活都需要理论探索和理论指导。理论化的教育学是对教育实践不断推进的结果，归于人文社会科学范畴。教育实践及其经验是丰富多彩、变化发展的。随着时代变迁，不少教育实践及其经验，已不是现有教育理论所能解释和回答的，教育现象学正是要探讨教育学知识的其他可能性。本书采用教育现象学理论对相关问题进行探讨，并试图通过探讨，对丰富和发展教育现象学理论有所裨益。

首先，充盈高校辅导员教育理论体系。本书将对高校辅导员教育智慧养成与发展的根本问题进行反思和探讨，特别是对高校辅导员教育智慧养成与发展的内外部因素的认识和对高校辅导员教育智慧养成与发展机制的剖析，以及对教育现象学视域下高校辅导员教育智慧养成与发展路径的研究，将进一步丰富高校辅导员教育领域理论研究，拓展高校辅导员教育问题研究的广度和深度，充盈高校辅导员教育理论体系。

其次，促进高校辅导员新型教育发展理念构建。对大学生最为密切接触的高校辅导员教育智慧养成与发展加以研究，是解决大学生教育与管理问题的关键。当前我国高等教育扩招状况已基本稳定，高校工作的重心已从数量、规模转向质量提升、内部治理、学科专业建设、师资优化、内涵建设等方面，这迫切需要教育科学理论指导。本书将重点探讨高校辅导员教育和管理深层理论与实践问题，以促进建构辅导员新型教育发展理念。

再次，助力高校辅导员教育论研究范式转型。教育问题是一个价值性问题，是与辅导员教育和管理的真实、具体、鲜活现实密切相连的，特别是辅导员在具体的教育情境中的眼神、动作、面部表情、内心体验等是无法量化、标准化的，因而该教育理论研究和提出没有量化和数字化模型的研究是不深入、不合格的，研究者有时被教育实践者视为凭空定论、没有实践就没有发言权、故弄玄虚或者书斋里的学问。本书在教育现象探索理论和研究方法的指导下，以如何有智慧地教育、为什么要有教育智慧、教育智慧有什么特质、如何养成教育智慧等为思路，探究高校辅导员的价值层面和精神层面，助力高校辅导员教育理论研究范式转型。

最后，为高校辅导员教育提供新理论和新方法。教育体验故事文本书、教育体验案例研究、研究者与被研究者对话式访谈研究，能深入辅导员具体教育情境中的事件原始面目，这种实践基础上形成的理论，能增强高校辅导员对教育事件本身的理解和引起共鸣，并改进教育实践。本书实行教育理论研究者与教育实践工作者融通，开展体验性、观察性、反思性研究，以此发现高校辅导员教育智慧重建及素质提高的新理论和新方法。

（二）实践意义

本书在具体教育生活中体验教育的真正发生，在生存论的时间和空间中体味有意义的教育生活，通过知识、技能、经验的学习和提升，唤醒高校辅导员对教育生活世界中爱和智慧的感知和体悟，产生对教育本质和意义的哲学思考。本书的意义也在于转变高校辅导员的职业观念，培养无坚不摧的意志力，实现思想和精神上的深刻转变，自觉重视从理论与实践相融合上养成和发展教育智慧。

首先，为高校辅导员教育智慧养成与发展提供方法论借鉴。在新时代推进高等教育高质量发展和培养高素质人才的背景下，高校辅导员面临更多的新任务、新挑战。作为教育生活前线的辅导员，不仅要有成为大学生人生导师和知心朋友的学历、阅历、知识、才干，还要有海纳百川、窗如明镜般的心胸和敏锐。本书以高校辅导员教育体验展开研究，不仅使辅导员在教育实践过程中体验到自身职业的价值感，还以高校、大学生成为辅导员创造幸福人生的源泉为出发点，结合新时代高等教育改革发展需求探讨相关问题，引导高校辅导员在教育智慧养成和发展上树立系统的、辩证的、发展的眼光和思辨。

其次，为高校辅导员教育智慧养成与发展提供实践路径参照。高校辅导员教育体验故事文本书、教育体验案例研究、研究者与参与研究者共同反思研究、研究者教育体验研究、研究者与被研究者深度访谈研究等，不是站在事件之外进行观察与抽象分析，而是借助于教育生活现场体验，对教育事件有亲身的体验与深刻的反思。同时，研究者也深入教育生活实践，直接作用于教育学生现场，带动辅导员、大学生及自身的教育智慧提升。这种从教育实践体验中研究出的结果，能使辅导员产生共鸣和理解，更能使辅导员以批判性思维、反批判性思考开展教育和管理，通过教育体验故事描述、文本分析、聚焦反思研讨，形成一套教育智慧养成与发展范式。

最后，为高校教育管理和辅导员培养培训创新提供方法论启发。一直以来，对于辅导员职业发展和队伍建设的研究过多地强调行为与观念的塑造，基本通过技术性培训、机械式操练、思想理念的灌输来建立教育意念与反射的融通，以此来改变辅导员对大学生的教育行为方式和习惯。对高校辅导员职业发展，最直接的反应就是通过单向的辅导员培训方式来灌输教育和管理理论，以及通过物质奖励、升职提薪来确保辅导员理论的践行。笔者及其他参与研究者从高校辅导员教育智慧养成与发展的内部因素、外部条件以及师生关系生态面做反思和探究，以辅导员教育体验为出发点，以激发辅导员内在激情和内在动力，引发辅导员职业认同感、幸福感、价值感为目标，从高校对辅导员队伍建设、人文关怀教育、教育工作综合考评等方面进行深入的、全方位的思考和改革，包括创新辅导员培养培训的内容、途径、手段等，以更好地促进高校教育管理和高校辅导员队伍的建设与成长。

第二章 文献综述

根据本书主题和高校辅导员教育智慧问题，通过知网检索关键字显示："高校辅导员教育"研究总库共 10 007 条，其中学术期刊为 7 356 条、学位论文为 868 条；教育智慧研究总库共 9 550 条，其中学术期刊为 3 808 条、学位论文为 482 条；"教育现象学"研究总库共 746 条，其中学术期刊为 553 条、学位论文为 76 条；"高校辅导员教育管理"研究总库共 256 条，其中学术期刊为 176 条、学位论文为 16 条、报刊为 1 条；教育智慧养成研究总库共 121 条，其中学术期刊为 43 条、学位论文为 25 条；"辅导员教育智慧"研究总库共 21 条，其中学术期刊为 19 条、学位论文为 2 条；"高校辅导员教育智慧"研究总库共 7 条，其中学术期刊为 7 条；"教育现象学行动研究"研究总库共 5 条，其中学术期刊为 3 条、学位论文为 2 条；"辅导员教育智慧养成"研究为 0 条；"高校辅导员教育智慧养成与发展之教育现象学行动研究"为 0 条。可见，针对高校辅导员教育智慧养成与发展和"高校辅导员教育智慧养成与发展之教育现象学行动研究"暂无研究。

从国内外文献及我国对高校辅导员的相关政策可见，建设一支智能型高素质辅导员队伍成为新时代我国高校培根铸魂、立德树人的重大课题。而我国高校辅导员教育智慧，离不开对教育情境的体验敏锐力、对教育现场全身心投入的感知力、对突发教育事件瞬间做出的行动力以及对事件的反思力，这些与教育现象学中的教育智慧价值内涵不谋而合。本课题研究高校辅导员教育智慧养成与发展特质、路径、机制等能让教育智慧回归生活体验引领高校辅导员成长，这是培养担当民族复兴大任的时代新人的呼唤，是辅导员自身专业职业成长、焕发生机活力、履职尽责的需要。

本章围绕研究主题，参考相关文献，从教育智慧研究、高校辅导员教育智慧研究及教育现象学研究进行文献综述。

第一节 教育智慧研究综述

教育智慧在我国教育理论界逐渐被重视和研究，但纵观与教育智慧相关的研究显示，专家学者对其理解各不相同，未有统一共识，在提法上就有教学机智、实践教学机智、教育智慧、实践智慧、教育教学智慧等多种表述。这里的"机智""智慧"表述了教育者需具有极强的意志力、专注力和关怀力，即教育智慧需要教育者不仅具有对受教育者极强的爱与关怀、希望与责任，还需有情感的投入、身体的参与、身心合一的体察入微，并经过不断实践、反思和理解，形成自身的教育敏锐感知力和有效方式方法。

一、教育智慧解析

对于教育智慧的理解和解析，柏拉图认为，教育在最高意义上就是哲学，哲学能使人的智慧发展日益完善。赫尔巴特提出，关于你究竟是一名优秀的教育者还是拙劣的教育者的这个问题非常简单，即你是否发展了一种机智感。他认为衡量教师的教育机智主要体现在教师在教学过程中的表现。伯明翰认为，教育在道德方面的复杂性，是需要实践智慧去实现道德上的善。亚里士多德讨论的是实践智慧和反思性实践，其中实践智慧的定位是实践理智德性。海德格尔面向思的事情和范梅南的教育智慧讨论的是克服传统哲学完全抽象的、思辨的状况，暨精神和身体分离的"概念之思"。

我国有关教育智慧的研究者则基本采用了范梅南的观点，即"教育机智"是由一系列高质量的实践能力构成，具有机智的人是坚强的、坦诚的、公正的、敏感的、善意的，对他人的行为能够关爱、听见、感觉、尊重，有些人是天生具有这种能力，但也可通过后天的发现、发展、培养和加以修饰等。范梅南认为，教育智慧和教育机智是教育学的本质，智慧是教育的一种内在实践能力与状态，是教育的真义和本性所在。王萍认为，教学智慧是教师对教学本质的把握，是教师在教学中表现出的深刻洞悉、敏锐反应、机智应对、善于创造、解决教学问题的综合能力。也就是说教育过程中对情境、个体独特瞬间表现出的洞察力、创造力、反思力，以及教育者瞬间做出的有效解决教育实践活动中包含一定价值取向、信念、情感因素等具体问题的教育行为，这说明教育智慧与教育机智之间有着密切关系。可见，不同的教育专家学者对教育智慧的解析各有不同，没有统一的共识和概念，但普遍认为教育智慧是多种智慧的集合体，理论智慧和实践智慧不可分离存在，具有理解性、情境性、反思性、情感性等特征，是教育者教育教学的内涵与机智（即反思性智慧和情境性机智）的体现，是直观体现教育存在的绽放。而此类观点表述意义大于其实际意义，没有说清教育智慧的真正含义，在教育者实践中也无法明确哪些现象才是教育智慧的表现。因此，用这些概念去解释教育智慧，其本质与意义是有限的。

基于既有的观点和解析，研究者认为，教育智慧的形成条件应该存在于教育关系和情境之中，教育情境又不断加强着教育关系。教育关系是一个教育者和学生间的意向，在这种关系中，教育者的教育意向是为了让学生茁壮成长，走向成熟和成才。教育意向是指向学生个人发展的，这要求教育者看到当时的情境并感知学生内心深处的体验，珍惜学生内在需求和内在驱动力。这种教育关系替代了国家、高校、社会及父母，需具备独特的个人能力，教育者不仅仅是向学生传授知识，更多的是以一种个人的方式与学生更好地相处，有效指导学生健康成长成才。

本书的教育智慧指的是教育现象学中的教育智慧，是一种高校辅导员具有的独特性的智慧，体现的是高校辅导员能关注学生生活体验和独特性的能力与态度，能在具体的、独特的情境中瞬间做出此时此景此地对此学生最适合、最恰当、最有效的教育言行，是一种临场的教育敏感、机智、行动的身心知行合一。

二、教育智慧研究状况

教育智慧研究最为贴近的莫过于范梅南及其弟子李树英关于教育情调、教育机智等的研究，很多教育智慧的研究也援引了范梅南论述的“教育机智”，但将机智和充满机智的概念引入教育的是德国教育者约翰·费雷德里希·赫尔巴特。范梅南用周全之思或智慧来讨论人由教化、沉思和实践而来的意识的不断升华，这已经不是知识的积累，而是“化”去知识顿生的“慧识”和“感悟”，认为富有机智的人具有对事件的敏感力，能读懂他人的内心生活并理解这种内心生活的心理、社会意义的能力。在范梅南看来，教育智慧是一种反思能力，而机智(tact)是一种“身心合一”的行为能力。行动可能没有反思，但获益于反思。范梅南强调“教育学作为一种实践性学科应该转向体验世界”，因为在教育过程中，没有任何理论和教条来告诉教育者该怎么做才是对受教育者是最好的。可见，范梅南所说的教育智慧与教育机智是有着较明显区别的，是两个不同的概念。

范梅南著、李树英译的《教学机智——教育智慧的意蕴》一书中提到的教育智慧，是为了说明“机智”，体现的是“机智的行动是充满智慧的、全身心投入的”“机智作为人际间的特殊互动的意义与教育或教育学非常相关”“没有智慧就没有机智，没有机智则智慧只是内部状态而已”，提出教育智慧隐含着“体贴”“责任”“慎思”。这些教育智慧所需的敏感、爱、关系、希望及责任条件和态度，正是本书中高校辅导员教育智慧养成与发展的所需因素。

在对教育智慧研究的已有文献中，专家学者主要从哲学、心理学及词源方面探索“智慧”的含义来分析教育智慧，以及从教育实践中的教育智慧的表现和意义来理解和定义教育智慧。如范梅南与李树英提出我们不应将机智理解成瞬间的“决定”过程，而应将机智重新看作一种深切的关注，它使我们能够在与孩子和年轻人共同生活时充满智慧地行动。

范梅南认为，智慧与机智是通过教学实践获得的，通过过去积累的经验，再对这些经验进行反思，才会得以体现机智。他指出，机智表现为一种在意想不到的情况下，教育者能瞬间做出在此情境中对此学生最好的教育行为，促进学生自立自强自信的独特个性形成和发展。

李树英认为，教育智慧是教育者为了受教育者身心健康发展而融入教育者身体里，对受教育者充满强烈的关爱、关心、担当、责任等，是教育者身体和心灵合一，是一种知行合一、临场应变的机智。他觉得教育者在面对不同的教育情境时，即刻做出“对这个孩子在此刻是最好的”教育反映的素质，是需要教育者经历不断地实践、反思、再实践、再反思，从而逐渐形成融于身体的机智和知行，也就是教育智慧。杨小微认为，教育智慧是基于日常研究性教学实践中，通过自主学习与合作研讨的过程而形成的。王萍认为，教育智慧具有主体性、实践性、创造性、个体化、系统性等本质属性和情境性、缄默性、动态性、审美性、向善性等表现特征。

国外教育学界对教育智慧主要体现在他们极为关注的教育者实践知识方面的研究。从 20 世纪 80 年代起至今，国外有关教育者实践性知识的研究者艾尔贝兹、康奈利、威鲁普、柯兰蒂宁、贝加德等学者中，贝加德与威鲁普指出“教育者的实践性知识是教育者专业素质的核心，决定和引导着他们在实践中的正确行为”。有学者提出，当前课堂教学中缺乏教育智慧。教育智慧代表着一种自由、和谐、开放、创造的教育状态。什么是教育学理解？我们如何实现教育学理解？有学者创设了许多富有教育意蕴的典型实践教学情境，让读者可以在教育学理解的理论与教育学理解的实际情境之间自由穿梭，从而深入理解“什么是教育学理解”。随着时代的变迁，教师权威的概念被赋予了新的内容。当前，我国教师权威正从传统的“统治—服从”中挤出，以新的姿态展现在教育情境中。学校教师应从提高职业道德、应用教育智慧、奠定坚实的理论基础、正确定位自己的角色等四个方面重建教师权威。

教育智慧作为一种新兴的教育理念，已经引起越来越多行业、领域及学者的关注。从以上国内外有关专家学者对教育智慧的研究情况看，教育智慧是一种以人为本、关注学生自主学习和自我发展的教育理念，其特点是注重学生的自主性、多元性和全面性。其实践包括建立多元化的学习环境、培养学生的批判性思维和创新能力、鼓励学生的学习兴趣和自主性。研究成果包括教育智慧的影响因素、教育智慧的评价体系、教育智慧的实践策略等。因而在教育实践中，需要实现教育和管理方式的转变，从传统的“灌输式”“理论教说式”等模式向以学生为中心、以学生为主导的教育生活体验模式转变。在这个过程中，还要引导学生不断地探索和实践，积累经验和知识，帮助学生更好地适应和应对未来的挑战。通过既有研究成果，研究者认为：教育智慧是以人为本、以学生为中心、以学习为核心的教育理念，旨在培养学生的创造力、创新能力、批判性思维和解决问题的能力。关爱、倾听、感悟、体验、反思、理解是形成教育智慧的核心概念。除了对以往知识、文化和文本的反思、阐释和理解外，更重要的是对亲身体验的教育经验的不断反思和理解，领悟到教育情境中的一个眼神、一个微笑、一个手势、一句不经意的言语、一个暖心的拥抱可能带来的教育意义和价值。在以教育价值、指向、条件、因素、情境、关系等结构框架下，辅导员还要不断地进行教育教学反思：什么是教育智慧，教育智慧养成需要什么素养，教育智慧养成范式是怎么样的。只有通过对教育体验事件进行不断地教育学反思，辅导员才可能更好地养成教育智慧或拥有教育智慧。总之，教育智慧作为一种新兴的教育理念，为学生的全面发展提供了新的思路和方法。在未来的教育发展中，教育智慧将继续发挥重要作用，为培养具有创造力和创新能力的人才作出贡献。从文本资料来看，教育智慧研究起步较早的主要是从哲学、心理学两个视角去研究，这方面的相关文献较多，这些文献研究对本书有借鉴与参考价值。

第二节　高校辅导员教育智慧研究综述

高校辅导员是具有中国特色的职业，他们直接面对和接触学生的思想、学习和日常生活，既是良师又是益友，能听到学生呼声、懂得学生关切、了解学生的实际困难、掌握学生的思想动态，还承担着大学生成长成才引路人的重要职责，是我国高校思想政治教育工作和培养人才不可或缺的重要力量。这些都决定了我国教育部门和高校必须高度重视和发挥好高校辅导员队伍的积极作用。从文献可见，我国学者对辅导员、高校辅导员、高校辅导员队伍建设、辅导员思想政治教育方面的研究较多，从教育学角度出发的人文性、情境性、体验性对高校辅导员教育、自身职业发展、教育智慧形成等方面的研究较少，更没有形成以高校辅导员教育体验来探索教育智慧养成体系的研究。

一、高校辅导员概述

我国高校辅导员经历了从政治辅导员到辅导员、从兼职辅导员到专职辅导员的演变。党和政府及教育管理部门在不同时期对高校辅导员内涵均有详细解释。其中，教育部于 2017 年 9 月印发《普通高等学校辅导员队伍建设规定》，指出高校辅导员是开展大学生思想政治教育的骨干力量，是高等学校学生日常思想政治教育和管理工作的组织者、实施者、指导者，应从思想理论教育和价值引领、党团和班级建设、学生日常事务管理、心理健康教育与咨询工作等方面对辅导员职责进行了具体阐述。高校辅导员制度是新时代推动辅导员队伍聚焦主责主业、转型内涵发展，提升思想政治工作质量的重要保证。

国内学者界定“辅导员”这一概念，都是围绕国家有关政策，站在高校辅导员工作任务（见附录十四）的角度去理解的。例如，宁先圣理解高校辅导员担负学生思想政治、心理健康、日常行为等教育工作，并在生活行为、社团活动、就业指导等方面给予帮助，同时负责及班级、学生干部和党团管理等工作。胡乔木、贝时璋、华罗庚主编的《中国大百科全书》（教育）（1985 版）理解高校辅导员为政治辅导员，是中国高等学校基层政治工作干部，对学生进行思想政治教育。顾明远主编的《教育大辞典》理解高校辅导员是组织、协调各方力量共同对学生进行思想政治教育的人员。罗四清指出高校辅导员是思想政治教育活动的策划者、组织者、实施者和调节者，是学生干部自我教育、自我管理、自我服务、自我约束充分发挥的指引者，是存在心理问题学生的治疗者，是家庭贫困学生解困的帮助者；迟沂军理解辅导员是学校学生思想政治教育的主力军，是学校教师队伍的重要组成部分。李小波指出辅导员是大学生思想政治上的引导者、心理上的疏导者、生活上的服务者、学习上的辅导者；宋杰、齐学纪认为理解高校辅导员是帮助学生找到明确前进方向的指路者，是担负起道德指引和教育指引作用的引领者，是整合学生心理、控制集体情绪，使集体充满积极向上氛围的整合者。肖毅克指出高校辅导员是高校思想政治教育的骨干力量，是引导学生进行职业生涯规划，辅导学生建立人生发展目标的引导者，是学生心理的整合者，是以学生为本、促进学生成才成长的服务者。

教育部对“高校辅导员”的解析和职责确定具有绝对的权威性，本书从国家政策面出发结合各专家学者文献中对辅导员的理解，认为高校辅导员是在高校从事大学生思想教育、政治教育、道德教育以及其他日常事务管理，具有教师和干部双重身份，引领大学生健康成长成才，促进高校和谐、稳定与发展的专业教育者，并以国家对高校辅导员的界定和标准来理解和研究“高校辅导员教育智慧”。

二、高校辅导员教育智慧研究状况

智慧的教育才能培养出完整、和谐、健全的智能型学生，培养有智慧的大学生期待具有教育智慧的辅导员。我国高校辅导员是高校实现教育高质量发展和落实立德树人根本任务不可或缺的重要教育工作者，其教育智慧核心素养是决定高校人才培养水平和教育质量的关键因素。因而高校辅导员的教育智慧养成至关重要。

近年来，高校辅导员的工作越来越受到关注，其教育智慧、教育水平也成为研究的热点。与本书有所贴近的文献和观点有：王萍指出，教学智慧是教师在与学生交往促进彼此发展的课堂教学活动过程中，教师所表现出的聪明才智；刘惊铎、赵婷婷认为，对于每一个生命个体，教育不应否定、灌输、控制，也不应规范约束，而是对个体生命的发展和提升，唤起学生成长成才内需；宋一婷认为，辅导员实践智慧的生成，需要辅导员不断更新知识体系，关注育人实践，加强反思研究，构建个人教育哲学；兰岚认为，辅导员的实践智慧是辅导员在学生工作实践中灵活应对复杂学生工作情境，创造性解决问题、机智面对挑战和敏锐解决突发性事件等的智慧水平、心智、品格等凝结的综合能力；孙科丽认为，高校辅导员实践智慧成长既是高校思想政治教育的客观需求，又是辅导员专业化发展的必经道路，更是辅导员职业素养提升的应有之义；梁广东等认为，高校辅导员实践智慧在辅导员思想政治教育和辅导员队伍职业化、专业化发展过程中发挥着重要的作用；以上观点主要是对高校辅导员、教师教育实践智慧的研究，认为实践智慧是在工作经验基础上生成的，面对教育突发事件时体现出来的辅导员、教师的综合能力。可见，教育不应被看作单纯传授知识的手段，应该是开启教育智慧的钥匙。高校培养出的人才，应该既具有知识储备，又具有终身学习的习惯与能力。也就是说，高校培养出的大学生必须学习、工作与生活的智慧。然而，在物质日益丰富的今天，社会的便捷和浮躁、物质的丰富和理想、网络的纷杂和人际交往的闭塞等，都无可避免地削弱或阻碍了大学生思想认知和觉悟的提高。这需要高校辅导员养成和发展教育智慧，从学生角度出发，以德为先、以德育人，真切地关心关爱学生，深入学生内心去开展教育工作，从而实现“立德树人”的根本任务。

欧美国家高校没有“辅导员”岗位，只有学生事务管理岗位。与我国高校辅导员相类似的职业叫“counselor”，即学生事务管理人员。以英国、法国、美国为代表的欧美高校，于19世纪末开始，学生事务管理分为学术事务和学生事务。20世纪初，学生事务管理开始专业化建设，从事学生事务人员具有了很高的学历和专业水平素养，综合管理水平较高，并各具特色。如美国的学生事务管理从最初的父母替代者、到学生服务工作再进入以学生发展理论为基础的高度专业化、职业化；英国则采取了学术和学生事务融合的导师制；德国则将心理咨询、就业指导等学生事务外包校外专业机构，为大学生提供对应的专业服务和指导。同时，国外高校重视学生健康人格教育，如日本教育界对学生教育培养主要针对学生能力、人格、个性等素质的培养，将培养身心健康、全面发展的大学生作为教育目标；美国则重视学生独立自由意识、乐观积极的精神、处理人际关系的能力以及健康心理状态的培养。国外学者从不同角度和视野对学生事务管理人员的职业项目、角色定位、职业发展、个体特征、绩效提升、领导力等进行了深入研究和探讨，特别是对学生事务者有关职业生涯反思问题和学生事务实践智慧方面的研究，为本书提供了重要借鉴。

从国内外相关研究文献中发现，高校辅导员的教育智慧包括认知、情感和行为三个方面。认知方面主要体现在知识、思维和创新能力；情感方面主要体现在情感管理和情感表达；行为方面主要体现在行为规范和行为技能。这三方面的教育智慧对于高校辅导员的工作具有十分重要的意义。有教育智慧的辅导员不仅能够从教育学角度教育和对待学生，还更容易在自身职业发展上获得晋升和发展的机会，而辅导员知识水平、思维能力和行为技能是可以通过培训和教育获得提高的。辅导员的教育智慧与其个人特征和工作经验有着密切关系，仅通过技术性培训和理论性教育还不够，还需要考虑辅导员自身教育生活体验中的追忆、提炼、反思、聚焦研讨等。目前，关于“教师教育智慧”“辅导员教育管理”的研究较多，关于“辅导员教育智慧”“高校辅导员教育智慧”的研究较少，“辅导员教育智慧养成”暂无研究。鉴于“教师教育智慧”“辅导员教育管理”以及欧美国家学生事务管理研究与本书具有相近性、互通性，能为本书提供重要借鉴，故笔者结合我国国情，有选择、有针对性地进行了合理参考，以深入探讨高校辅导员教育智慧养成与发展特质和养成路径，为辅导员的培训和教育提供更加科学的理论和实践支持。

第三节 教育现象学研究综述

德国哲学家海德格尔的代表著作《存在与时间》对于一个人的人生观可能产生极其强烈的震撼作用，尤其是使人自觉不自觉地“陷入”对生存与死亡的人生意义、人生价值、教育现象、教育指向等的思考中。他以现象学方法对日常生活进行了卓有成效的“生存论—存在论分析”，从“此在”出发追问存在的意义。研究者对教育现象学是什么；起源于何时；有什么独特性；是学问还是方法；有什么样的范式，给全球教育带来什么样的改变；教育现象学开放性地理解教育情境，给我国高等教育管理带来什么变革；高校辅导员在教育生活情境中保持一种开放的心态，从学生的内心体验出发开展教育，可否达至教育事件本身；辅导员如何体现教育智慧，才能使学生从内心深处接受教育和引导，达到真正的教育效果和教育目的，助力大学生成长成才，实现立德树人根本任务；等等问题进行深思，带着这些“此在”的“思考”好奇，笔者查阅了哲学、现象学、教育现象学相关文献，深刻理解和领悟到现象学理念为教育者日常教育教学管理提供的新视域，给教育领域带来的新变化和影响。

一、教育现象学研究历程

胡塞尔的著作《逻辑研究》产生了一种哲学、现象学，其“回到事实本身”“生活世界”的理论为现象学奠定了基础，在哲学界引起了非凡的现象学运动，他还把教育学称为“现象学的教育学”。正如施奈德教授所言“胡塞尔的哲学彻底改变了大陆的哲学”。从此，现象学的影响不仅仅在哲学界，在心理学、教育学、文学、文体学、艺术学等领域都产生了不同程度的波及和影响。20 世纪二三十年代，德国海德堡大学教授克里克把现象学运用于教育领域，他将教育学视为有关人存在的学问，主张自律、纯粹的教育科学。但他只是借用现象学分析的方法用于教育学，仅限于理论层面的初探，属于教育现象学产生前奏。

真正的“教育现象学”源于荷兰，产生于20世纪40年代，自产生以来，走过了从创立、繁荣发展到如今的深度发展阶段。教育现象学研究与实践的专家、学者们为后人留下了丰厚的成果。马蒂纳斯·兰格威尔德创立并发展了教育现象学，是教育现象学的核心代表人物。他与拜腾狄克均属于传统的教育现象学研究者，除他们之外，还有比克曼、布莱克尔、米尔德、贝茨、斯特拉塞尔等，他们均为荷兰著名的乌特勒支学派成员。

1944年，兰格威尔德的著作《简明理论教育学》的问世，标志着教育现象学的创立。在这部著作中，他首次提出教育现象学这一概念。比克曼阐述解释学传统对于人文研究的重要意义。海德格尔《存在与时间》一书中的哲学思想和方法要素主要体现在现象学和阐释学方面，他认为现象学是存在论的方法，该方法有教育现象学“还原、建构、结构”三个环节。20世纪50年代后，现象学的研究方法应用在教育学、心理学、医学等领域，而此主要体现在以荷兰的乌特勒支大学为代表的专家学者的研究成果上。

教育现象学开创者范梅南从荷兰来到加拿大，并在北美致力于倡导教育现象学。他先后出版了《教育的情调》《教学机智——教育智慧的意蕴》《儿童的秘密——秘密、隐私和自我的重新认识》《生活体验研究——人文科学视野中的教育学》《实践现象学》等著作，这些著作被翻译成不同语言在中国、日本、西班牙等国家和地区出版，使教育现象学在国际上得以传播和发展。他撰写的《教育敏感性和教师行动中的实践之知》《实践现象学》《教师实践中知识、反思和复杂性》等学术论文，探讨了教育实践问题，有别于传统的实践认识论，是一种“具身化”的认识。教育现象学发展历程如图2-1所示。

二、教育现象学在我国研究状况

我国对教育现象学的了解和关注是从范梅南21世纪初几次来华演讲开始的。加之其弟子李树英教授将范梅南的一系列教育现象学著作翻译成中文出版，并推荐一大批中国学者到加拿大钻研教育现象学，从而使我国教育学者对这一领域有了关注、理解并投入研究，逐渐形成了教育现象学研究热潮。

李树英师从范梅南，于2000年回国，将教育现象学方法运用于高校教育教学管理和学术研讨，先后发表《教育现象学：一门新型的教育学——访教育现象学国际大师马克斯·范梅南教授》《关注生活的体验与以人为本的德育》《现象学方法在教育科学中的运用》《智慧教育需要教育智慧：教师专业发展的人文选择》《并非遥不可及的学问：再论教育现象学》《初为父亲的体验》《走进口吃儿童的生活世界》《儿童的秘密体验与成人的教育智慧》等教育现象学学术论文。特别是

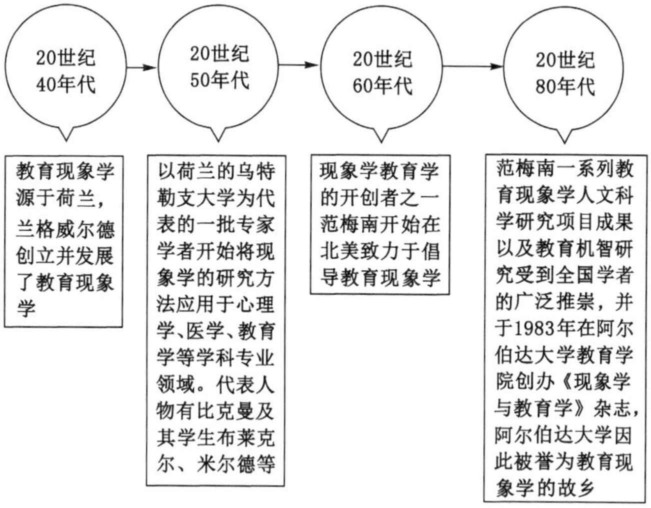

图 2-1　教育现象学发展历程

范梅南和李树英合著的《教育的情调》一书，通过分析现象背后的教育学意义，帮助教育工作者贯通和融合理论与实践，提升教育智慧。该书作为教育现象学经典著作之一，一经出版就得到我国教育界的普遍关注，赋予读者在读故事时自然而然地学到精妙而实用的教育知识和教育理论。

宁虹教授领导的学术团队在我国教育现象学研究领域具有实践性和开拓性。宁虹等在《现象学教育学探析》中讨论了有关现象学和现象学教育学问题；宁虹等在《教育理论与实践的本然统一》中以实践哲学论述了教育研究和实践的融合统一。其他教育现象学专家学者及其学术研究，如朱光明的《范梅南现象学教育学思想探析》一文认为，教育研究应指向实践。刘良华的《"自闭症患者"1的美好生活与教育现象学的观念》、胡萨的《反思：作为一种意识——关于教师反思的现象学理解》、王萍的《教育现象学的本真追问》、朱晓宏的《爱、同情与学校德育：基于舍勒的价值现象学理论》等，均不同程度地从价值现象学和情感现象学视域切入教育，为我国高校的教育管理研究填补了现象学空白。中央教育科学研究所、首都师范大学为搭建教育现象学专家学者间沟通交流及研讨平台，分别于 2007 年成立"教育现象学与教师发展研究中心"，并于 2006 年、2010 年、2015 年、2018 年举办四届现象学与教育学国际学术研讨会。

学者高伟认为，教育现象学是一门重要的教育哲学的基础性学科；宁虹认为，教育现象学是运用现象学的态度和方式所建构的教育理论，是一门实践哲学；左群英和朱光明认为，教育现象学是一种研究方法，是在现象学及现象学运动背景下产生的一种相对于科学主义范式和理论思辨方式的新的研究取向；李树英认为，教育现象学是教育学的一个独特的人文性和实践性的角度，是一门探究教育生活现象及其体验的学问。学者们对教育现象学有着多方不同的理解，未有统一的定义(表 2-1)，但都认为教育现象学深受现象学、哲学影响，探讨的是教育领域问题，具有实践性特征。

表 2-1　我国部分学者对教育现象学的定义

学者	提出时间	提出的观点
高　伟	2004 年	认为教育现象学是一门重要的教育哲学基础性学科
宁　虹	2007 年	认为教育现象学是运用现象学的态度和方式所建构的教育理论，是一门实践哲学
左群英	2010 年	认为教育现象学是一种研究方法，在现象学及现象学运动背景下产生的一种相对于科学主义范式和理论思辨方式的新的研究取向
李树英	2019 年	认为教育现象学是教育学的一个独特的人文性和实践性的角度，是一门探究教育生活现象及其体验的学问
朱光明	2020 年	认为教育现象学是一种研究方法，在现象学及现象学运动背景下产生的一种相对于科学主义范式和理论思辨方式的新的研究取向

从文献可见，教育现象学是教育学中的一个分支，它关注的是教育中的各种现象，同时也关注教育的目的和意义，以及教育与社会、文化、历史等方面的关系。教育现象学研究的领域非常广泛，包括教育价值观、教育制度、教育方法、教育评价，其研究方法包括观察、实践、访谈、文献研究等。我国学者是在现象学的指导下研究具体的教育现象，按现象学所指引的研究态度和方法在教育现象学研究领域产生了一些新的观点。但自现象学产生以来，未建立起完善的教育现象学理论体系，仅停留在某些教育现象的具体研究，更没有专家学者以教育现象学行动研究探究高校辅导员教育智慧养成与发展这个课题。不过，已有的这些具体的教育现象学研究成果能给本书带来诸多启发和借鉴。但随着教育技术的不断发展，教育现象学研究的焦点逐渐转向了教育技术的应用，探讨教育技术对教育和管理的影响与效果。而且教育现象学的研究涵盖了众多学科，现需要跨学科研究，探讨教育与其他学科的关系。这并不仅局限于特定的文化，而是多元文化的研究，探讨不同文化背景下的教育现象。因而笔者从自身的教育实践出发，结合相关文献论述，认为教育充满实践性，是在教育理论指导下回到教育体验、教育生活世界，在生活体验、生活世界中获取教育本质与意义的过程。本书选取现象学独特的教育学人文视角“回到‘事情本身’、回到‘生活世界’、回到‘现象’”，从文献与实践研究相结合中获取新思路和新方法，构建以教育现象学研究

范式为指导的新型研究模型，以此探讨高校辅导员教育智慧养成与发展特质和路径，这将对学生教育的影响和效果、对辅导员自身发展和教育质量的提高以及对人的发展和社会进步带来一定的影响。

第三章　研究设计

本书树立教育现象学人文视阈，以现象学哲学为理论基础，以现象学研究方法为借鉴，以探索教育体验本质和意义为出发点，从教育现象学视阈下开展对高校辅导员教育智慧养成与发展的行动研究。本书在第一章绪论和第二章文献综述的基础上，详细阐述研究思路、研究难点、解决办法、研究方法论及具体研究方法。

第一节　研究思路

本书首先通过分析高等教育高质量发展和高素质人才培养对高校辅导员提出的要求和当前高校辅导员教育智慧现状，介绍教育现象学的研究范式，引出本书的问题、目标和意义（第一章），接着根据已有的相关研究，对教育智慧、高校辅导员教育智慧、教育现象学进行文献综述（第二章），从研究框架和内容、研究模式、研究对象、研究伦理、研究难点与解决办法、研究方法论及具体研究方法等方面研究设计（第三章）。在绪论、文献综述、研究设计三章的基础上，展开具体的实质性研究，最终得出相关结论并提出有关建议。

一、研究框架和内容

本书突出理论与实践相融合，打破传统的、单向度的、纯粹的理论思辨研究范式，将理论与行动融合起来开展研究，在理论指导下思考和解决实践问题，在实践探索中使理论得到提升与概括。研究者将遵循教育现象学基本书框架，沿着描述教育体验—形成教育体验文本—进行聚焦反思—探寻教育体验本质与意义的路径，在自己工作的高校辅导员工作坊中开展辅导员教育智慧反思研讨活动，从辅导员的表现特征、实践样态与成长规律中探究其教育智慧养成过程。在此基础上，通过对参与研究的高校辅导员开展追踪访谈问卷调查，检验教育现象学的行动研究模式对促进辅导员教育智慧养成的有效性。教育现象学研究框架如图 3-1 所示。

（一）教育体验故事采集

这一阶段以“辅导员教育生活中最难忘的教育事件”为主题，通过访谈和研究者邀请辅导员撰写教育体验故事来采集研究数据，研究者对采集的数据进行整理和修改后，并对受访者和撰写教育体验故事的辅导员开展教育现象学开放

图 3-1　教育现象学研究框架

式对话访谈，以便确保数据的完整性和真实性。

访谈和撰写教育体验故事是以“辅导员教育生活中最难忘的体验故事”为主题，向辅导员发出描述和写作邀请，收集辅导员与大学生相处的教育体验故事。这些故事主要是围绕辅导员在教育过程中遇到突发事件时，在事件发生当下所采取的行动和相应的内心情感体验进行描述。通过体验描述和文本撰写，使辅导员的目光转向在日常教育生活中曾被忽视的那些前反思的教育体验。接着，在已有的体验文本基础上，研究者对撰写教育体验故事的辅导员展开现象学深度一对一访谈，让辅导员以好奇和开放的心态进一步追寻体验，如追溯文本中描述较为模糊或者缺失的体验以完善体验文本；在追寻体验的过程中，初步对其进行反思，提出反思性的问题，使辅导员更深入地反思教育体验情境细节，感知当时自身及学生内心深处的体验。在辅导员撰写教育体验故事之前，研究者通过面对面请教、访谈教育现象学专家学者和通过参加教育现象学专家学者主讲报告、讲座的方式，深入了解、熟知和充分掌握教育现象学及其方法，包括如何进行教育现象学的生活体验文本写作，从而更好地引导和帮助辅导员搭建教育现象学文本写作框架，使收集到的教育体验文本更有价值，为后续围绕教育体验文本聚焦研讨时反思、探寻其本质与意义做好铺垫。

（二）追寻教育体验的本质与意义

这一阶段以研究者、专家学者、10 位高校辅导员及 2 位学生工作部门负责人组成共同体，开展聚焦反思研讨，共同对筛选出的教育体验故事开展聚焦反思、访谈和讨论。聚焦反思研讨活动按照“撰写教育体验故事文本辅导员描述自己的教育体验故事—教育现象学专家引导开展聚焦反思研讨—参与聚焦反思研讨所有人员针对教育体验故事开展反思研讨—共同探究每一篇教育体验故事文本中蕴含的本质与意义”等流程开展。参与研究的辅导员经过第一阶段教育体验故事的描述、撰写和开放式访谈，对其教育体验故事有了初步的理解和反思后，再参与到聚焦团体访谈中，展现辅导员在研究共同体中如何对教育体验进行反思，揭示在教育现象学方法下辅导员教育智慧养成的路径（表 3-1）。

表 3-1　追寻教育体验的本质与意义

研究问题	研究内容	寻求本质与意义
高校辅导员教育智慧“是什么”	以教育智慧的理论探究为主，对教育智慧的内涵、特征等给予阐释	对文献梳理、分析，弄清辅导员教育智慧“是什么”
高校辅导员教育智慧“有什么用”	从教育哲学、学生成长规律、高校辅导员教育情境等视角，探究教育智慧养成，激发辅导员内在价值认同	弄清辅导员教育智慧“有什么用”
高校辅导员教育智慧“现实如何、原因在哪”	以实践研究为主，对当前高校辅导员教育智慧缺失的现状进行深入地考察和分析，摸清高校辅导员教育智慧养成与发展方面存在的问题，依据数据分析，得出“具有教育智慧辅导员”特征	弄清高校辅导员教育智慧缺失，具有教育智慧辅导员具有的特质
高校辅导员教育智慧养成与发展“内因何在”	基于系统科学理论，通过对教育体验故事的撰写、描述、一对一访谈、聚焦反思探讨，探究教育体验故事本质与意义，提炼高校辅导员教育智慧的特征，运用教育现象学理论梳理教育智慧养成的内部要素	理清高校辅导员教育智慧养成与发展所需具备的特质
高校辅导员教育智慧养成与发展“机制如何”	基于系统科学理论，结合前面提出的高校辅导员教育智慧养成与发展的自身要素，以探究教育体验故事本质与意义为主，教育现象学理论研究为辅，剖析辅导员教育智慧养成机制，并构建辅导员教育智慧养成的结构模型	厘清高校辅导员教育智慧养成与发展范式
高校辅导员教育智慧“路径在哪”	通过探索教育体验本质与意义，研讨辅导员教育智慧养成所需特质等，结合范梅南的理论观点，以及李树英教授提出的教育现象学是一门探究教育生活现象及其体验的学问的观点，融合理论思考与实践探索，分析并提出高校辅导员教育智慧养成与发展的路径及相关建议	得出教育现象学的行动研究是高校辅导员教育智慧养成与发展的可行路径的结论，并提出相关建议

（三）检验教育现象学的行动研究对高校辅导员教育智慧养成与发展的效果

研究者在参与研究的高校辅导员、学生工作部门负责人和大学生中，采取深度访谈和追踪问卷调查相结合的方法，检验教育现象学的行动研究是否有助于高校辅导员教育智慧养成与发展和发展。

二、研究模式

传统的对高校辅导员的培养培训模式多以向辅导员讲授理论性、客观性的知识为主。这种模式下，知识是通过培训讲座单向传递给辅导员，高校掌握着教育管理和知识权威，辅导员主要依赖高校培训来获取知识（图 3-2）。教育现象学作为一门探究教育生活现象及其体验的学问，它关注的是教育者与受教育者的教育体验，探寻教育体验中蕴含的本质与意义。这表明高校不应仅仅向辅导员传授客观性的知识和技术性的方法，还应关注高校辅导员的教育体验，重视辅导员的教育智慧养成，也就是要注重培养高校辅导员的教育智慧。在这一模式下，研究者、专家、高校辅导员以及学生工作部门负责人以高校辅导员的教育体验为中心，共同围绕教育体验故事展开讨论与反思。在聚焦访谈、反思和研讨时，辅导员首先描述自己的教育体验故事，然后在专家的引导下，针对教育体验故事进行反思、研讨，洞察教育现象的本质与意义。在这种模式下，知识不是专家向高校辅导员的单向传递，而是专家与辅导员之间、专家与学生工作部门负责人之间、辅导员与辅导员之间、学生工作部门负责人与辅导员之间的相互促进。专家不是唯一掌握着教育知识的权威，而是在辅导员教育智慧养成共同体中起着组织者、引导者、促进者的作用。辅导员不再是被动接受知识，而是在积极参与、主动学习中不断提升自身的敏锐洞察力和反思力，从而更好地养成特有的教育机智和敏感性（图 3-3）。

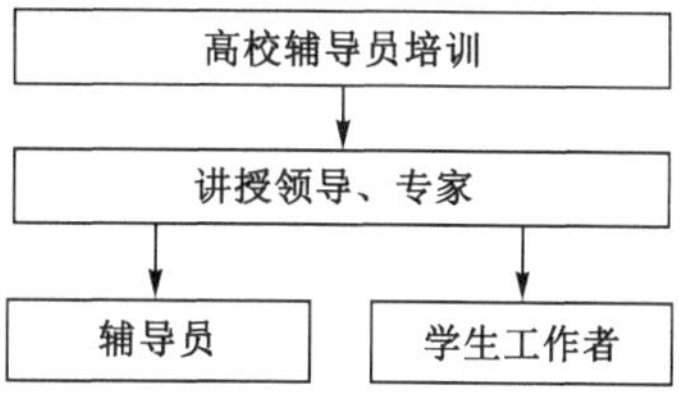

图 3-2　高校辅导员获取教育知识的传统模式

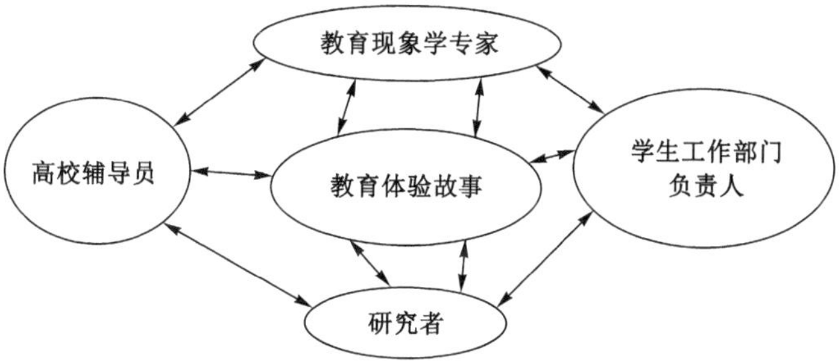

图 3-3　聚焦反思研讨行动组成员

三、研究对象

本书的研究对象既是本书的参与者，也是研究者，在实践中研究、在研究中实践。采用的是教育现象学的行动研究方法，将教育现象学的教育体验模式分别应用于研究者和参与者。

本书对应的访谈、写作、问卷调查对象为：从研究者所在的高校选取10位辅导员参与写作、访谈、追踪访谈问卷调查，2位学生工作部门负责人参与访谈、追踪访谈问卷调查。

参与聚焦反思研讨活动的对象是：研究者、1位教育现象学专家、10位高校辅导员和2位学生工作部门负责人。

四、研究伦理

本书严格遵守研究伦理原则，尊重参与研究人员的知情权、保密权、自主权等，确保研究过程合理合法合规。

（一）知情权

本书参与者为研究者老师、同事，关系密切，但各自都是具有独立人格、思想、逻辑、知识结构、信念、价值观的鲜明个体，具有较大差异性。为维护参与者和受访者权利，研究者始终把对方利益放在首位，采取真诚邀请，并以口头和书面形式告知和阐明研究实情，如参与该研究的写作、访谈与小组讨论会：讲述或记录本人在教育学生过程中的生活体验；针对本人的教育体验故事，接受进一步的访谈；参与研究者与专家、高校辅导员组成的研究讨论小组会，共同对教育体验故事进行反思研讨；参与研究后接受问卷调查进行相关情况的反馈。该研究以录音、视频及文字形式记录，也明白参与研究为自愿原则。由参与研究者自愿、自由、自主选择参与研究和中断研究的签约式合作方式协作本书的编写（见附录一）。

（二）保密权

研究者在整个研究过程中，绝对尊重参与研究和受访的人员的个人隐私，对他们个人信息及他们描述的教育体验中的人员名字等信息、人格保密，并确保信息安全。研究者以口头和书面形式将此项权利告知参与研究者、受访者，并写入相关事项。例如，“研究者必须向本人保证，有关录音、视频及笔录内容只供本书所用，并保密。如未经本人允许则必须做出变更”“本人已亲自阅读教育体验文本，确认该文本符合本人在草稿撰写和访谈中的描述，同时确认研究者已删除教育体验文本中能够识别身份信息的内容，仅呈现用于编码的象征性编号”“此次访谈旨在了解您在教育体验中最难忘的故事。受访者提供的信息我们将严格保密，并只作研究用途。希望您能接受我们的访谈”（见附录一、附录三、附录四、附录五），以此使参与者和受访者能描述和撰写出内心深处最难忘、最原本的教育体验，达到本书数据的真实可信及数据分析得出的“教育本质与意义”具有合理性、准确性、有效性、科学性。

（三）文献借鉴

本书问题提出、材料梳理、研究方法等均借鉴了已有的教育智慧“教育现象学”“高校辅导员”等相关文献。例如，李树英的《教育现象学：一门新型的教育学——访教育现象学国际大师马克斯·范梅南教授》，李树英、郑曼瑶的《并非遥不可及的学问：再论教育现象学》等学术论文、研究生论文、著作。研究者尊重既有的研究成果和贡献，遵守学术规范，所借鉴、引用文献均纳入本书参考文献中。

五、研究编码

本书采用“拼音字母＋阿拉伯数字”组合形式来表示研究中高校辅导员的姓名、现象学访谈、聚焦访谈和追踪访谈中的发言，如第一位辅导员用“A”表示，辅导员 A 第一次发言则用“辅导员 A-1”表示。第二位辅导员用“B”表示，辅导员 B 第一次发言则用“辅导员 B-1”表示，以此类推。学生工作部门负责人的发言用“学工＋数字序号”表示，如学生工作部门负责人第一次发言则为“学工-1”表示；专家的发言用“专家＋数字序号”表示，如专家第一次发言则用“专家-1”表示。访谈中研究者的发言用“Y”表示，研究者的第一次发言则用“Y-1”表示。

第二节　研究难点与解决办法

一、教育体验故事收集难度大

研究者要与被研究者建立良好的关系，被研究者才可能接受撰写生活体验故事文本、接受访谈和讲述真实的体验故事。针对此项难点，研究者从自己工作的高校选取被研究者，研究者和被研究者为同事，关系密切，容易收集符合研究要求的教育体验故事。在开展研究前，研究者向参与研究者详细说明本书的目的，并签署参与研究同意书（见附录一至附录六）。

二、参与研究者表达及写作能力受限

被邀请描述和撰写教育体验故事的被研究者可能受语言表达和写作能力的限制，有可能采集的几十个故事中只有一个可用，还需反复改写，耗时较多。针对此项难点，研究者将在本人工作高校辅导员工作坊中选取表达能力强和文字功底较好的辅导员参与研究，以避免过多地耗时改写。

三、教育现象学研究方法未普及

教育现象学研究方法还未普及到高校辅导员，被研究者对教育现象学写作不理解，收集到的教育体验文本可能可用性低。针对此项难点，研究者专门制作了一个简要的访谈和写作指引（见附录七、附录八），并邀请教育现象学专家做简单说明，引导被研究者以教育现象学写作方式撰写教育体验故事文本，同时引导本书参与者开展教育现象学访谈、反思、聚焦反思研讨。

第三节　研究方法论

本书采用的是教育现象学行动研究法，是研究者和参与研究高校辅导员共同进行，在行动中研究，在研究中行动；是对高校辅导员教育生活情境的研究，是从改善教育情境中行动质量的角度进行的研究，是针对高校辅导员教育实践中遇到的实际和突发教育问题进行教育智慧处理的研究。

一、运用质性研究即现象学研究的方法论

20世纪60年代，质性研究起源于美国，90年代，质性研究开始系统地在我国被采用。质性研究不关注数学与统计分析，而是借用完整又全面的研究数据来对研究结果做深入诠释。对于质性研究，各国学者有不同的理解。朱光明等认为，现象学、人种学研究、叙事研究、案例研究、扎根理论等这些质性研究方法虽然有其相似之处，如叙事研究和现象学都关注体验，但二者对体验的研究方式和目的却有所区别；徐辉富认为，教育应关注教育者和受教育者的个体感受、理解和表达，体现人的个体性和独特性。现象学研究的是生活中原始的、前反思的体验，其目的是探寻教育体验的本质和意义，以洞见教育现象学。

本书的研究对象是高校辅导员，辅导员教育的对象是大学生，其教育指向是大学生的成长与发展，而大学生是处在成长成才重要发展阶段的独立个体，辅导员需在不同时段给自身的生存和个性以新的塑造和发展方向，使自身发展成为比较成熟的个体，能代表社会、学校及家长对大学生提出要求、进行教育，对大学生和自身的教育体验及教育意义进行思考。辅导员的这种对教育体验的主体感受，很难像自然科学那样用规律、定理、公式等量化结果来描述或评价。因为在自然科学中，我们可以利用仪表仪器技术精确地研究人身体的每一个器官，而在人文科学中，人的情感、思绪和想法等难以用量化的方法来理解和衡量。也许有些学者对此无法量化的研究心存疑异，觉得没有量化则缺失信度，但只要有过教育实践的教育者，对具体教育情境过程中的内心体验，包括面部表情、眼神、姿势、手势、语言、语气等所带来的教育效果是具有共鸣性的，是完全理解和接受的。因此，本书体现了教育者对被教育者的规范、引导和教育者与被教育者之间独特的关系，旨在帮助高校辅导员探寻教育体验本质和意义，并进行教育学反思，提升教育智慧，研究的目的与现象学的方法是相契合的，适合采用质性研究中的现象学研究方法。

二、采取教育现象学方法论的核心“教育体验”

教育现象学研究是“事实本身”的研究，即“意向体验”或“意识体验”的研究，关注的是“意义”和“起源”。研究者和被研究者都参与研究体验，通过对当下体验的描述、反思和研究，深度体验和揭示经验的更深层意义，形成新的解释与表达。

教育现象学问题的提出来源于教育体验。范梅南等提出，教育现象学的研究问题和关注的教育现象来自我们对日常教育生活的体验和好奇。现象学的研究问题通常以“某一具体现象的教育体验是怎么样的?”“这一教育体验的本质是什么”等形式提出。需要强调的是，现象学所指的生活体验是原初的、前反思的体验。在日常教育生活中，我们问及高校辅导员“您最难忘的一次教育体验是怎样的”，每一位辅导员都有道不尽的丰富经历诉说。但辅导员在描述他们的教育体验时，习惯性地夹杂着评论、概念化的解释及其他情绪化的反应，缺少对当下体验的具体、鲜活、生动的细节描述，这不是现象学所指的生活体验。我们生活在“生活世界”里，每时每刻都在体验着，体验对于我们来说司空见惯，以致我们很少会去追溯自己的体验，去思考体验的本质。而教育现象学就是要让我们对日常生活中那些平凡的体验感到好奇，从而自然而然地形成研究问题。

教育现象学研究的数据来源于教育体验故事。数据通常是指由科学工作获得，并用于参考、分析或计算的信息，这些信息一般是数字。然而，教育现象学的数据并不依赖于数字化的编码和计算，教育现象学的数据来源于对生活体验的现象学描述形成的例子，即教育生活体验故事文本。也许有学者会认为没有数字分析的数据不可取、不可信，但相信绝大多数专家学者特别是从事质性研究者来说，他们是绝对坚信从教育生活世界实践人(高校辅导员)描述、撰写出来的教育体验文本数据更直接、更直观、更可信、更易于读者接受和产生共鸣。数据一词，其英文 data 来源于拉丁语中的 datum，即“给予”“给定的”的意思。从词源角度看，数据与教育现象学中的生活体验相关联。一个教育现象或 ·段教育体验以给予自身的方式在我们的意识中显现，这样的意识是关于“此刻”的鲜活体验。日常生活中，我们很少明确意识到这些体验，但它们却承载着具体生活情境的丰富意义。这些意义很难用概括性的、理论化的科学语言表达出来，而需要用一种言说的方式去描述，形成一个个鲜活的“例子”——故事。这些教育生活体验的文本是研究者和被研究者对真实教育体验的记录。

本书教育体验材料分别来源于被研究者撰写的不加修饰、自然而然的教育体验故事文本，忠实地描述被研究者当时当地的教育体验，研究者自身教育工作过程中的教育体验故事。在研究过程中，研究者还亲临参与所描述的部分教育体验，更好地了解、感知、体验文本故事场景，更准确地把握研究意义和目标，更好地确定辅导员教育智慧需要的外界环境、自身素养、与学生相处时的情感等，从而为本书提供可靠的回返意识、回返体验、回返实践的数据。通过教育现象学的高校辅导员教育智慧养成与发展路径，体验和看到隐藏于教育体验故事当中所蕴含的本质和意义，使整个文本呈现丰富的教育意义、教育洞见，增强读者的理解力和共鸣感。

教育现象学研究的最终是教育体验，目的在于通过探寻教育体验蕴含的本质和意义，产生深度的教育学洞见，解决教育实际问题。教育体验的描述文本只是我们进行教育现象学研究的“数据”，如果没有穿透这些数据的核心，触碰其本质和意义，生成有意义的教育学洞见，让我们更好地理解和体验生活世界，那么教育现象学的研究就没有实现价值。正如范梅南所说，做教育现象学需要学者具备一种独特的生活态度，具有一种关注他者的生活体验，关注个体的独特性，始终以一种特有的敏感和智慧，不断地挑战和质疑自己的观点和立场，不断地问自己该怎么做对这个孩子在这个时候才是最好的。

体验是现象学教育学的一个核心词，体验是意识整体的呈现，它还包含着意志、情感、感觉和直觉，在“亲在”中丰富自己。为更好地理解、研究高校辅导员教育智慧，研究者从个人教育体验出发去描述对体验的理解，因为成功的教育现象学研究可以让我们养成教育智慧。这也是本书之所以选择将教育现象学的理论和方法应用于高校辅导员教育智慧养成与发展研究的目的。

三、体现教育现象学方法论的关键特征“现象学态度”

教育现象学作为一门探索教育现象(教育体验)的本质和意义的学问，与乌特勒支学派的实践现象学家一样，致力于在自身所从事的学科领域“做”学问，其突出的是实践性，意不在于理论化、哲学化的构建。范梅南认为，乌特勒支学派的实践现象学家鲜少去论证或阐述现象学的哲学技术性问题，但他们之所以能够在各自的心理学、医学、教育学、法律和精神病学领域中实践现象学，是因为在对胡塞尔、海德格尔、萨特等人的现象学哲学作品的熟悉中，内化了现象学态度。正是在现象学态度指引下，他们得以看到事物的本质，获得有意义的洞见。

教育现象学借鉴现象学的方法探寻教育体验，那么何为现象学的方法？范登伯格曾说“现象学是一种方法，它可以被称为一种态度”，也就是说现象学的方法不能被归结为程序性或技术性的步骤，而是一种旨在敏感而深刻地阐释某一生活体验本质和意义的现象学态度，这种态度由某种观察、思考和表达的方式组成。

“悬置—还原”方法是现象学态度的本质特征。这一方法是胡塞尔现象学哲学的精华。胡塞尔认为，正是由于自然态度的理所当然，使我们无法看到现象的所谓隐藏意义。因此，我们需要采取一种现象学的态度，用悬置和还原的方法去追溯某一现象的本质和意义。悬置意味着我们先暂停把世界对象化的行为，用一种开放的心态，将那些曾被我们忽视的生活体验追踪到意识中；还原是指一旦我们向一个现象敞开自己，就会试图发现和揭示这个出现在我们意识中的现象的本质和意义。

本书利用教育现象学理论概念，对高校辅导员的教育体验故事进行精微细致地分析，从整体教育情境氛围、教育主体间互动、教育体验的结果等多个方面揭示辅导员对教育体验的意义。

第四节　具体研究方法

本书基于现象学研究的方法论，采用教育现象学的研究方法展开对高校辅导员教育智慧养成与发展的行动探究，是研究者与研究参与人员共同选定高校辅导员教育智慧养成与发展这个研究问题，在日常教育管理生活中全身心地投入到辅导员工作坊研究活动中，在研究活动中对自身和其他辅导员的教育体验故事开展反思、研讨，是辅导员在实践中研究、在研究中实践的过程。具体以李树英提出的“教育现象学的数据采集不是简单的数字编码，而是通过开放式的访谈和追忆式的写作来获取一个一个教育体验的朴实描述，然后通过组成一个多元的焦点讨论小组来理解和追寻这些描述背后存在的意义和教育的反思”。具体采用教育现象学对话式开放式访谈法、撰写体验故事文本法、体验故事文本改写法、聚焦反思研讨法、追踪问卷调查法，从而帮助高校辅导员养成和提升自己的教育智慧，更好地达到教育效果和目的。

一、开放式访谈

研究者需要从教育生活世界中去寻找生活体验这个“源数据”。范梅南在《生活体验研究》一书中提及教育体验的收集方法包括研究者个人生活体验、探索性用语、词源追溯，以及通过观察、访谈、作品、传记、日记等收集他人对生活体验的描述。

本书运用教育现象学方法探究高校辅导员的教育体验。首先邀请参与研究的 10 位高校辅导员作开放式访谈，采集教育体验故事文本。研究者通过现象学一对一开放式追问，深入、透彻了解教育情境细节，并追问出需要探讨的研究问题。访谈方法在很多研究中用到，但教育现象学访谈另具独特性，一是因为教育现象学访谈是比较困难的，访谈者邀请被访谈者在轻松自在的环境中如朋友般聊天，访谈者可先讲述自己的故事，引导出被访谈者的教育体验故事；二是教育现象学访谈是开放式访谈，是对研究对象的访谈，指向的是体验本身，所询问的是访谈对象曾经经历过的某一件教育实践当时的真实体验，而非其接受访谈时的感受和体验，而一般的访谈是结构式访谈或半结构式访谈，访谈者不会影响被访谈者。访谈前后，研究者需做前提准备、访谈、访谈后的录音及视频处理等，需花费较多时间和精力。

范梅南在《实践现象学》一书中指出，让受访者用前反思的术语描述一个体验是非常具有挑战性的。教育体验的描述具有真实、深刻、具体、原本性，需要参与研究者积极投入、配合，不要夹杂个人的解释和评价，还要有较强的语言表达能力。为了研究顺利开展，获取有效的数据，本书在实施现象学访谈前，将围绕范梅南在书中所建议的“在哪里谈？什么时候谈？为什么谈？怎样谈？问什么？”等访谈要点做好充分准备。针对辅导员有可能没有描述完整的生活体验，诸如对话、身体感受、情绪、情感等，通过现象学访谈，促使辅导员更自然、全面、真实地回忆，以便更好地采集和完善教育体验故事文本。

二、邀请撰写体验故事文本

本书对有些不善言谈、不愿意讲述或讲述不精彩的受访者，邀请其将教育体验故事按一定要求撰写出来，形成教育体验故事文本。教育体验故事文本是参与者回忆自己在教育过程中最难忘的教育事件，以最真实的教育体验还原当时的场景，以叙事和讲故事的方式表达并形成的文本。撰写教育体验故事文本也是教育现象学方法的一个组成部分，文本有着“还原故事本来面貌”“回到事情本身”的独特性。这些文本是研究者最可利用的“原始数据”。本书向高校辅导员发出教育体验写作邀请时，将附上教育体验写作邀请函(见附录二)，通过写作指引，更好地引导辅导员撰写教育体验故事，使本书采集到的教育体验故事更有价值。

三、教育现象学文本改写

教育体验故事文本改写是教育现象学研究的一种独特方法，教育现象学的文本实践最终指向教育生活和教育幸福。本书根据文本写作的整体性需要时刻对局部作出调整，以便更好地对文本进行改写，提炼其教育主题和意义。

通过写作草稿和现象学访谈获得的教育体验描写，一般还难以达到感染力强、能引起他者共鸣的现象学文本质量要求，因此研究者需对收集到的体验文本进行改写。文本改写是为了更加逼近体验本身，更真实、更具体地保证体验故事“原本”。改写时，需以被研究者所描述的真实性为前提，不夸张、不虚构，对语言进行重新整理，删除那些非反思的体验描述及烦冗文字，使体验文本能展现出所描述体验的主题。改写后，研究者向描述和撰写体验故事辅导员进行核对，以便确认最终体验故事文本呈现其本来“面目”，形成教育现象学的体验故事文本。

四、教育现象学聚焦反思研讨

教育体验的主题或意义的提取和分析主要是通过对故事进行提问和反思、对主题进行自由想象变更。如何将这些零散的教育体验故事主题形成一个集中的主题？研究者通过利用教育现象学理论概念，对教育体验故事进行精微细致地分析，从整体教育情境氛围、教育主体间互动、教育体验的结果等多个方面揭示辅导员对教育体验的意义、对大学生教育的意义，将辅导员教育作综合性、整体性的理解，强调情感层面在辅导员教育智慧中的重要体现，以增进辅导员的教育智慧和教育机智。因此，本书围绕李树英等专家学者提出的“通过组成一个多元的焦点讨论小组来理解和追寻这些教育体验故事描述背后的存在意义和教育反思，对现在的教育理论和学者的态度进行结构和意义的重构”观点，采用聚焦访谈及讨论，探寻教育体验故事的本质与意义，以此避免研究者个人偏见和独断。针对高校辅导员教育体验故事，研究者组织专家和被研究者进行教育现象学聚焦反思研讨。讨论前设定一个讨论提纲，包括对讨论教育体验故事的具体情境、具体人员、基本问题的设定，通过提问式访谈，引导访谈对象对教育体验进行现象学反思，被访谈辅导员对教育体验故事进行描述，包括对当时的感受、思想、行动、情感以及结果的描述。研究者根据提前准备的非常明晰的概念与组织结构，对辅导员的每一个具体事例询问一些探测性问题，如导致这一教育体验故事的原因或内部动机是什么；当时的情境如何；体验故事中是否还有其他人参与；体验故事处理过程中是否遇到了相关的困难或障碍，您是怎么处理的？您当时的想法和感受是什么；体验故事的结果怎样的；体验故事过后，您是怎么看待这个结果的；还包括被研究者在教育体验中产生的不愉快的感觉，引出辅导员与大学生之间教育失望体验的思考；同时探寻辅导员对学生进行肢体语言及目光接触是何种体验，有什么教育学意义；促使辅导员在以后的教育和管理中能更敏锐、更有智慧地利用肢体语言和眼神进行交流。研究者从访谈和观察中深入理解和体验故事文本中的教育情境，协同被研究者进行现象学反思。从反思研讨中探究出高校辅导员教育智慧养成与发展所具有的共有特质及路径。

五、追踪访谈问卷调查

本书采用的是人文社会科学的教育现象学的行动研究，是质性研究中的一种，主要通过探究教育体验世界来呈现蕴含的教育本质和意义，强调的是回到事物本身。研究导向是通过对高校辅导员教育体验进行深入反思和探究，呈现其教育本质和育人意义，使高校辅导员及其他教育者获得启发和感悟，养成自身内在的教育敏感性和机智，而不是去证明或定义教育智慧养成或教育智慧养成路径。因此，研究者为检验高校辅导员教育智慧养成与发展之教育现象学的行动研究的有效性，运用追踪访谈问卷调查法。

追踪访谈问卷是研究者查阅相关文献，对研究问题进行深入思考后，根据研究前期收集到的高校辅导员描述和撰写的教育体验故事文本，对文本故事本质与意义进行分析；对采集到的高校辅导员所描述、撰写的教育体验故事进行现象学开放式访谈、探讨；和参与研究者从教育现象学视域和维度深度探讨后，共同设计、确定，并经导师和专家的意见反馈，在研究者所在高校的辅导员工作坊中进行小范围先导测试。

第四章　教育现象学视域下教育体验探究

随着科学技术的不断发展，人工智能的不断进化，未来的竞争是人类和机器在智慧上的竞争、体验上的竞争。如果我们的高校、高校辅导员还只是以传统的、技术性的培养培训来获得教育和管理的能力提升，不从教育生活体验中养成教育智慧则有可能无法竞争过机器人，特别是 Chat GPT 的更新换代，很多方面已经超过了一般人的智能和智慧，我们如何有效地利用 AI 技术？如何从生活体验中养成和发展高校辅导员的教育智慧来带动和引领大学生的智慧，为未来人类和机器竞争处于不败之地打下基础？这需要我们教育界、教育者深思。而教育现象学就是从对方的内心体验出发去理解行为，在反思中养成和提升教育智慧，这为高校辅导员的教育变革、教育智慧养成带来新机遇、新范式。两千多年前，孔子、孟子就把人生价值归于心的情感和个人的切身体会、感同、感知、体贴等认知，这些由身心引发的感同身受情况、情景都与情感息息相关。因而本书者从采集的 39 篇教育体验故事文本中筛选出 8 篇进行现象学访谈，根据访谈材料进行现象学改写，形成本书教育体验故事文本，并组织参与研究者开展聚焦反思研讨，共同探究教育体验故事中的本质与意义，从中获得洞见。本章以高校辅导员工作坊活动的形式开展，呈现基于教育现象学视域下对高校辅导员教育智慧养成与发展状况进行聚焦反思行动探究。

第一节　参与研究高校辅导员工作坊情况

一、人员情况

研究者采取邀请高校辅导员撰写和对高校辅导员进行教育现象学访谈来收集教育体验故事，并组织对采集的教育体验故事文本开展教育现象学聚焦反思研讨。

（一）参与研究者情况

研究者在本人工作的高校辅导员工作坊中邀请 10 位辅导员和 2 位学生工作部门负责人参与本书（表 4-1）的研究工作，其中 10 位辅导员撰写了教育体验故事，5 位辅导员和 1 位学生工作部门负责人接受了教育现象学一对一访谈（图 4-1）。同时邀请有丰富教育体验的辅导员和学生管理人员描述他们难忘的教育体验，从而获得本书所需教育体验故事即本书所需数据，并从收集到的教育体验故事中选取 8 篇文本开展聚焦反思研讨。

表 4-1 参与本书对象资料

辅导员编号	故事编号	性别	年龄/岁	从事辅导员工作年限/年	最高学历
辅导员 A	故事 1	女	48	8	硕士研究生
辅导员 B	故事 2	女	28	3	硕士研究生
辅导员 C	故事 3	女	34	6	硕士研究生
辅导员 D	故事 4	男	29	5	硕士研究生
辅导员 E	故事 5	女	35	7	硕士研究生
辅导员 F	故事 6	男	26	2	硕士研究生
辅导员 G	故事 7	女	31	4	硕士研究生
辅导员 H	故事 8	男	27	3	硕士研究生
辅导员 I	故事 9	女	31	5	硕士研究生
辅导员 J	故事 10	男	24	1	本科研究生
学工者 K	故事 11	男	42	6	硕士研究生
学工者 L	故事 12	女	38	8	硕士研究生

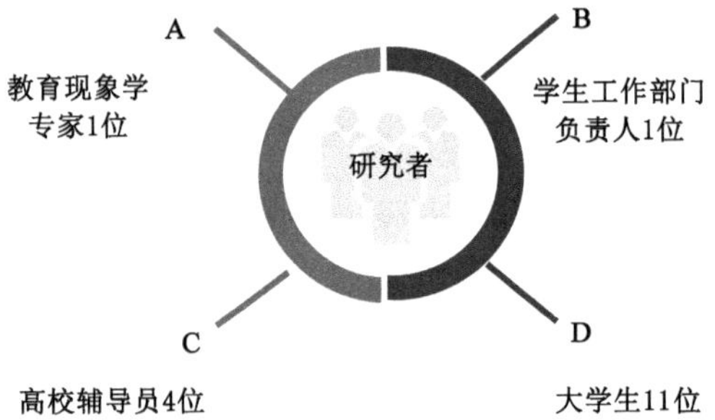

图 4-1 参与教育现象学访谈对象

（二）参与聚焦反思研讨人员结构

研究者邀请从事教育现象学研究与实践的 1 位专家学者、参与本书的 10 位高校辅导员、2 位学生工作部门负责人以及参与访谈的 6 位大学生进行现象学聚焦反思研讨(图 4-2)。参与人员来自不同层级,可使反思研讨客观,避免主观偏见。

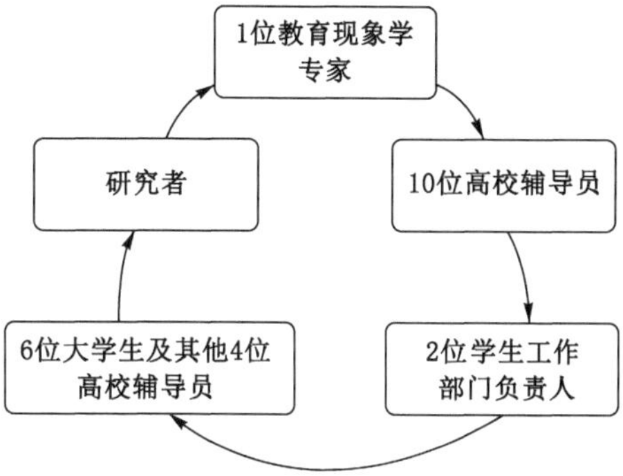

图 4-2　参与聚焦访谈、反思、研讨组员结构

二、研究文本流程及反思研讨议程

研究文本流程:参与研究辅导员撰写教育体验故事文本—研究者对撰写教育体验故事文本辅导员进行教育现象学一对一开放式访谈和观察—研究者改写辅导员撰写的教育体验故事文本—研究者组织专家、参与研究高校辅导员和学生工作部门负责人针对采集的教育体验故事进行聚焦反思研讨—探究出教育体验故事本质与意义(图 4-3)。

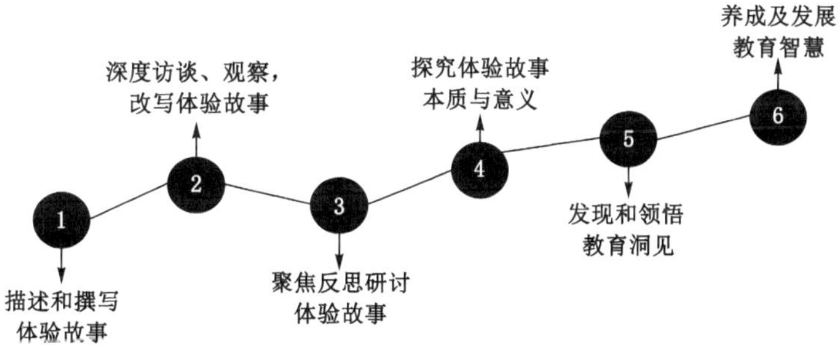

图 4-3　研究流程

聚焦反思研讨议程:辅导员描述自己撰写的教育体验故事—研究者对辅导员进行现象学访谈—教育现象专家引导参与聚焦反思者开展现象学反思研讨—参与聚焦反思研讨者对教育体验故事文本开展反思研讨—共同探究出教育体验故事本质与意义,并获得教育学洞见(图 4-4)。

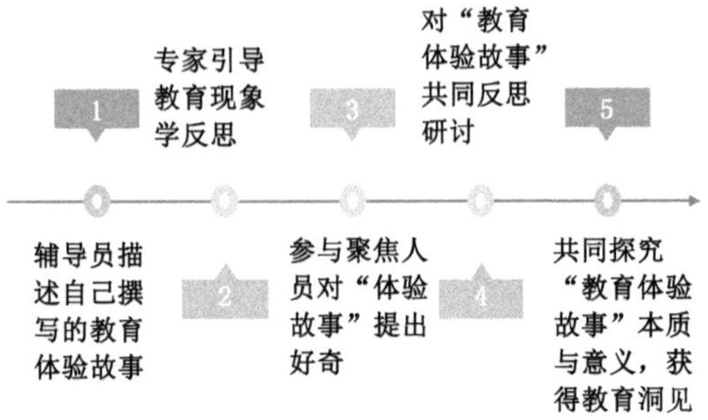

图 4-4　聚焦反思研讨路径

三、反思研讨活动安排

为更好地开拓高校辅导员教育智慧，探讨高校辅导员教育智慧养成与发展路径，研究者组织开展聚焦反思研讨时间为 2022 年 10 月 13 日，地点在研究者所工作高校的 5 号教学楼 305 会议室。为便于参与者聚焦反思时有共同的研讨目标和方向，研究者确定了研讨提纲，参与者可根据自己的教育体验，围绕研讨目标自由发挥自己的论点和观点。

第二节　教育体验故事 1：狡辩的抽烟学生

研究者（以下称辅导员 A 或 Y）曾从事 8 年高校辅导员工作，遇到过很多不一样的教育情境。本次撰写的教育体验故事讲述的是一位初中、高中和大学都因打架斗殴而被开除的学生小程，因成绩较好，再次考上研究者曾经工作过的一所本科院校。有一天，小程在教学楼抽烟，被另一位辅导员 HJ 老师发现时的教育情境。

一、教育关系视角中理解学生体验

2008 年 10 月的一天，我正在办公室准备写晚上主题班会提纲，突然接到辅导员 HJ 老师的电话：“Y 老师，你的学生在走廊抽烟被我抓到了，他不承认还态度恶劣，你要严肃教育和给他处分。”

“是我的学生吗？你不要和学生发生冲突，我马上去，了解情况后该处分则处分。”

挂断电话后，我匆匆忙忙赶到现场，看到我所带的市场营销班学生小程和 HJ 老师正在相互指责和争吵，感觉要打起来了。学生见是我，马上停止了说话和冲动行为，感觉他还是知道自己错了。

“你这个学生在我办公室门口抽烟，教育他还不听，还说我办公室像卫生间。

他违反校纪校规，还顶撞老师，应当重罚。”

“是啊，我知道在教学楼不能抽烟，卫生间可以抽，这个办公室这么脏和乱，我以为是卫生间才抽的。”

“小程，不要解释了，你在走廊抽烟就是不对，你到我办公室再慢慢和我解释。”

“HJ 老师，你不要生气了，他是新生，还没记住学校规章制度，我先带他到我办公室教育，了解情况后再向你说明和沟通，再叫学生向你道歉好吗？”

“好，不过你一定得处分他！”

“行，我先了解情况，等会就去你办公室沟通交流。”

我带着学生小程边往办公室走边以平静的口气问：“你为什么要在 HJ 老师办公室门口抽烟？被发现还说是他办公室脏和乱，以为是卫生间。我知道你这是找理由找借口，不过 HJ 老师办公室是很脏乱，这点你没说错，但你做错了。你明知教学楼不能抽烟，你还在老师办公室门口抽，你觉得你错了吗？有理由与 HJ 老师争辩吗？你这种行为该处分吗？”小程不说话，低着头默默地跟着我走。

到办公室后，我倒了杯水给小程，并让他坐着先休息会。小程试探性地说道：“Y 老师，我错了，不应该抽烟，原本我也向 HJ 老师说了对不起，可是他那种趾高气扬、嚣张的样子我就是看不惯，才和他顶起来的。老师，您会不会处分我？”

我清楚小程知道自己错了，现在担心的是受处分，心里紧张。

“今天的事情，你和 HJ 老师都有不对的地方，不过没关系，我们讲清楚情况，我会向领导反馈情况，也会和 HJ 老师沟通，会尽我所能地让你不受处分。但你明知自己违反了校纪校规还找借口顶撞老师，你觉得这样的态度妥当吗？”

小程听后，放下了之前的警惕和紧张情绪，表现出有所期待和信任。“老师，谢谢您不给我处分！我已经知道错了，我一定会改，以后绝对不会再让您为难，不会再违反校级班规。”

听着他一再强调是他错了，保证以后不会再犯同样的错误。我知道宽容地处理此事件，应该会有好的教育效果。

于是与他继续聊天，在交谈中才知道他中考时考上了省重点高中，但因他父亲做生意亏损严重脾气暴躁，经常打骂他妈妈，以至于家庭发生了变故。从此父母不管他，仅仅就是给钱，导致他高中时因脾气暴躁、打架斗殴，被学校开除，后转校。因成绩较好，考上了一所本科院校，但在大学也因打架斗殴而被开除，后再次参加高考，考入了现就读的本科院校。

通过此事件，让我了解了小程的家庭情况，对他的教育给予了更多的关怀、关爱和有针对性的个性化教育。使小程能遵纪守法、能及时向我汇报行踪，还带动班级、寝室同学积极参加有益活动，表现出色，最后顺利毕业并自主创业比较成功。

（辅导员A的教育体验故事）

二、教育现象学聚焦反思研讨

在聚焦反思研讨前，研究者从教育学视角对教育体验故事进行自我深度反思。在聚焦反思研讨中，教育现象学专家、辅导员及学生工作部门负责人尝试着悬置自己的已有概念，打破原有的教育模式、理念和观点，带着好奇心，从教育体验故事中以我的角度去体验文本中的每一句话、每一个动作，并提出内心好奇的问题，讲述自己从教育体验故事中得到的启发和顿悟，然后共同探索出教育体验故事中所蕴含着的本质和意义。

（一）教育现象学视域下的好奇

对辅导员A的教育体验故事，参与聚焦反思的专家、辅导员、学生工作部门负责人产生了好奇。

A：故事中学生小程在HJ老师办公室门口抽烟，是一种什么心态？为什么要如此做？

B：HJ老师为何看到学生抽烟时怒气冲冲，不假思考地指责和对待学生小程？这一举动说明HJ老师当时是一个什么样的体验？为什么会如此冲动？

C：当辅导员A接到HJ老师电话时，是否对此情况产生了好奇？为何能够迅速地赶到现场，并能冷静地处理？

D：学生小程为何说HJ老师的办公室是“卫生间”？这是一种什么体验？

E：学生小程为何能从激动、狡辩中恢复平静，并能向辅导员A倾诉家庭情况和教育背景（秘密），这一系列变化的原因是什么？辅导员A起到了什么作用？

F：为什么HJ老师对学生小程的错误进行“严压、严责”教育，学生小程没有因为HJ老师的严厉批评教育认识到自己的错误？

G：辅导员A了解了HJ老师和学生小程的“冲突”后，为什么没有当面严厉批评小程，而是带他到办公室？

H：辅导员的批评教育对学生来说意味着什么？教育时需注意哪些因素？

J：辅导员的教育智慧需要哪些方面的素养？

（二）教育现象学深度访谈

辅导员A的教育体验故事中，小程在教学楼HJ老师办公室门口抽烟而被抓到，HJ老师的严厉指责激起学生小程的狡辩、反驳到后来小程对辅导员A倾诉心声到顺利毕业和自主创业成功。面对小程这样的转变,我们需要思考:辅导员A接到HJ老师电话时,是一种什么体验?小程为什么会在教学楼HJ老师门口抽烟,这一行为背后的原因是什么?小程在教学楼抽烟时被HJ老师发现、抓到,小程的内心体验是怎么样的?小程为什么对自己在教学楼抽烟要狡辩,他内心是怎么想的?当小程被HJ老师严厉批评、指责和致电辅导员A时,小程又是一种什么体验?当辅导员A对小程说“我了解情况再确定是否处分,能不处分则尽量不处分吧”,小程听到此言后的体验是怎样的,内心深处是怎么想的?辅导员A看到是自己的学生小程,为什么能在生气中控制情绪,能瞬间冷静又理智地面对教育事件?当时,辅导员A看到小程和HJ老师正在相互指责和争吵,感觉要打起来时,为什么会想到“我得先制止违反校纪校规的小程,安抚好HJ老师,避免他们起冲突和打起来”?此刻,辅导员A是否早已想好了如何处理此教育事件?是否有理论基础和教育经验支撑着辅导员A当时的教育行动?研究者带着这些好奇开展了自我深入反思。

在访谈中,专家进行引导,研究者采用自我追问式访谈思维对教育体验故事中的教育情境再次进行了回忆,对当时的教育行为进行了反思和分析,反思中认为:辅导员在教育情境中,应从学生的内心体验出发,宽容地对待学生,从教育学角度去理解和引导学生,从而达到教育效果。

Y:您接到HJ老师电话时,是一种什么体验?

辅导员A-1:其实从内心深处来说,希望不是我的学生抽烟被抓,但又觉得有可能是没进入大学“状态”的新生。同时,觉得HJ老师不应该对我以那种果断和严厉的口气,所以心里不舒服。

Y:您觉得小程为何在教学楼抽烟,行为背后的原因是什么?

辅导员A-2:小程在课间休息时抽烟,这是源于他以往就抽烟成瘾,无法控制自己一个上午都不抽烟。这与他以往的行为习惯有关。

Y:小程在教学楼抽烟时被HJ老师发现,您觉得他内心体验是怎样的?

辅导员A-3:当时我体会不到小程的内心深处的体验,但经事后与小程聊天,才体会到了小程当时内心是紧张的、不安的。因为他知道在教学楼抽烟是违反校纪班规的行为,内心深处是“害怕”的。

Y:HJ老师严厉批评、指责和打电话给您时,小程是一种什么体验?

辅导员A-4:应该说小程是“害怕”的,因为他怕我知道后严厉批评他和打电话给家长,更怕因此受处分。

Y:当HJ老师发现有学生在他办公室门口抽烟时,是一种什么体验?

辅导员A-5:作为一名高校老师、辅导员,HJ老师发现有学生在他办公室门口抽烟,我觉得当时他的体验是“老师的权威受到了轻视,很没面子,很气愤”。

这也是很多老师的第一反应。

Y：当您对小程说“我了解情况后确定是否处分，能不处分尽量不处分吧”，此时小程的体验是怎么样的？

辅导员 A-6：我觉得，小程听到“能不处分则不处分”时，他那紧张、害怕的心情稍微放松了，认为我是关爱他的，会帮他处理好不受处分的事情，对我有了份依赖和信任感。

Y：当时您看到学生小程和 HJ 老师互相指责，看上去要打起来的样子时，您当时是一种什么体验，是怎么想的？

辅导员 A-7：当时对犯错的学生小程很生气，但知道生气解决不了问题，所以马上就冷静了下来。

Y：您怎么看待 HJ 老师对学生小程的教育方式？

辅导员 A-8：HJ 老师平时就脾气比较暴躁，也很爱面子，当他看到别的班的学生在他门口抽烟，他觉得老师的尊严受到了“挑战”，而且他与小程不存在亲密的教育关系，所以自然就没从教育学的角度出发，只从老师身份和校纪校规出发看待学生的行为。这种教育行为是由教育关系和各自的角色决定的，所以 HJ 老师当时的情绪也是可以理解。只是这种教育方式有所不妥，对学生起不到教育效果。

Y：您为什么当时没有指责小程？您觉得您的处理有理论支撑吗？

辅导员 A-9：因为我在班上一再强调校纪校规，并且告诉学生一定不能突破红线，要不然就按章处罚，当时知道是小程违反了校纪校规，所以很生气。可是在当时的情景中，小程和 HJ 老师都很冲动，如果我指责小程，只会激发他更加冲动，解决不了问题。因为小程这时也需要面子，更需要辅导员的保护和信任。所以当时我没有指责小程，只是制止他不要再争辩。教育事件的处理没有规律可循，也没有理论支撑。因为每一个教育情景面对的事项、人员和场面都不一样，所以完全要靠辅导员自身对教育的敏感和机智去做出对此学生在当下最恰当、最适合的教育行为，这需要辅导员在日常教育实践中慢慢养成。

Y：您认为有固定的教育模式或方法吗？

辅导员 A-10：在教育事件中，每个教育事件都是不同的人员，即使同一人员也有不同的教育事件的不同因素，所以每个教育事件的处理都不一样，辅导员处理事件的临场反应也是不同的，是临场瞬间的反应和发挥，在这个反应过程中可能有以往的教育经验、自身的敏锐等，但是没有什么教育模式和方法去面对和处理每一件教育事件。而且每个辅导员的教育反应行为也不一样，即使有所一样也有很多细节的不同。

Y：您觉得辅导员应该如何做出教育行动才是有智慧的？

辅导员 A-11：我觉得辅导员首先要了解学生行为背后的真正原因，从教育学的角度去理解学生的内心体验，站在学生的角度开展教育。在面对“犯错、违规”的学生时，应该先以关爱学生内心体验出发开展教育，不要过多地制造紧张的气氛。在教育学生时，要了解学生的“弱性”，从中抓住教育的关键，起到教育的预期效果。

专家-1：辅导员 A 的教育体验故事中，两位辅导员做出了不一样的教育行动，这是由教育者与被教育者的教育关系决定的。学生小程是辅导员 A 所带班级学生，出于此教育关系，辅导员 A 给予小程更多的理解、关爱和呵护。而 HJ 老师，因小程不是他的学生，缺少了对小程行为的理解，更多的是从学校的校纪校规出发对待此教育事件。因此，两位辅导员对小程的行为给出了不一样的教育行为。从教育学的角度来看，作为教育者，我们对待任何学生都应该从学生的成长、成才的角度去关爱、关心学生。

专家-2：我在想，作为辅导员，我们面对类似的教育情境会如何处理，做出什么样的教育行动？一样的教育情境可能面对一样的学生，即使同一个学生，他内心的体验也是不一样的，每个学生都是单独的个体，是一个个有血有肉的个体，不是容器，所以当我们面对下一次同样的教育情景时，用同样的教育方式和教育行为则有不一样的教育状况和效果。而相同的学生面对不一样的教育情境，不同的辅导员做出的教育行动也会不一样。就如辅导员 A 的教育体验故事，两位辅导员做出的教育行为就截然不同，这从教育学的角度来看，有时做出的教育行动取决于教育者和被教育者的关系，所以面对一样的教育情景，我们每位辅导员或同一辅导员是不是有不一样的体验，做出的教育行动是不是也不一样？

辅导员教育过程中，经常习惯性地从老师的角度，按照学校、学院校纪校规、班纪班规条条款款地去对待和处理教育事件，忽视了教育事件深层因素——学生内心体验。作为高校辅导员，是否应该更多地思考如何采取适当的教育行为，来帮助大学生面对“出错”后走出“害怕”的内心体验？辅导员要做到这些，需要保持开放性的思想，从学生内心体验的深层意义去理解学生的行为。只有这样，辅导员与大学生才能保持一种开放性的教育学关系，辅导员也才能在实践中形成教育学的敏锐和机智，从而使自己真正成为大学生成长成才过程中的人生导师和知心朋友。

（三）聚焦反思中获得启发和顿悟

辅导员在大学生的成长成才中起着人生导师的作用。辅导员 A 的教育体验故事 1 中，学生小程因为在教学楼 HJ 老师的办公室门口抽烟被抓到，此时从教育现象学角度看待学生小程的话，这时的小程是“怕”的，他怕被批评、他怕被辅导员责备、他怕被学校处分、他怕父母知道等。面对这些实际的心理体验，我们不可能简单地批评、处分，这不能解决教育问题，因为问题是实际存在的体验，也就是说大学生在成长成才过程中，他们经常是真实地体验着表扬、批评、教育等，这在他们成长成才中有着重要的影响，也可能会改变他们体验世界的方式。因此，作为辅导员首先要理解大学生是如何体验这些批评、教育的，这些体验对大学生的成长成才具有什么样的意义，并在此基础上对批评现象做出深入的教育学反思。如何从学生内心的体验去把握批评时机，引导学生成长成才，这需要我们辅导员有教育的敏感性。

为更好地了解和挖掘教育体验故事行为背后的本质与意义，专家、研究者、辅导员及学生工作部门负责人对辅导员 A 的教育体验故事 1 进行了深入的教育现象学反思和研讨。

辅导员 A-12：当时我的第一反应就是“虽然是小程违反了校纪校规，但是他是新生、是大学生，是需要面子，同时也是需要尊重、理解和呵护的”，而且他是我的学生，他在学校里，我是他唯一的“亲人、家长”，我需要呵护他，不允许任何人不公平、不公正地对待他，即使他做出了错误行为，我也要了解事情的具体情况才能确定如何批评教育他。因此，当时我想的是先让学生小程不说话，然后安抚 HJ 老师，免得 HJ 老师情绪波动而又与学生小程争吵，甚至发生肢体冲突。特别是听了小程的心声后，心里很难受，觉得小程太不容易了，太缺失父母的关心关爱，从而使他养成了“暴力习性”。小程是非常聪明、讲义气、有能力、独立的孩子，如果好好教育、培养，就会慢慢改变自己，朝着正确、积极上进的人生道路发展。所以我暗下决心，以后一定要多关注、关爱及引导小程，给予他个体化对待和教育，让他感受到他是有人关爱的，在班级上是重要的，学习对他以后进入社会是有帮助的。

辅导员 A-13：在撰写和描述此教育体验故事时，反思当时的教育情境，对当时的处理还比较满意。因为一方面避免了小程和 HJ 老师发生冲突；另一方面使小程认识到了自己的错误，并使其掏心掏肺地讲述了他的家庭情况和他的成长经历，让我充分了解了他的情况，从而能“对症下药”与他相处和教育他。不过现在深入反思后，我觉得自己当时对学生的了解还不是很深入，因为小程的家庭情况是发生这个教育情境后，与小程谈话才知道，如果要做一位真正有智慧的辅导员，应该在学生入校前就对学生的基本情况通过学生档案等进行详细了解，以便对学生开展个体化教育。如果再出现这种教育情境，我想不一定会以此方式去处理。因为教育的情境、场地、人物、事件等不可能一模一样，教育的效果也就不可能相同，所以每一次教育行为都应该是由当时特定的教育情境决定的，是没有规律可循的。我觉得辅导员在日常对学生的教育管理中，首先要了解学生行为背后的真正原因，从教育学的角度去理解学生的体验，站在学生的角度开展教育，这样应该会更有教育效果。

专家-3：这个教育体验故事看起来很枯燥、很平凡，但当我们深入去挖掘的时候，就会发现做辅导员是一件非常伟大的事，但是又是一件非常难的事，也是一件很有成就感、很有理想的事。能把教育做好真的不容易，这需要辅导员除了掌握一些技术、一些方法、一些教育学、心理学等学生的发展、成长的理论知识外，更重要的是要形成一种对他者的体验的一种独特的关注，对情境的独特的关注。因为情境都不一样，要不断地去反思，在行动前反思，在行动中反思，在行动后反思，然后对反思再进行反思。这样我们辅导员就会具有一种非常强的反思的能力。充满了反思的人，充满了智慧的人，做任何事情当然就会更好、更出色。我认为辅导员瞬间做出的教育行为是没有理论规律可循的，因为在教育情境中瞬间做出的教育行动与辅导员日常教育过程中积累的知识、经验特别是反思息息相关。有教育智慧的辅导员瞬间能捕捉到当时学生的体验，能做出在当时对此学生最好的教育行动。而缺乏智慧的辅导员则可能是从大道理、校纪校规等方面来做出教育行动，这种行动有可能是无效教育行动，有时还有可能激化矛盾，引发学生更多的教育反击和反驳。那么，辅导员在每个教育情境中怎样行动才是最恰当的呢？这没有规律可循，也不是技术层面可解决的。高校辅导员只有在具体的教育情境中，从学生的体验出发做出在当时最恰当的教育行为。这需要辅导员在教育过程中具有敏感性和机智，能够随机应变，这是一种与学生相处的智慧。

学工-1：这个教育体验故事非常典型，按章办事和教育的传统方式，学生是有一定抵触心理的，我们很多时候都会遇到对纪律规则有抵触、对环境不适应的学生。如果辅导员只是以教育者的姿态做教育，则很难走进学生心里，也很难与学生产生共鸣，这样的教育效果是不好的。刚才专家也说了，没有教育智慧，很有可能引发一些矛盾，甚至会导致学生做出一些不可控的行为。假设教育体验故事中，辅导员 A 一上去就把学生一顿批，站在老师的角度，学生没有了最后的支撑与保障防线，那有可能就“破罐子破摔”，做出极端行为。在一定程度上，辅导员要代表学生的利益，要能够去帮助到我们的学生，特别是在制度面前，我们要考虑到我们的制度处理，对学生的最后的影响到底会怎样？当然，在制度面前，很多时候，我们是难以把控的。如果说通过教育，已经对这个学生达到了教育效果，你还处分学生，则有可能对学生造成严重的后果。我们说在法律面前都有可能有一个从轻处理，那我想在学校的制度面前，我们更应该考虑到这一点。包括学生手册里面是不是有那么一条“学生认错态度较好，可以从轻处理”。那为什么会有这样的一条？其实就是在引导我们在做学生工作的时候，如果学生真的已经被教育了，认识到错误了，那我们应该考虑到学生的利益，不能把处理学生作为最终的一个结果。那我们怎么样做要让这个教育体验故事中的另一位辅导员也要得到满意，至少要有一个处理结果。在这个教育体验故事里面，辅导员 A 都做到了，而且体现了很多方面的教育智慧。

学工-2：在这里，分享一个我印象非常深刻的教育体验故事。有一次，有位学生因未按论文指导老师要求时间提交论文，指导老师就非常严厉说："你如果再不交论文，就不会让你通过，你就无法毕业。"这位学生就在朋友圈发图，辱骂论文指导老师。当时指导老师的情绪很激动，向学院提出条件一是不再指导这个学生；二是学院要对这个学生进行严肃处理。面对这种情况，我心里有一个很明确的立场，就是我得彻底弄清楚事情原委，最大限度地保护好学生的利益。当然，最关键一点就是一定要化解学生与指导老师之间的误解。还有一定要对学生进行教育，要让学生充分认识到自己的错误。处理过程有点曲折，包括后面家长的介入、院领导的介入、家长和这个学生一起向论文指导老师道歉、学生发朋友圈给指导老师公开道歉，最后指导老师继续指导该学生论文，学生顺利完成论文及答辩，拿到了毕业证。可以说当时我对学生的行为也是非常气愤的，可是对这个学生进行纪律处分，有可能这个学生就面临无法完成毕业论文的状况，无法按时拿到毕业证，这对学生来说影响是非常大的。因此，我们辅导员要考虑到我们的教育要以学生的发展、学生利益为主，从学生发展的角度去处理各项教育事件。

学工-3：还有一个让我印象非常深刻的教育体验故事也想跟大家分享。就是有一位学生，在校的时候表现非常不好，还骂过辅导员，后来他考上了公务员，他的政审材料需要辅导员写意见，辅导员问我该怎么写，是如实写还是怎么写。我告诉他：如果说过去对学生的教育没有非常成功，其实辅导员也有一定的责任。在这个时候，你可以选择一个最好的做法叫作以德报怨，有可能你对他一个肯定的评价，会让他进入社会之后更清楚地认识到自己的不足。回过头来有可能经过两年、三年的时间，他会感激你今天在他政审材料上的好评，会感激于心。如果这个时候，你给他做了一个不恰当的评价，那么对他来说有可能影响一生，会怨恨你一辈子。我觉得，作为教育者，工作时不要带有个人对学生的偏见和情绪，我们要替学生去着想，帮助学生更好地成长与发展。如果说学生暂时有这样或者那样的不足，这才体现了我们教育的意义，才体现了教育的价值。如果我们的学生都明事理，什么都懂，那还需要教育吗？我想那不需要教育了，那么，我们辅导员还有存在的可能和价值吗？而且大家可以看到，对于后进生的管理或教育，有可能更有成就感。

辅导员 B-1：这个教育体验让我想到，作为高校辅导员，我们要以教为主、以引导为主，不管学生以后成就怎么样，我们作为教育者，真的要引导学生在人生道路上做出一个正确的自我认识。

辅导员 G-1：这个教育体验对我启发很深。对于特殊家庭、缺乏关爱的学生，我觉得他们要么是自卑懦弱、受欺负、不敢讲，要么是故作嚣张，脸上写着霸道蛮横，这两种极端状况都是他们的保护色。很明显，此教育体验故事中的学生小程属于后者，面对别人的指责，他明知自己理亏的情况下还会还击，但因感受到来自老师、同学、社会的关爱过后也能够唤起他内心的温暖，把这种"温暖"反馈给这个世界。也就是说世界上其实并没有坏孩子，缺爱多了就有了这个表现行为而已。

辅导员 E-1：这个教育体验故事，让我看到了辅导员 A 的特点：一是她非常有智慧地处理了这个教育事情；二是对自己的学生非常了解；三是基本上都是围绕以教育和引导学生为主。

专家-4：我们辅导员瞬间做出的教育行为是没有理论规律可循的，对学生的教育主要取决于教育者与受教育者的教育关系。辅导员是学生的避风港湾，也是学生的保护者。这是一个主题。但这个避风的港湾和保护者是个什么含义？可能就需要去深刻地理解，我们辅导员要把这个吃透。可能有时候像父母一样，有时候像朋友一样，有时候像哥哥像姐姐一样去保护自己的学生。这个"保护"其实不仅仅是不处罚，而是为了更好地使学生成长，在未来能够提升，这才是最主要的，这是一个很关键的点。谈到一些制度和规定，我们说制度，第一个是"制"，再是"度"，以"度"来衡量"制"，实际上制度就是有"制"还要把握个"度"。就像法律一样，这个法律文本出来后，需要很多的解释，这就是为什么我们有很多法官、律师的原因。所以，在不涉及一些重大的法律法规的情况下，学校的制度、班级的制度、年级的制度在运用时，实际上是考验的是我们辅导员的智慧。一名优秀的辅导员，我觉得他会很细腻地去把握这个"度"。我在前面和在以前做的一些报告，经常讲这样的事情，比如一次考试中，一位学生只错了一个字母，其他都是对的，但是老师给了他一百分，好像这是违规的。但如果是一个小测验，那就不违规对不对？如果你死板地去理解，只要是考试，他错了一个字母，就不能打一百分，那这个理解是非常死板的。如果是一个小小的测试，是一种形成性的评价过程，可能这个时候打一百分，然后在下面画一个横线，告诉他这里错了，打九十九已经非常不错了，我给了你一百分，这时可能对教育学生来说是好的。所以一个优秀的辅导员有时是有风险的，是要冒风险的，有时为了这个学生或者为了这一群学生的发展，他可能会冒险。所以这个"度"怎么把握，需要我们辅导员深入思考。

"良药苦口利于病，忠言逆耳利于行"的诤言，表明人们并不喜欢批评，甚至是怕批评,“怕批评”是生活中常有的现象,如公司员工怕老板批评,机关下级怕上级批评,政府官员也怕群众批评……大学生更多的是害怕老师、辅导员的批评。学生在这种体验中的心情是怎么样的?辅导员应该明白学生是一个个鲜活的个体,要更多地了解学生行为产生的背景,从而因材施教、应景教育。教育体验故事 1 的学生小程因为抽烟成瘾,所以在明知道学校规定只能在教学楼卫生间可抽烟的情况下,选择了在看上去很脏很乱的办公室门口抽,可见他是知道不能违反校纪校规的。但另一方面也说明 HJ 老师的办公室确实太脏太乱,让学生误会。当小程抽烟被抓时,他是怕的,怕受处分,因为他有过被其他学校处分几次的体验,所以内心对处分的“害怕”可能比其他学生来得更加猛烈。我们反思辅导员在制度前提之下的一些对学生的教育处理,辅导员是否在不突破法律底线、不突破制度底线范围内,也就是说在法律与教育制度的底线前提下,是否最大限度地去帮助学生成长和发展?正如专家所说,教育智慧是基于教育理念的前提下,从学生内心体验出发瞬间做出的正确的学生教育行为,这样的教育理念前提,才会体现教育智慧。当然每件教育情境都是独特的,每一个具体的人也是独特的,因此对学生的教育也应该是因人而异。对特殊群体的学生如何教育?是不是我们更多地应该关心、关爱他们,达到与他们“共情”?不同的年代有不同的教育背景,甚至不同的高校也存在不同的教育问题,每个教育情境都具有差异化,这需要辅导员基于对学生的充分了解,才能有智慧地去教育。因此,辅导员需要在日常对教育情境进行总结、反思、消化、再反思,不要只看方法,而要看到方法背后的教育理念,在以学生为中心、替学生考虑、不违背大框架理念之下开展教育,这样的教育才会更具有意义,才能更好地体现教育智慧。

三、教育体验故事 1 蕴含的教育本质与意义

研究者、参与聚焦反思的专家、高校辅导员、学生工作部门负责人针对辅导员 A 的教育体验故事,在共同反思和探索中提出了蕴含的本质与意义:辅导员瞬间做出的教育行为是没有理论规律可循的,对学生的教育主要取决于教育者与受教育者的教育关系。具有教育智慧的辅导员有较强的反思能力,知道如何与学生相处,如何从教育学角度捕捉、看待、理解学生的内心体验,如何宽容而又关爱地面对学生的错误行为,如何在不突破法律和制度底线前提下做出在当时对该学生最好的教育行动。从而使学生直面自己所作所为,及时意识自己的错误,从错误的体验中走向正面的成长道路(表 4-2)。

表 4-2　辅导员 A 教育体验故事 1 的本质与意义

编码	故事内容概况	对故事的理解	故事中获得的启发与顿悟	故事的本质与意义
辅导员A	辅导员 A 描述的此教育体验故事是：一位初中、高中和大学都因打架斗殴而被开除的学生小程，因成绩较好而再次考上研究者曾经工作过的一所本科院校。但学生小程入学不久的一天，在教学楼中抽烟被另一位辅导员 HJ 发现时的一个教育情境	小程的家庭背景、以往的行为，使其养成了脾气暴躁，有一定暴力倾向，这是短时间内无法使其改正。需要慢慢使其认识到暴力、犯错后的后果，并从中帮其解决最担心的“处分”问题，这样才会使其明白辅导员是真心关爱他，让他感觉到教育的“温暖”，从而自觉地去改正和积极上进	辅导员应该从教育学的角度看待学生，从关爱、包容角度对待学生的错误和不妥，在潜移默化、春风细雨般让其认识到错误，使学生从内心深处接受教育和改正自己不足；要积极从学生的角度出发去追寻事件背后的因素，做出恰当的能使学生容易接受的教育方式和手段	1. 辅导员瞬间做出的教育行为是没有理论规律可循。对学生的教育主要取决于教育者与受教育者的教育关系。 2. 教育情境是独特的，每一个具体的人也是独特的。辅导员要不断对教育情境进行反思。在行动前反思，在行动中反思，在行动后反思，然后对反思再进行反思。 3. 制度在运用的时候，实际上是考验辅导员的智慧。在不突破法律和制度底线前提下，最大限度地去帮助学生成长和发展。 4. 辅导员要从教育学的角度看待学生，从关爱、包容角度对待学生的错误和不妥行为，在潜移默化、春风细雨般让学生认识到错误，从内心深处接受教育和改正不足。 5. 辅导员对特殊情况的学生应给予更多关注和关爱。观察他们细微变化，从他们的内心体验出发施以个体化教育。 6. 有教育智慧的辅导员瞬间能捕捉到当时学生的体验，能做出在当时对此学生最好的教育行动
学生工作部门负责人		学生对完全以制度教育方式和模式，带有抵触心理的。当辅导员不能跟学生交心的时候，只是以教育者的姿态在做教育，则很难走进学生心里，也很难与学生产生共鸣。辅导员要代表学生的利益，去帮助学生。在制度面前时，要考虑到制度处理对学生影响会怎样？不要把处理或处分学生作为最终结果	辅导员在教育学生时，不要以制度或教育者权威去“压制”学生，更多地要去考虑到学生的利益。如果学生已被教育，接受及认识到自己的错误了，辅导员就在不突破制度和教育底线下，不要把处理或处分学生作为最终结果	
辅导员B		高校辅导员要以教为主、以引导为主。不管学生以后成就怎么样，我们作为教育者要引导学生在人生道路上做出一个正确的认识自我的选择	高校辅导员要引导学生做出正确的自我认知	
辅导员G		特殊家庭、缺乏关爱的学生，他们要么是自卑懦弱、受欺负、不敢讲，要么故作嚣张、脸上写着霸道蛮横，这两种极端状况都是它们的一个保护色。此教育体验中的学生小陈属于后者，他面对别人的指责和虽然知道自己理亏的情况下还击回。当感受到来自辅导员对他的维护和公平后，唤起了他内心的温暖，最后他自主创业，努力反馈社会	世界上没有坏孩子，只是因为缺失自己所需而表现出来的一种行为。辅导员应该对特殊家庭、缺乏爱等的学生给予更多关爱和关注	
辅导员E		辅导员要对自己的学生非常了解，围绕以教育和引导学生为主	辅导员对自己的学生要充分了解	
学生工作部门负责人		教育的智慧就是有差异化的，是基于对学生的了解。辅导员要在制度原则允许范围内，不突破法律的底线和制度的底线前提下，最大限度地去帮助学生成长和发展	对自己的学生要非常了解，围绕以教育和引导学生为主。不突破法律和制度底线下，最大限度去帮助学生发展	
专家		辅导员需要去深刻地理解和吃透“辅导员是学生避风港湾和保护者的含义”。制度 实际上就是有“制”下去把握个“度”，辅导员怎样把握“度”？辅导员在教育学生时会做错或有可能会犯错的，犯了错以后怎么去进一步地反思，为未来做得更好一些？这需要辅导员除了掌握一些技术、方法、教育学、心理学等学生的发展、成长的理论知识外，更重要的就是要形成一种对他者的体验的一种独特的关注，对情境的独特的关注，因为情境都不一样，然后才能够不断地去反思，在行动中反思，在行动前反思，在行动中反思，在行动后反思，然后对反思再进行反思。这样我们就变得具有一种非常强的反思的能力	辅导员瞬间做出的教育行为是没有理论规律可循，因为教育情境是独特的，每一个具体的人也是独特的。对学生的教育主要取决于教育者与受教育者的教育关系。 制度在运用的时候，实际上是考验辅导员的智慧。有教育智慧的辅导员瞬间能捕捉到当时学生的体验，能做出在当时对此学生最好的教育行动。 辅导员不断对教育情境去反思、反思再反思，就能养成非常强的反思能力	

第三节　教育体验故事2:网络交流教育

辅导员B的教育体验故事讲述的是,新冠肺炎疫情期间学生居家隔离只能通过网络上课和交流,学生小朱无故经常不上网课,辅导员B对他提出多次批评,但他还是我行我素。因此,辅导员B找学生小朱进行在线视频沟通交流,使小朱每节网课认真听讲,每天报到打卡,改变了其学习态度和学习习惯。

一、"教学有法、教无定法"的网络交流

受疫情影响,学校开展在线教学,我发现学生小朱状态非常不好。于是,在一个晚上,我通过视频电话,与小朱进行了长达3个小时的沟通。开始沟通时,我结合小朱网课期间的表现,针对他无故不参与网课的行为,提出了批评,指出了他的问题。小朱对我的批评习以为常,加上不是面对面交流,他没有什么情绪变化和起伏,看到这种情况,我有点生气,意识到这样的沟通没有什么实际效果。于是我不再一味输出,转变话题,问他最近在家的日程安排。

"你每天在家都做些什么呢？父母管你吗？业余时间出去吗？"

小朱应付式地回答:"我平常就是睡睡觉、打打游戏,经常忘记上课,因为没有什么上课氛围。"

"那你毕业后想要做什么,有没有想过呢?"

"想先去找个工作,实现经济独立,不让父母压力这么大。"

听着他的回答,我找到了突破口。

"那你觉得你现在的状态能够为你实现找到工作的目标吗？你父母看到你现在的状态会说你吗?"

视频那端的他沉默了。

"老师今天联系你,是基于对你的了解,觉得你不应该是现在的样子,你应该有更好的发展,上学期在学校你还很积极,老师不想放弃你,想和你聊聊,和你一起分析分析,看能不能帮你调整自己现在这种状态,你想改变吗?"

"想啊!"

"既然想改变,老师就希望你克服自身的惰性和拖延,从明天起,慢慢做一个自律的人。自我管理不是一件容易的事,刚开始,老师可以监督你。从明天开始,你按时向我报到打卡,按时去上网课,课堂争取不开小差,跟着任课老师的节奏,然后每天晚上主动联系我汇报自己一天的学习情况,能做到吗?"

小朱再次沉默，然后说出了他的困惑和顾虑："老师，谢谢你愿意帮助我！其实我也很困扰，也不想总是这样的状态，但是高中学习不太好，现在大学了，还是很多东西都学不会，时间长了，就不想学了。"

看着他有点无奈的表情，我给他列举了一些我身边的例子，让他重新建立信心，鼓励他给自己多一点机会和时间，慢慢努力，付出总会有收获，肯定比继续懒散要好。他表示不会辜负我的鼓励和帮助，会努力试一试。

从那天晚上通话之后，我看到他有明显的变化，每天早上8点、下午2点都会主动跟我报到，主动和我语音或视频分享当天的收获，看着他写满字的笔记本和每天的学习收获，我为他开心，也深深地感受到自己工作的价值。

（辅导员B的教育体验故事）

二、教育现象学聚焦反思研讨

在聚焦反思研讨中，研究者和参与聚焦反思的专家、辅导员及学生工作部门负责人带着好奇心，通过悬置自己，提出内心的好奇。从教育学视角对辅导员B进行深度访谈，发表从教育体验故事中得到的启发和顿悟，共同探究教育体验故事中蕴含的本质和意义。

（一）教育现象学视域下的好奇

研究者和参与聚焦反思的专家、辅导员及学生工作部门负责人对辅导员B的教育体验故事开展了深入反思和探讨，对故事中的情境提出了好奇。

A：发现学生小朱居家上网课状态不好，辅导员B的心态是怎样的，如何想的，为什么会打视频电话给学生？

B：学生小朱与辅导员B接通视频电话，双方有何体验？学生小朱的反应是怎么样的？

C：辅导员B对学生小朱提出批评，指出他的问题时，学生小朱是一种什么体验？辅导员对学生存在的问题，过多地批评是否合适？

D：面对辅导员B苦口婆心长达3个小时的批评指正，学生小朱却无动于衷。此时，辅导员B内心深处是一种什么心情和体验？

E：辅导员B为何不再自己唱独角戏，而是让学生小朱自行参与到话题中，是一种什么心态、心情改变了自己的交谈方式？

F：辅导员B听了学生小朱的回答，是怎么想的，有何反应，应该如何回答才是对学生小朱最好的教育，才能引导学生小朱充满期待地改变现状？

G：辅导员B为何对小朱说"从明天开始，你按时向我报到打卡，按时去上网课，课堂争取不开小差，跟着任课老师的节奏，然后每天晚上主动联系我汇报自己一天的学习情况"？这是出于一种什么考虑？

H:辅导员B看到学生小朱有着非常明显的变化时,是一种什么体验,有何反应?辅导员B有反思吗?反思的行为给予学生小朱的教育带来了什么样的影响?

I:辅导员该如何面对教育情境才是智慧的?才是在此刻对学生最好的教育?

(二)教育现象学深度访谈

为更好地挖掘辅导员B的教育体验故事中的本质与意义,研究者与辅导员B进一步开展了以下内容的访谈、交流和探讨。

Y:发觉学生小朱线上课状态不好时,您当时为什么想找他谈话,当时的体验怎样?

辅导员B-2:居家上网课时,发现学生小朱经常迟到、旷课,而他是班级副班长,在校上课时从不迟到、旷课。当时就觉得小朱不应该是这种学习状态,所以一方面想通过视频了解小朱为什么不上网课,并让他意识到这种学习状态不行,必须得改变;另一方面觉得小朱是副班长,他应该带头上好网课,这样才能管理好班级和班上同学,要不然班上同学都学他,那这个班级就“完了”。所以,我对小朱线上课的这种学习状况很不理解,很无奈、很生气。

Y:您一开始视频谈话就对小朱的学习状态进行批评,指出他的问题,长达3个小时,但是面对您的苦口婆心教导,小朱却没有任何感触。对这种情境,您当时是一种什么心情?内心是怎么想的?

辅导员B-3:说心里话,与学生沟通交流,环境很重要。与小朱是在线视频交流,所以很难把握他的情绪,教育效果远不如面对面交流。如果在线下交流,我可以像朋友一样把他带到一个安静舒适的地方交流,那么小朱就能够表达他的内心深处的想法。

可是在线视频交流,我开始就指出小朱的学习状态不足,并给予批评、教导,基本上一直都是我在说,而远程的小朱只是在视频上露出头像,基本没有互动,根本不知道他有没有听进去。当时,我感觉很郁闷、很无奈,觉得这种沟通交流很无效、很没意义,可是又要解决小朱的线上学习状态,所以我只能压制自己的情绪,耐心地沟通、指引,想把小朱从那种“茫然”的状态中“拉回来”。

Y:您和小朱谈话3个小时后,看到小朱还是无动于衷,于是您接下来的谈话,不再一味输出,而是问起他最近在家的日常情况。您为什么突然会做出如此教育行动?

辅导员B-4:因为感觉我一个人在那对他指出不足,并不断地给他讲道理,而我根本不知道视频对面的小朱是否在听,是否有触动,看到视频中的他没有什么表情和互动言行，我觉得自己在唱独角戏。突然间认识到不能只是我说，而是要让小朱说，我要了解他的想法和日常情况，这样我才能“对症下药”，才会有教育效果。

Y：小朱听到您只是问他的日常，而不再是评判、讲校纪校规等，他开始与您进行交流互动。这时您的心情和体验是怎样的？

辅导员 B-5：我听了小朱所讲的话，知道他自己也明白自己这种学习状态不好，也是想改变，只是不知道怎样改变，比较茫然。因此，我的心情突然就没有那么郁闷了，也不生气了，而是想引导他，告诉他该怎么改变。

Y：当您和小朱通话之后，小朱每天早上 8 点、下午 2 点主动向您报到，上课后主动与您分享自己当天的学习收获时，您的心情和体验又是怎么样的？

辅导员 B-6：看到小朱的改变，我是非常开心的。因为学生变好学了、变自律了，说明他在成长。我想，每位辅导员都希望自己的学生能变得越来越优秀，这也是辅导员教育的价值所在。

Y：您认为辅导员该如何与学生谈话才是智慧的？

辅导员 B-7：辅导员与学生谈话时，环境和语言很重要，所以我觉得有教育智慧的辅导员应该会注意谈话环境。例如，在辅导员办公室谈话，效果就不怎么好，特别是要找那些违反校纪校规的学生谈话时，在辅导员办公室有很多其他老师，如果当着那么多老师的面批评指正学生的错误，学生会觉得没面子，不尊重他，也许就会顶嘴、发生争执，不仅达不到教育效果，还会适得其反。如果把学生带到没人的办公室、走廊或是与学生边散步边聊天和谈话，也许这样的效果会比较好。还有我觉得具有教育智慧的辅导员还会注意语言的艺术，在和学生谈话前会先了解学生的大概情况，在谈话时观察学生的变化，这样可能会有更好的教育效果。

Y：小朱为什么会有如此变化？

辅导员 B-8：我觉得主要有内部原因和外部原因。内部原因是小朱自己还是想要改变不良的学习状态，虽然有不自律的行为，但是主观上还是有上进心，想要变得积极；外部原因主要是有老师的督促和鼓励，通过设置汇报环节，让学生先有任务意识，然后逐步养成良好的学习习惯，变被动为主动。同时在这个过程中，通过身边案例和心理鼓励，建立小朱同学的信心，让他恢复学习的兴趣。

Y：您对小朱的变化是一种什么体验？

辅导员 B-9：对于小朱同学的变化，作为引导和帮助他的老师，我感到非常欣慰，看到学生找到努力的目标和方向，替他感到开心的同时，也有很强烈的自我价值实现的满足感。

高校辅导员是开展大学生思想政治教育的骨干力量，在一线工作中需要经常与学生沟通和联系，需要全面了解学生的思想、心理和要求。而辅导员广泛开展谈心谈话，有利于直接与学生进行沟通和交流，“一对一”的谈心谈话能使受访同学感觉到受到尊重，安全感也会更强，交流内容更易深入、详细和真实。而“一对一”与学生谈心谈话要取得好的效果，辅导员不光要懂得尊重学生和学会做一名倾听者，还要有交流的耐心、交流的艺术性、交流的科学性。因此，辅导员学会运用和掌握良好的线上、线下沟通技巧、艺术、方式方法是必须的、必要的，更是充分体现教育机智和敏感性的教育场所和平台。

（三）聚焦反思研讨中获得启发和顿悟

为更好地了解、挖掘教育体验故事 2 的本质与意义，研究者、专家、辅导员及学生工作部门负责人对辅导员 B 的教育体验故事 2 进行了深入的教育现象学反思和研讨。

辅导员 B-10：如果是现在发生这种教育情境，我可能就不会和小朱视频谈话那么久，也不会一开始就一个人唱独角戏地评判小朱，而是从关爱小朱，理解他线上课状态不佳和学习基础差的体验出发，和他沟通交流，了解他的思想和想法，帮助他分析线上课状态不佳的原因，一起和他寻找改变现状的方法。学生都有自己的思想，在不了解其思想的情况下，搬出理论去和他讲大道理是根本行不通的。其实学生也知道对错，也清楚事理，可就是无法明确学习方向，无法自律地去面对学习任务。这时如果有位像朋友般的辅导员和他聊天、分析、引导，则会有更明显的教育效果。特别是现在疫情时期，很多教育行为都在线进行，这给辅导员带来很多挑战和困难。因为在线上，辅导员隔着荧幕无法捕捉到学生的细微变化；如果是面对面谈话，则可以设置较好的谈话空间和场所，使学生放松紧张情绪，辅导员也能根据学生的情绪变化和语境的变化而及时改变谈话方式方法。例如，在面对面谈话时，我会和学生坐在楼道上、食堂里、操场上进行聊天式的谈话，这样的交流效果就比较好。所以与学生谈话时环境很重要，轻松、舒适的环境能使学生表达出内心深处的想法。

专家-5：辅导员怎么去行动，他的背后一定有一个教育理念，他的理念如果是从学生角度出发，从学生的成长出发，效果就会出来。如果纯粹是为了管学生而管学生，也许就没有效果，因为学生感受不到这个老师这样做是为了他好，或者说他不能感受到辅导员这样做是真正对他好。辅导员 B 这个教育体验故事讲述的是网络时代，尤其在这个后疫情时代，多数大学生和辅导员所面对的教育问题。对于00、电子网络一代的大学生和年轻人,如何让他们更好地学习,更好地生活?这个教育体验故事给了我们很多的启示。故事中的学生小朱是考勤副班长,但他却经常缺课,可想而知这种行为影响很不好。辅导员B发现这种情况后,想去做一些工作,但是在线上,这就有一定难度,因为通常面对面谈话解决是最好的。那么,辅导员B如何通过电话、网络来做学生工作,来跟学生进行沟通交流、谈心谈话?这给辅导员B的工作带来很大挑战。辅导员B通过与学生视频聊天,了解到这个学生的一些具体情况和家庭情况,然后找到了一个契合点,这个契合点就是学生的真正的需求。学生实际是想要改变的、希望改变的,而辅导员B愿意来帮助他改变,这是非常好的精神和做法。等这个学生有了好的变化,辅导员感到很开心,学生也感到开心。这里看到了辅导员B一些非常独特的教育实践能力,就是辅导员B极具挑战的精神,而且非常关心他的学生,没有一味地拿着制度、规定来批判学生。

辅导员F-1:这个教育体验故事中学生小朱上网课的时候消极逃课,辅导员B通过询问情况,找到突破口,帮助学生建立信心,规划学习计划,让消极的学生找到了自己的初心和目标,使学生认识到差距,在每一天的小成绩积累中,逐渐找回自我。此工作方法对于多数的学生是适用的,能够解决大部分消极学生的问题。但是对于特殊的学生,比如从来就没有目标的学生或者说家里经济状况很好的学生,他们对于身边事物根本就不在乎,面对这种学生,我们辅导员该如何去教育和管理?这是值得我们思考的一个问题?

辅导员A-14:针对不同的学生,你采取相同的方式,不一定有一样的效果,因为都是不一样的教育情境和学生。所以为什么要讨论这个教育智慧,就是要辅导员需要具备临场反应能力、应变能力,在此时此景中做出对这个学生最好的教育行动,取到最好的教育效果,我觉得这就是教育智慧。

学工-4:我记得叶圣陶先生说过"教学有法,但无定法,贵在得法"。那是什么意思?教学有法教无定法,虽然说的是教学,其实辅导员工作也是一样的教和学,是有一定的规律的,学生成长成才也是有一定规律的。"教无定法"就是说教的时候没有必要遵循某一个规律,在不同的人身上,不同的事面前,它的方法是不一样的。"贵在得法"则需运用各种各样的智慧去处理好一些日常中的事务。我认为这个"教学有法"就是它遵循的一个规律,是什么规律?就是所做的工作围绕以学生为中心、以学生成长为中心这个目的。要让学生认识到自己的不足,个别的教育案例中没有让学生充分地去认识到错误,但是给他提供了一个平台,让他在这个平台上继续去学习,更好地去提升自己、去做好工作,从中得到更深的体会。所以很多时候对学生的问题,不要急于一时彻底解决，而要看到这个问题是朝着一个有序的方向发展，那么这就是一个“得法”。我认为这个案例里面，我看到辅导员的初衷是什么？就是我们所说的最先的“法”是什么？你是围绕什么来的？正如专家所说，所有的教育智慧一定是基于教育理念，围绕教育理念而产生的。如果你的教育理念偏离了你的初衷，你再有智慧，可能都很难去达到这个教育目标。我觉得我们在对教育体验故事反思分析中，我们自身的教育智慧也能够得到提升。

辅导员 A-15：这个教育体验故事让我感触很深。一方面辅导员 B 能够敏感地发现这个学生上课状态不好，然后进行长达 3 个小时的沟通。我个人认为，这就体现了辅导员 B 对学生的关心、关爱和耐心，这是作为辅导员对大学生最起码的教育初心。另一方面就是他发觉自己跟学生聊了 3 个小时，这个学生还没有转变态度和观点，所以瞬间调整了自己谈话的方式，使学生主动沟通交流，讲出内心的真正需求，获得了有效教育。我觉得这就是教育智慧。

专家-6：刚才我听到第一个辅导员说，采取一些策略，渐渐地、慢慢地宽松，让学生能认识到这个错误。另外一个老师说了这样做了也不一定很适合，有可能这个学生他没有认识到他的错误，反而会变得更严重。这是一个很值得思考的问题。但在这个时候，对这个学生，我们应该怎么做？在这个教育体验故事中，我看到了辅导员 B 是有一种临场的机智的，这种临场机智或者说就是我们所说的智慧。但我所说的这个智慧不是指的那种已经成型的、知识的、技术的智慧，这个智慧是一种临场的机敏，敏感地去应对和跟学生怎么去相处的智慧。辅导员与学生谈心谈话，虽然载体形式不同，但都是与学生进行交流和沟通，有的学生教育问题不是一次交谈就能获得教育效果的，需要长期的、多次的交谈，要有打“持久战”的心理准备，不能操之过急。我想辅导员在与学生谈话时，应该做到放下老师的架子，如朋友般耐心倾听学生内心深处的想法，真心实意尊重学生的想法，这样才能实现与学生共情，取得学生的信任。那么接下来的谈话就会轻松愉快，使学生充分表达出内心深处的思想和动态，辅导员也就能在学生的体验中做出此时对此学生最佳的教育行动。

辅导员 A-16：看了辅导员 B 的教育体验故事 2，我分享一个教育体验故事。那是 2007 年，当时我带了 5 个班级，其中有个国际贸易班，平时很“听话”，基本每堂课到课率都是 100%，但是有一次，一位平时文文弱弱、长得很秀气的女生发给我一条信息：“你每天压着我们去上课、去早晚自习、去学习，你比我妈妈还讨厌。”我看到信息后，非常惊讶，同时也非常生气，很郁闷，不知道该如何回复信息，更多的是想马上打电话给该生臭骂她一顿，或把该生叫到办公室严厉批评一顿。可是我冷静几秒后，回到办公室静静地想着自己对班级和学生的管理情景，想找出有哪些管理是自己“太过分”了。在反思中感觉到自己对班级和学生的管理确实太严格。该生在那段时间请假几次，因没有充分的请假理由，而且联系家长时，家长也不同意她请假，所以我就未批准该生请假外出，也未找该生好好谈谈话、聊聊天。也许因为此事导致该生记恨我，才发了那个信息给我。面对该生发来的信息，我没有回复，当作没有收到过此信息，依旧若无其事地开展班级管理和活动，没有任何情绪、表情变化，无声无息地让此信息的影响“消失”。不过此事件后，我对班级和学生的管理有些许变化，每次在教育过程中，会考虑学生的感受、体验和反应，对该生也给予了更多的关注和关爱。

专家-7：现今社会，是信息技术化时代，大数据、互联网、元宇宙等的出现，给教育带来了很大的挑战，所以高校及教育工作者都需要不断与时俱进地进行教育改革和改进，才能跟上科技信息社会的发展步伐。因此辅导员的谈话不仅仅局限面对面交谈，更多的是通过在线沟通交流。那么辅导员如何把握在线谈心谈话技巧？如何从学生的文字和视频表情中察觉学生的心理细微变化？这需要辅导员在日常教育中积累教育敏感税度和机智。我觉得，我们辅导员应该在教育情境中，体察学生的变化，对学生行为产生好奇，这样才会做出恰当及适合当时情境的教育行为。辅导员A描述的教育情境，我们假设一下，那个学生请假几次，这时辅导员A如果及时对该生行为产生好奇，及时找该生谈话，了解请假背后的因素，那么学生是否就不会有发的信息行为了？辅导员A自己也说到，收到“信息”后进行了反思，这是很好的行为。我认为辅导员就应该在反思中不断发展自己的教育智慧。

三、教育体验故事2蕴含的教育本质与意义

研究者、专家、辅导员及学生工作部门负责人在聚焦反思中，对辅导员B的教育体验故事进行了共同反思、探索，提出了所蕴含的本质和意义：辅导员围绕教育理念对学生行为和教育具有好奇心、敏感性及机智是教育智慧养成和发展的根本。辅导员要始终保持教育初衷，围绕立德树人根本任务对学生的行为充满好奇心和敏感性，倾听学生心声，充分了解学生内心深处真正需求，尊重学生的想法，实现与学生共情，从而达到更好地与学生相处，帮助和引导学生成长成才，成为大学生真正的知心朋友和人生导师（表4-3）。

表 4-3　辅导员 B 教育体验故事 2 的本质与意义

编码	故事内容概况	对故事的理解	故事中获得的启发与顿悟	故事的本质与意义
辅导员B	受疫情影响，学校开展在线教学，辅导员B发现学生小朱线上课状态非常不好，经常无故不参与网课。于是通过视频电话与小朱进行谈心谈话的教育情境	疫情时期，很多教育都在线上进行，在线上隔着荧幕，无法捕捉到学生细微变化，很难根据学生的情绪和语境变化而及时改变谈话方式方法	与学生谈话时，营造轻松、舒适的环境，能够使学生表达出他内心深处的想法	1. 辅导员应耐心倾听学生心声，尊重学生的想法，实现与学生共情。使学生充分表达出内心深处的想法、思想和需求，有针对性地做出此时对此学生最佳的教育行动。 2. 辅导员应在日常教育管理中，以学生为中心，以学生成长为中心来开展教育。对学生的行为产生好奇和敏感，对于不同的学生，采取不一样的教育方法。 3. 辅导员临场的机智不是指已经成型的知识的、技术的，而是一种临场的机敏、敏感。 4. 辅导员要有好的教育理念，从关爱、体贴、理解学生的内心体验出发，找到学生内心真正需求这个契合点，帮助学生改变、改观和发展
专家		网络时代，尤其后疫情时代，线上课遇到很多问题。辅导员通过线下与学生进行沟通交流，了解学生具体情况和家庭的情况，找到学生内心真正需求这个契合点，帮助学生改变、改观和发展。这是辅导员的独特能力，一种临场的教育敏感和机智能力	辅导员要有好的教育理念，要从关爱、体贴、理解学生的内心体验出发，找到学生内心真正需求，帮助学生改变、改观和发展。 辅导员临场的机智不是指已成型的知识的、技术面的，而是一种临场的应对和跟学生如何更好相处的机智和敏感	
辅导员D		教育体验故事中学生小朱上网课时消极逃课，辅导员找到突破口，引导认识到自己行为的差距，帮学生建立信心，在每一天小的成绩积累中逐渐找回自我。此工作对于多数的同学是适用的，但是对于没有目标的学生或者说家里经济很好的学生，可能无效果。辅导员该如何面对特殊学生？这是值得思考的问题	辅导员如何帮助学生建立信心和规划学习计划，找到自己的初心和目标？这需要辅导员去思考	
辅导员A			对于不同的学生，采取相同的教育方式，不会有一样的效果。临场反应能力、应变能力就是能在此时做出对这个学生最好的教育行动，这就是教育智慧	
学生工作部门负责人		“教学有法，教无定法，贵在得法。”其实辅导员工作也是一样，教和学是有一定的规律。辅导员工作目的是要以学生为中心，以学生成长为中心。很多时候对学生的问题，不要急于一时地彻底解决，只要看到问题朝着一个有序的方向发展，这就是一个“得法”。这个教育体验故事就体现了这个教育规律，给我们看到辅导员教育智慧	“教学有法，教无定法，贵在得法。”一个有经验、有智慧的辅导员应该明白教育初衷是什么。要以学生为中心、以学生成长为中心来开展教育	
辅导员A		这个教育体验中，辅导员 B 能够敏感地发现学生上课状态不好，然后进行长达 3 个小时的沟通，这体现了对学生的关心关爱和耐心；辅导员 B 发觉自己跟学生聊了 3 个小时，学生还没有转变态度和观点，瞬间改变谈话方法，使学生主动地沟通交流，讲出内心的真正需求，这体现了辅导员 B 的教育机智	辅导员在日常教育管理中，应该对学生的行为产生好奇和敏感，从学生角度出发关心、关爱学生，机智地了解学生内心深处的真正需求	
专家		辅导员与学生谈心谈话，虽然载体形式不同，终归是与学生进行沟通交流。有些学生教育问题不是一次交谈就能得到教育效果，需要长期、多次交谈，要有打“持久战”的准备。并在与学生谈话时，要放下老师的架子，如朋友一样耐心倾听学生心声，使学生充分表达出内心深处的想法，只有这样辅导员才能在学生的体验中做出此时对此学生最佳的教育行动	辅导员应该耐心倾听学生心声，尊重学生的想法，实现与学生共情，取得学生的信任。从而使学生充分表达出内心深处的想法，辅导员才能做出此时对此学生最佳的教育行动	

第四节　教育体验故事3:无言教育

辅导员C的教育体验故事讲述的是在一次大型班会上,她精心挑选了一段当时很火的典型教育视频分享给学生,目的在于启发学生思考人生,但因视频中播放的是几个中学生的所作所为,从而使所带班级学生小花当场提出不应该播放中学生的纪录片给大学生学习的教育情境。

一、以无言平息视频风波

2021年9月,一次200多名学生参加的主题班会上,我给学生分享了一段"学习强国"中很火的视频《我不想做这样的人》,目的在于通过分享这一段视频,启发学生对当前在校生活的思考,从而更好地切入班会主题。

视频播放后,我要学生针对此视频,思考5分钟后,分享一下观后感。在分享的过程中,学生小花开口就说:"凭什么让几名中学生来教育我们,我们根本就不需要看这种视频。"

小花眼神中充斥着不屑地看着我,同时表现出很自信。

"为什么呢?你觉得应该播放什么视频为好?"

"他们是中学生,学历比我们低,而且这些可能存在视频炒作。"

其他同学看着我,默默地笑着。

我听后,瞬间感觉有点低落,深深地自责,心想:"小花为什么会存在这种想法呢?我是否忽视了个别学生的思想意识?"

我有种无奈感,表情很凝重。但为了不影响接下来的主题班会,我没有直面回答和反驳小花,而是对着所有的同学说:"学习应该择其善者而从之,其不善者而改之,如果大家有不同意见,欢迎主题班会后到我办公室讨论。"

课后,小花快速离场,我对小花从此多了些思想动态的关注。

(辅导员C的教育体验故事)

二、教育现象学聚焦反思研讨

(一)辅导员对教育体验故事的好奇

参与聚焦反思专家、研究者、辅导员及学生工作部门负责人对辅导员C的教育体验故事开展了深入探讨和反思,对故事中的情境提出了好奇。

A:辅导员C为什么要播放学习强国中很火的视频《我不想成为这样的人》?为什么不选其他的,出于什么想法?

B:学生说:"凭什么让几名中学生来教育我们!""他们是中学生,学历比我们低,而且这些可能存在视频炒作。"此时辅导员C是一种什么体验?当时学生为何有这样的反应?

C:辅导员C看到小花眼神中充斥着不屑,同时表现出来很自信时,心情怎么样?内心是怎么想的?

D:辅导员C为何对着小花说“为什么呢?你觉得应该播放什么视频为好呢”?辅导员C是一种什么情绪?

E:辅导员C看到其他同学默默地笑时,当时的体验怎么样的?此时,班上的学生是一种什么心态和体验?

F:辅导员C没在课堂上批评和指责学生小花,是出于什么原因?是否有智慧?

G:辅导员面对此类教育情境,如何行动才能体现教育智慧?

H:从教育学角度看待此教育情境,辅导员需要具有什么素养?

(二)教育现象学深度访谈

为更好地挖掘辅导员C的教育体验故事3中的本质与意义,研究者与辅导员C进一步开展了以下内容的访谈、交流和探讨。

LY:您为什么要选择《我不想做这样的人》,而不是其他视频?

辅导员C-1:因为当时这个视频在“学习强国”上热播,很火,中央电视台也宣传了。我个人觉得很有教育意义,非常有教育代表性。所以选了此视频播放并要学生自行思考5分钟后分享观后感,主要是为了启发学生对当前在校生活的思考。

Y:您当时出于什么考虑而让学生对这个视频思考5分钟后自愿分享体会?

辅导员C-2:就是想加深学生对视频的印象,同时也希望学生能从中得到启发,能在学校更好地学习、生活吧。

Y:面对小花在班会上公然提出的“凭什么让几名中学生来教育我们”,您当时是一种什么心情和体验?

辅导员C-3:当时感觉很突然、很惊讶,同时也有点不知所措。心里想“为什么小花会有这种思想?还当着所有学生说出这样的话,小花不顾场合的言语会影响到别的学生思想,以后我如何开展班级教育”,所以有些生气。

Y:您没有直面回答和反驳小花,而是对着所有的同学说:“学习应该择其善者而从之,其不善者而改之,如果大家有不同意见,欢迎主题班会后到我办公室讨论。”当时,您为什么采取这种言行?

辅导员C-4:当时考虑到学生较多,场面有点失控,另一方面觉得在课堂上与小花去辩论会激起更大的矛盾,还有可能其他学生也会参与进来,到时有可能会都“下不了台”,所以瞬间冷静下来,选择退一步求其次,其实这种选择也是出于当场情况所迫吧。

Y:面对学生的质疑,您的内心是怎么样的?

辅导员 C-5：面对学生质疑时，内心有些恍惚，觉得有些不可思议、无语，一时间没有找到较好的缓解措施。

Y：当时，班级其他同学的反应是怎么样的？

辅导员 C-6：当小花同学提出质疑时，班里开始有同学窃窃私语，有些直接附和小花，有些反驳小花，现场比较混乱。

Y：您怎么评价这个教育情境？

辅导员 C-7：感觉播放这段视频没有起到预期的引导作用，无形中带来了负面影响。

Y：您觉得本次教育是否具有教育智慧？

辅导员 C-8：针对此次教育，现在回想起来感觉当时的处理不是太恰当，没有用到教育智慧。

Y：如果是现在，您会采取什么教育方式和手段？

辅导员 C-9：如果是现在面对此教育情境，我会对学生的情绪先行疏导，如询问班里是否有不一样想法的同学，可否派代表抒发一下各自的想法，然后其他同学投票，引导同学抒发自己的观点，合理表达情绪。

Y：您后来是否遇到过类似的教育情景，是如何做出教育反应的？

辅导员 C-10：类似的事情比如疫情防控期间，学生常会问到为什么个别同学可以请假出去，他们不可以。对此，一是从疫情防控政策入手，日常引导学生做好疫情防控第一责任人；二是特殊事情，如生病等不可延缓解决的问题，特事特办，并跟进掌握此部分同学的出校门去向；三是了解同学想出校门的需求，如果能从辅导员角度解决的尽量在不让学生出校门的同时帮其解决，或是想办法帮其解决，实在无法解决的，也要让学生感受到老师确实已经帮忙想办法了。

（三）聚焦反思中获得启发和顿悟

专家、研究者、学工院长、辅导员对辅导员 C 的“教育体验故事 3”进行了深入的教育现象学聚焦反思和研讨。

辅导员 A-16：看了辅导员 C 的这个教育体验故事 3，让我想起 2007 年遇到过类似的教育情境。当时学校为了使新生一入校就规划好学业，提高学历、技能，将新生班级的一些新辅导员换成几位有丰富经验的老辅导员，我是其中一位老辅导员。在交接班级后的第一次班会时，一位女学生小瑜突然站起来大声说道：“老师，把我们辅导员换成了你，是不是要你来压着我们报考自学本科和技能证培训？我们不想换辅导员。”然后她自己微笑起来，班上其他同学有窃窃私语的，有偷偷笑的，还有几个附和的。当时，我很惊讶，不知道怎么回答，因为学校换辅导员确实有如学生所说的一个因素，但仅仅只是一方面而已。所以，当时我觉得学生的看法太幼稚，因为老辅导员经验丰富，带新生不仅仅是为了使学生提高学历和技能证比率，更多的是能更好地助力学生成长成才。面对这个情境，我不想说谎和否定，但也不想让学生完全误解，所以我反问学生是否提高学历、技能对大学生有害？是否学校考虑让新生更好地成长成才有错？学生在大学里积累更多的社会“资本”是否应该？我连续问了几个问题，班上其他同学突然就沉默了。学生小瑜左顾右盼地看了看班级其他同学，见大家都低着头没看她，于是她突然又说道：“老师，您作为辅导员为什么要化妆？学校不是不许化妆吗？我们不喜欢化妆的老师。”我听后感觉有些尴尬，既好气又好笑。不过，我还是耐心地解释“高等教育与基础教育有所不一样，对化妆，大学里没有要求不许化妆，大学是你们进入社会的前奏，所以你们需要慢慢了解和尽快熟悉大学生活和学习。至于我化妆，这是个人行为，是出于一种礼貌，也是尊重别人的一种行为，不过每个人对自己的外表形象都有不同的要求和需求，美的东西或者是自己觉得好看的东西，我觉得应该都是可以接纳的。”然后，我面对所有学生说道：“这个话题好像偏离了班会主题，不过我倒是非常希望以后同学们到我办公室一起讨论沟通各种话题哦。”这个事情后，学生小瑜知道自己太偏激，所以主动到我办公室道歉，并竞选上班级生活委员，一直表现不错。因此，我对辅导员C当时的内心体验是非常有体会的，我认为面对这种教育情境，辅导员保持沉默或用简洁语言回避也是一种智慧。

辅导员E-2：我对此教育体验故事中辅导员的做法感觉是比较好的。但我在反思自己，如果是我，给同学看这个初中生的宣讲视频，学生提出了“凭什么让几名中学生来教育我们”的质疑时，首先，我觉得这是个非常好的讨论点，至少引起学生对这个教育的关注，并提出自己的观点。我觉得这个主题教育班会可直接选择利用学生这个观点进行深入探讨。例如，我们的中学生教育及大学生的教育差距在哪里？我们中学生能做到的，我们大学生有哪些做不到的？进行一个观点的对比，然后进入一个课堂教育，我在教育的过程中就比较喜欢把握学生的观点开展教育谈论，这是我们辅导员有时必须要把握的教育契机。其次，我觉得辅导员在主题班会上，小花提出大学生不需要中学生来教育时，辅导员安抚小花情绪后继续完成班会，我认为处理得不够恰当。因为三人行必有我师，向有德行足够优秀的人学习是社会共识，不能以年龄大小、职位高低作为标准。我认为，辅导员在教育实践中，有许多地方需要向学生学习，比如说有的同学书法写得好，有的同学活动举办能力很强等，让同学们利用好这个实际的案例认识自己，拥有谦卑之心，平等地去对待身边人，尤其是善待生命的弱者。

辅导员H-1：我觉得这个体验故事中辅导员C在班会上的智慧是非常明显的。首先，学生在发表意见，认为学历低的不值得他们学习时，辅导员C很敏捷地捕捉到了这个学生在认识层面是比较浅薄、是比较片面的，她也没有回避。虽然为了不影响接下来的主题班会，也就是说在一个已经既定的主题班会上为了保障大多数同学的普及教育，她没有因为个别的现象停下来，影响整个大局，我觉得这是一个智慧点。其次，辅导员C也没有说完全回避，她还是给这个学生和班级其他学生一个交代，“我们应该择其善者而从之”，然后说有不同意见或者有不同想法可以在课后沟通，这也是一个智慧点。最后，辅导员C没有轻率批评或反驳这个学生不同的、反常的声音，而是留意到了这些个体学生的思想活动，有深刻的探讨和更深层次的认识。

学工-5：这个教育体验故事给我的启示是：教育是否有智慧，首先要看教育的现象和教育的理念。这个案例能给到我们的对标就是共性与个性教育的问题。共性与个性的问题，在学生教育中经常会讨论，那么大学是共性教育重要还是个性教育更重要？这个故事中的主题班会教育是一个共性思想政治教育，是在开展对学生的理想信念的一个共性教育。在这个过程当中，某一个学生提出的疑问，如果你要中断你的共性教育去对这个学生开展个性教育，那其实在这个时候你就要思考是不是合适，或者说是不是需要占用时间来开展个性教育？什么时候开展共性教育，什么时候开展个性教育为最佳？在教育体验故事中，如何在这种现场明晰地切换，这需要辅导员的教育智慧。其次，我们辅导员永远不要当着学生的面去突然改变你的情绪，这是什么意思呢？就是哪怕你真的要发火，不是提前有预计的那种发火，你都要提前做好伏笔，是要可控的，一定不要把你在班级上的共性教育弄成你不可控的场景，这种化解也需要辅导员的教育智慧。最后，辅导员C后期对于个性教育怎么去开展？这又是另外一种智慧，比如你可以把这种具备个性的两三个学生分开还是集中叫到办公室教育，还是怎样开展教育，这个值得我们思考。这个教育体验故事没有写完，其实我更希望看到的是这个主题班会后的教育形式，或者说对这个学生的个性教育情境，如何让这个学生发生改变的，我觉得这是很重要的。所以我觉得我们的辅导员工作共性教育只占了一部分，更多的还是个性化教育。更关键就是辅导员如何去解决某一个学生或者每一个学生的思想问题、心理问题，来帮助我们的学生成长。在这里面共性教育我们可以通过建立师生共同体进行，也就是基于师生共同的发展、共同的进步。但是个性化教育一定要基于以学生为中心，基于对学生的理解。教育体验故事中这个学生在课堂上能提出疑问，他绝对不是想刻意地驳辅导员面子或者是对辅导员有什么意见，学生提出的疑问确实是他心中的疑问。那么我们就得想办法传道授业解惑。辅导员如何给学生解惑？这就需要辅导员去给学生解剖、引导。

专家-8：辅导员C的教育体育故事中，我们看到的是学生向辅导员的权威发出了挑战，但是辅导员C没有凭借权力去压制学生，而是轻描淡写地一语双关地跳过去了。她没有指责批评学生，而是允许有不同的“声音”，这种理解中隐含了辅导员C对教育的机智。辅导员面对这种教育情境时，该说什么、该做什么、该如何行动？我们没有现成的理论知识，也没有具体的技巧和固定的规则。我想，辅导员通过这种具体的课堂情境能够积极地理解学生的体验，是否就有可能培养和萌发出教育上的机智？这也是范梅南先生《教育的情调》中所阐述的观点。因此对这个教育体验故事仁者见仁、智者见智！辅导员在班级管理工作中会遇到很多类似的事件，该怎样去做出教育行动？刚才我听到了不同的辅导员有不同的一些处理方式。其实，辅导员首先要清楚班级活动的主要目的是什么？辅导员C当时面对着所有学生说“学习应该择其善者而从之，择其不善者而改之”，然后就避开学生的质疑，我认为这是教育智慧的体现。但如何处理才能在不影响你的课堂计划下又能对学生起到好的教育效果？我觉得辅导员C当时的教育行动做得挺好的。如果辅导员C当时就抓住这个机会来跟学生进行辩论，然后带动其他学生一块来辩论的话，课堂教育任务就无法完成。不过，我们假设下，如果辅导员更机智一点，在播放这个学习强国视频中提炼出学生正好想学、想讨论的东西，而这里面内容又与课堂教育相关，那你可以引进来讨论。那就不存在个性教育还是共性教育的问题，也就是共性就把它引作为共性、是个性就是个性。而更为重要的是班会后辅导员是怎么去做的，这点非常重要。这是需要经验的，这个经验积累下来以后才会让你的知识跟你的身体融合在一起，你才可以快速反应，找到一个比较适合的教育方法。其实，也没有说哪一个方法是最好的，哪一个方法就是不好，每一位辅导员的管理方式都不一样。课堂管理有权威式的、有民主式的、有无为道家式的等，要看具体的情境，能达到同样的教育目的就是好的。

三、教育体验故事3蕴含的教育本质与意义

研究者、专家、辅导员及学生工作部门负责人共同反思、探索中，提出了辅导员C的教育体验故事所蕴含的本质和意义：辅导员如何抓住教育契机是需要经验积累的，让自己的知识和身体融合在一起，做到知行合一，才能快速地做出一个比较恰当的教育行为。有教育智慧的辅导员善于了解课室中的教育学面面观，能做到共性教育与个性教育融通和切换，宽容地对待学生个性化思想差异，从教育学的角度，尊重学生的独特想法和思想，即使面对学生极端的、偏见的思想，也要把握学生观点，拥有谦卑之心平等对待学生，耐心引导学生，建立师生共同体，与学生共同发展和进步。在无法沟通下，保持适当的沉默，让学生在反思和理解中达到教育效果，这也是辅导员在教育情境中瞬间做出教育行动的智慧选择（表4-4）。

表 4-4　辅导员 C 教育体验故事 3 的本质与意义

编码	故事内容概况	对故事的理解	故事中获得的启发与顿悟	故事的本质与意义
辅导员 A	在一次大型班会上，辅导员 C 精心挑选了一段时下很火的典型教育视频分享给学生，目的在于启发学生思考人生。但是因视频中播录的是几位中学生的所作所为，从而使班级学生小花当场提出不应该播放中学生的纪录片给大学生学习的教育情境	看了辅导员 C 的这个教育体验故事后，分享了自己遇到过的类似教育情境	面对特殊的教育情境，辅导员保持沉默或用简洁语言回避也是一种智慧	1. 有教育智慧的辅导员在教育过程中能将个性教育与共享教育融通和切换，善于把握学生观点，抓住教育契机。 2. 辅导员在教育实践中，要拥有谦卑之心，能平等地去对待学生，虚心向学生学习。 3. 辅导员在教育过程中要善于敏捷地捕捉学生对事物的认知。 4. 辅导员要以学生为中心理解学生，建立师生共同体，与学生共同发展和进步。 5. 辅导员如何抓住教育契机需要经验积累，让自己的知识和身体融合在一起，做到知行合一才能快速地做出一个比较恰当的教育行为
辅导员 E		此教育体验故事中学生提出“凭什么让几名中学生来教育我们”的质疑，我觉得这是个非常好的讨论点，至少引起学生对这个教育的关注并提出自己的观点。这个主题教育班会可直接选择利用学生这个观点进行深入探讨。三人行必有我师，辅导员也应该向学生学习	辅导员在教育实践中，要虚心向学生学习，拥有谦卑之心，平等地去对待学生	
辅导员 H		辅导员 C 是有智慧的。首先她很敏捷地捕捉到了这个学生在认识层面是比较浅薄、片面的。其次她也没有完全回避，还是回复学生“择其善者而从之”。最后没有批评反驳这个学生不同、反常的声音	辅导员在教育过程中要敏捷地捕捉到学生对事物的认知。同时不能因个体现象而影响整体教育	
学生工作部门负责人		这个故事对标的是共性与个性教育的问题。故事主题班会是在开展对学生理想信念的共性教育，因一个学生提出疑问而中断共性教育，或者说占用共性教育时间来开展个性教育时是否合适？辅导员 C 没有因个体而中断共性教育，这是智慧的。那么对这个学生的个性教育情境如何？有待探究。 学生在课堂上提出心中的疑问。辅导员如何给学生解惑？这需要辅导员去给学生解剖、引导	辅导员在教育管理过程中，要有辨别什么时候开展共性教育、什么时候开展个性教育为最佳的能力。 辅导员要以学生为中心和对学生的理解，建立师生共同体，与学生共同发展和进步	
专家		辅导员在工作中会遇到很多类似的事件，该怎么去行动？先要完成主要的教育工作，后再单独跟这个学生谈心谈话。从这个角度上说，我觉得辅导员 C 的教育行为是有智慧的。辅导员面对所有学生说“学习应该择其善者而从之，择其不善者而改之”，回答了学生的质疑。其实，每一位辅导员的管理方式都不一样，没有孰对孰错。课堂管理要根据具体情境采取不同的教育，只要能达到教育效果就是智慧的	辅导员如何抓住教育契机是需要经验积累，让自己的知识和身体融合在一起，做到知行合一才能快速地做出一个比较恰当的教育行为。 有教育智慧的辅导员在教育过程中能将个性教育与共享教育融通和切换，善于把握学生观点，抓住教育契机	

第五节　教育体验故事 4：网络言论教育

辅导员 D 的教育体验故事讲述的是学生小杨开通了个人公众号和微博，因其语言幽默、观点独到，收获了很多粉丝，是学校学生中的网络达人。但他为了追求分享内容的新奇特，经常转发一些道听途说的消息来“圈粉”，致使一些不太积极的言论引发同学们的讨论，因此辅导员 D 对小杨开展教育的情境。

一、解锁网络言论

我所带的2019级软件工程专业学生小杨，开通了个人公众号，因其语言幽默、观点独到，班级和身边同学都很喜欢看他的分享，他因此收获了很多粉丝，小有成就。为了增加粉丝量，他追求分享内容新奇特，常转发一些道听途说的消息，引发一些不太正面的讨论。

2019年10月的一个晚上，我来到他的寝室，与他谈心谈话。

“小杨，老师关注了你的公众号，看到你分享的内容，我觉得有些内容做得很好，比如学雷锋志愿服务活动的宣传那一篇很不错。你最初做公众号的想法是什么？”

他很开心并非常自信地回答：“老师，我最开始的想法很简单，就是想分享一些好的想法和思想给身边的同学和小伙伴，让大家都能便捷地了解时政热点、大政方针，学习一些好的东西，仅此而已。”

“那你现在达到目标了吗？”

“实现了些吧，但我还在努力中，我希望能把公众号做得更好，受众更多。”

“很好啊，老师很支持你坚持做公众号，在实现自己想法的同时造福身边的同学。”

小杨听了我的话，不好意思地笑了笑，说道“谢谢老师的支持和鼓励。”

望着被表扬和肯定后有点不好意思的小杨，我趁机说道：“小杨，最近老师在浏览你的分享时看到有一些关于最近比较热的话题讨论，你也给了回复和文章分享。我想问问你，对于相关的信息，你有自己核实、确定是真实的吗？”

小杨听后，有点着急，不假思索地说：“这些是转发大平台的推文，肯定没问题的。”

当我再次问他是否自己核实过真假？他明显着急了，告诉我虽然自己没有亲自核实，但是大平台的推送是不会出现问题的，并且他和同学们的讨论、发言虽然有些有所冲动和极端，但现在言论自由，他们没有干涉他人，问题不大。看着情绪有点激动的小杨，我语气平和地对他说：“小杨，老师今天找你聊，并不是要批评你，而是想给你提醒，希望你意识到问题所在，这样我们才能把公众号运营得更好呀！”

“老师也分管咱们学院的网络宣传工作，更清楚网络不是法外之地，所以我们的分享和发言要慎重，你的公众号现在受众也不少，虽然我们的言论是自由的，但自由也是相对的，我们的发言是不是也会影响他人的思考和判断呢？比如你前几天分享的观点，下面也有很多评论，有些同学的思想和观点是非常有问题的，加上如果你分享的内容没有经过核实，是不是会导致不好的影响？严重的话，会不会影响到自己呢？这样的结果和你最初建立公众号的初衷是不是相背离了呢？我想这也不是你想要的结果，对吧？”

小杨冷静了下来，低下头说道：“自己没想过有这么严重的后果。”

看到小杨迷茫又无助的表情，我安抚他：“既然咱们现在意识到这个问题了，就要及时改变。老师希望你先撤掉一些不当言论和未经核实的分享，不要引起进一步的讨论。就公众号的宣传，老师可以和你一起思考，我们看看是否可以推出其他的内容，引导同学们关注身边事，端正自己的思想。你的宣传能力老师也是看在眼里，也欢迎你加入学院的宣传团队，为学院的宣传工作出一份力，我们一起做好学院的宣传工作，让更多的人通过我们的宣传了解咱们学院，你愿意吗？”

听完我的话，小杨连连点头：“谢谢老师的认可，以后我思考问题会更加周全，希望和老师一起努力，实现最初做公众号的目的，同时得到更多的锻炼！”

（辅导员 D 的教育体验故事）

二、教育现象学聚焦反思研讨

（一）对教育体验故事的好奇

参与聚焦反思的研究者和专家对辅导员 D 的教育体验故事开展了深入反思和研讨，对故事中的情境提出了好奇。

A：辅导员 D 面对小杨为增加公众号粉丝量，开始追求分享内容的新奇特，经常转发一些道听途说的消息时，她是一种什么教育体验？内心是怎么想的？

B：辅导员 D 是出于什么原因关注学生小杨？学生小杨听到辅导员 D 也关注了自己公众号后有何反应？是一种什么体验？

C：“很好，老师很支持你坚持做公众号，在实现自己想法的同时造福身边的同学。”辅导员 D 说此言时，内心的真实想法是什么？为接下来的谈话起到了什么作用？

D：望着被表扬和肯定后有点不好意思的小杨，辅导员 D 是一种什么心情和体验？此时学生小杨又是一种什么心情和体验？

E：当辅导员 D 再次问小杨分享内容是否自己核实过真假时？学生小杨的体验是怎么样的？辅导员 D 的内心是怎么想的？

F：辅导员 D 对小杨说：“你的宣传能力老师也是看在眼里，也欢迎你加入学院的宣传团队，为学院的宣传工作出一份力，我们一起来做好学院的宣传工作，让更多的人通过我们的宣传了解咱们学院，你愿意吗？”辅导员 D 出于什么教育考虑而做出此决定？这对学生起到什么教育意义？

G：辅导员 D 对学生小杨的教育是否具有好奇和敏感？

H：辅导员 D 对小杨的教育是否抓住了教育时机？

I：辅导员 D 是否具有教育现象学视域下的教育特征？是否具有教育智慧？

（二）教育现象学一对一访谈

为更好地探索辅导员 D 的教育体验故事 4 的本质与意义，研究者和辅导员 D 进行了一对一现象学访谈，参与研究的专家、辅导员及学生工作部门负责人也针对辅导员 D 的教育体验故事展开了反思和探讨。访谈和探讨内容如下。

Y：导致这一教育体验故事的原因或内部动机是什么？

辅导员 D-1：网络不是法外之地，言论也不是绝对自由，出于保护和引导学生的目的，开展了此次沟通交流。

Y：当时的情境如何？

辅导员 D-2：因为在宿舍区域开展交流，交谈氛围相对轻松，谈话比较顺利。

Y：体验故事中是否还有其他人参与？

辅导员 D-3：没有其他人。

Y：体验故事处理过程中是否遇到了相关的困难或障碍，您是怎么处理的？

辅导员 D-4：困难主要是担心小杨对自己的错误认识不到，不愿接纳建议。在处理时，先肯定学生积极的地方，再一步步引导他认识到问题所在，循序渐进。

Y：您当时的想法和感受是什么？

辅导员 D-5：一方面希望学生正确运用新媒体，发挥积极作用；另一方面，也希望学生有慎言的意识和网络敏感性，避免不良发声。

Y：体验故事的结果怎样的？

辅导员 D-6：小杨认识到问题，能够接纳建议，有所改变。

Y：体验故事过后，您是怎么看待这个结果的？

辅导员 D-7：此次沟通相对顺利，学生能够意识到问题所在，也有所改变，自己也在这个过程中对网络宣传工作有了更进一步的了解。

渴望被看见是一种生命体验，一种存在体验，一种直觉意识，因而是一种非反思的意识。它是学生在和他人打交道中的意志体现，是在他人那里体验自我，是一种人际的体验。我的存在需要在另外一个人——他人那里得以显现。我的存在是以他人为基础的。也就是说，我的存在体验只有在他人那里才有可能得以实现。因为存在作为显现，需要一个能够显现“我”的他人，他人就如同一面镜子，使得我能够看到我的存在，他人先于我而存在。在集体生活中，很多学生都有这样一种危机感。心理学上把这种通过他人而感知到的自我表述为移情，现象学则把它表述为主体间性。卞之琳的诗很形象地说明了这样的事情：我站在桥下看风景，看风景的人在桥上看我。正当我们意识到他人也在看我的时候，我的存在才被意识到。我和他人是同时被意识到的。真正的存在体验只有在和他人的交往当中才会产生。大学生需要被辅导员“看见”，也就是说希望辅导员能肯定和表扬自己的所作所为。

（三）教育体验故事 4 中得到启发和顿悟

为更好地了解、挖掘体验故事行为背后的本质与意义，专家、研究者、学生工作部门负责人、辅导员对辅导员 D 的教育体验故事进行了教育现象学反思和研讨。

专家-9：辅导员不仅需要专业知识、心理学知识等理论知识，还要有沟通技巧、关注学生体验、聆听学生声音等能力，特别是要有一种教育的临场机智，也就是我们所说的辅导员的教育智慧。但我们辅导员在处理一个问题的时候，通常是按一种技术性的想法去处理。那么，我们是否能从辅导员的教育体验故事里看到辅导员如何处理教育问题而发现辅导员一些独特的教育智慧？换一种说法，就是辅导员在与这个学生相处的过程当中，怎样才能处理得使自己和学生相处更融洽一些？大家可通过辅导员的教育体验故事发现辅导员有什么独特的能力？有哪些值得我们去思考和反思的地方？

刚才辅导员 D 把自己撰写的教育体验故事向大家描述了，这是一个很普遍、很简单的教育体验故事。就是有一个学生非常地活跃，也很聪明，他开了一个微信公众号，喜欢发一些新闻和信息。但是在发新闻、发信息的时候对信息没有核实，产生一些误解和误区，这样有可能导致学校形象、班级形象或者是同学的形象受到影响，是一些什么影响？故事里面没说。我们假设，如果辅导员直接和学生表达“你做公众号是可以的，但是不能够乱说话，不能够乱贴新闻，这是错误的。如果下次再这样做的话，那你就要受到处罚或者是受到一个警告处分”类似这样的教育观点，对于比较活跃又有很多粉丝的学生，他可能会受到很大的影响，会觉得丢了面子又比较委屈。但辅导员 D 在不经意当中引导学生谈到这个“转发未经核实的新闻、信息”，没有让学生丢面子，只让该生认识到在公众号的一言一行都要非常注意，要分享一些好的观点、思路。那么，我们好奇“辅导员 D 为什么不直接批评指责学生，是出于什么原因”。

有一些辅导员对某一类的学生觉得最好是直接说，但对某一些学生觉得最好不要直接说，委婉地说，让学生认识到自己的错误。那么教育体验故事中辅导员为什么会这样处理？我想辅导员一定非常了解他的学生。可能这个学生比较好强，直接跟他说的话，他会觉得丢了面子，可能会产生负作用。如果另外一个学生做了同样的事情，这个辅导员会不会用同样的方法，也是这么委婉地去说去处理吗？

辅导员 D 对她的学生很了解吗？她需要具备什么样的能力？除了这种沟通的技巧，我觉得这个故事里面我们能看到的是，要想把一个工作做好，辅导员仅有去解决问题的思路是不够的。这个故事让我们看到了辅导员 D 在管理学生工作中，不仅仅是去解决一个问题，而是怎样做对学生更好，能够更融洽地与学生相处，这就是辅导员的智慧。辅导员D的智慧在这个过程里面非常明显，首先辅导员D了解自己的学生，才会采取恰当的策略，更好地与学生相处，同时让学生认识到自己不足的地方和需要改进的地方。

我跟大家分享一个最近的教育体验故事，有一位学生直接给我发了微信，还截图给我看，他说："校长，您看这个截图，这个驾校不需要体检，拿到驾照后还可以算一个学分，请问这是真的吗？"我一看明显有问题，后经了解，是有一个学生在这个驾校打工，他把广告贴到群里，而且把学校的名字也带进去了，这就比较复杂了。

其实，这个学生犯了一个大错，既影响了学校的声誉，也损害了我们学生的利益。有学生去这个驾校，还以为可以免体检，还有学分，可这是根本不存在的事情，因为学校和这个驾校没有任何关系。那遇到这样的事情，我就把这个事情转给了该生的学院书记，要他们去了解这个情况后正确处理。最后，这个书记给学生严重警告，我觉得这个书记处理得不是很恰当，因为我们在处理一个问题的时候，处罚不是目的，我们是希望这个学生能成长，让学生认识到自己的不足或者错误，使辅导员和学生之间的相处更加融洽。这个教育体验故事中的书记就没有达到教育效果和目的。

作为一名辅导员，他需要具备哪些能力，最关键的、最主要的能力是什么？辅导员脑海的教育理念、工作理念是什么？这都非常重要的。如果我们从这个方面来问的话，可能问出很多教育概念出来。我相信能够很好地去探究，去看一看这个故事里面究竟能够告诉我们什么本质与意义，能够给我们带来什么反思。

辅导员A-17：辅导员D首先和学生说她关注了学生公众号，使学生感到自己的行为得到了辅导员关注和重视。其次辅导员D没有直接批评学生，而是在与学生谈话中自然而然地提出"对于相关的信息，你有没有自己核实，确定是否真实"等问题，我觉得辅导员D的教育行为是具有教育智慧的。请问为什么当时会做出这种教育行为？

辅导员D-8：当时我采用这样委婉的方式和学生进行沟通和交流，首先我对这个学生是比较了解的，他比较自我，喜欢表达，自尊心也很强，考虑到学生的接受能力，我选择跟他委婉地去沟通。如果当时一沟通就直接批评他或者指责他，要求他删掉不良言论，这样我和学生的关系立马被放到一个对立面，那后面很多的沟通和交流就很难再开展下去。第二就是如果直接给他一个处分的话也不太合理，因为这个公众号上除了一些不太好的转发信息和评论外，也有一些比较好的言论，对班级管理有积极的一面，不能一棒子打死。他出现了这样不好的言论，我就否定他的一个成果，这样是不妥的，所以当时我没有选择第一时间批评他，而是肯定他做得好的地方，然后委婉地指出他做得不好的地方。最后是采用这样的方式，主要还是希望学生自己能够意识到在网络发布这样的不良言论，不管你主观有没有这样的想法，但是你确实引发了这样的一个讨论，造成了不良的影响，这是不对的。我觉得只有学生自己意识到这个问题，那他后面再去发一些推送就会有意识地去注意。如果这一次我通过批评或者是处理他的方式，让他撤下那些不良言论，但他没有意识到这一根本问题的，那后面还是会出现类似的情况，所以当时我才会选择通过这样委婉的方式跟他讲道理，让他自己意识到这个问题。

辅导员 F-2：从这个故事，我学习到了几个方面：第一我觉得辅导员在碰到这样的一个问题时，没有第一时间把学生定性，没有主观臆断地判断这个事情，而是先和学生去沟通，去仔细了解情况，看学生有没有对这件事情有一个认知。第二就是辅导员与学生在交谈时，是非常体谅学生的，她看到学生紧张则马上将自己的语速逐渐地慢下来，并说只是提醒，这是一个引导过程。第三辅导员看到学生迷茫又无助的表情，她又安抚学生，根据学生不同表现和表情变化改变自己的教育方式和语气。这三点都体现了教育智慧。

辅导员 J-1：故事中的处理方式我觉得具有很多教育意义和教育智慧，在教育过程中，处理方式很好。但是我觉得对于学生，教育的深刻性还差那么一些，因为对于学生的教育不够深刻，不当言论的危害性还没有讲得特别透彻，这有可能会导致学生认识不深，还会再入歧途的可能性会比较大。我觉得可以结合一两个实际的案例去跟学生分享，让学生深刻理解不当言论对社会舆论的负面导向，以及产生的社会危害性。还可以结合一些时事政治，加深学生对于网络安全的一个认识。

辅导员 I-1：我看了这个故事，有一点思考吧，就是网络时代发展这么迅速，各种各样的平台，包括微信的朋友圈之类的，每天学生转发那么多东西，我们辅导员如何去深入地引导学生吸取一些正能量的东西是值得我们更深入地去探讨和思考。

三、教育体验故事 4 蕴含的教育本质与意义

在研究者、专家、辅导员及学生工作部门负责人共同反思、探索中，提出了所蕴含的本质和意义：辅导员基于教育现象学视域下对学生行为充满好奇和敏感，观察学生细微变化，了解学生情况，善于发现学生优点和长处，才会具有教育临场机智，使自己和学生相处得更好。有教育智慧的辅导员，会对大学生在校的学习、生活、行为充满丰沛的希望，会抓住和尊重学生的独特想法和思想，发现学生的特长和优点，给予积极耐心的肯定和引导，让学生自己在反思和理解中认识到自己行为的不妥之处，使学生朝着自己的兴趣、志向方向成长成才（表 4-5）。

表 4-5　辅导员 D 教育体验故事 4 的本质与意义

编码	故事内容概况	对故事的理解	故事中获得的启发与顿悟	故事的本质与意义
专家	辅导员 D 所带班级的一位学生小杨开通了个人公众号和微博，因其语言幽默，观点独到，收获了很多粉丝，是学校学生中的网络达人。他为了追求分享内容的新奇特，经常转发一些道听途说的消息来圈粉，导致一些不太积极的言论引发同学们的讨论，从而致使辅导员 D 对小杨开展教育的情境	辅导员 D 对教育敏感性和对学生委婉教育无疑是有智慧的。那我们是否好奇，辅导员 D 的教育理念、工作理念是什么？她为什么不直接批评指责学生，是出于什么原因？她有什么独特的一些能力？有哪些值得我们去思考和反思的地方？辅导员 D 的教育体验能够给我们带来很多反思？ 辅导员在处理学生问题时，处罚不是目的，学生能成长，让学生认识到自己的不足或错误才是目的。而且辅导员在与学生相处的过程当中，应该反思怎么样才能处理得使自己和学生相处更好一些。应该充分了解自己的学生，不光去解决问题，还要考虑到怎么样做才会对学生更好，这就是辅导员的智慧	有教育智慧的辅导员不仅需要足够的理论知识，还要具有沟通技巧、关注学生体验、聆听学生心声等方面的能力，使自己和学生相处更融洽一些的独特能力。 辅导员要有教育敏感性和对学生行为具有好奇心。要充分了解自己的学生，采取适当的教育策略，让学生认识到自己不足和错误。要有处罚学生不是目的，促进学生成长成才是教育的目的理念	1. 有教育智慧的辅导员自身需要足够的理论知识，还要具有沟通技巧、关注学生体验、聆听学生心声，使自己和学生相处更好一些的独特能力。 2. 辅导员在日常教育过程中，要有教育敏感性和对学生行为具有好奇心。 3. 辅导员要充分了解自己的学生，发现学生优长，采取适当的教育策略，让学生认识到自己不足和改进之处。 4. 辅导员不要把学生定性，用主观臆段判断对错。要观察学生细微变化，从学生内心体验去理解学生行为
辅导员 A		辅导员 D 首先和学生说她关注了学生公众号，这使学生感到自己的行为得到了关注和重视，拉近了教育关系。没有直接批评学生，而是在与学生谈话中自然而然地提出“转发的相关新闻、信息，有没有核实真实性”。这种教育行为是具有智慧的	辅导员对学生行为先表扬和肯定，后再提出不足，让学生在无形中意识到自己的错误，如此能收获好的教育效果	
辅导员 D		当时我采用委婉的方式，基于我对这个学生的了解；他转发一些不太好的信息和评论外，还是有很多比较好的，对班级管理也有积极的一面；希望学生自己能够意识到在网络上有这样的不良言论，造成了不良的影响。我觉得只有学生自己去意识到这个问题了，那他后面再去发一些这样的推送就会有意识地去注意	辅导员在对学生教育时，应该了解学生个性，采取适当的教育方式，使学生意识到问题的根本，从而达到教育目的	
辅导员 F		辅导员 D 是没有把学生定性，没有主观臆断地判断这个事情学生就是有过错的；二是与学生在交谈时，非常体谅学生，她看到学生紧张则马上将自己的语气逐渐地慢下来；三是看到学生迷茫又无助的表情，她又安抚学生，根据学生不同表现和表情变化而改变自己的教育方式和语气。这都体现了教育智慧	辅导员在对学生教育过程中，不要把学生定性，用主观臆断判断过错。要观察学生细微变化，从学生内心体验出发理解学生	
辅导员 J		这个教育体验故事有很多教育意义及智慧，但对于学生教育的深刻性还不够，对于不当言论的危害性还没有讲得特别透彻。这有可能会导致学生认识不深，还会再入歧途。我觉得可以结合一两个实际的案例跟学生分享，让学生深刻理解到不当言论对于社会舆论的危害性是非常严重的。以便加深学生对网络安全的深刻认识	辅导员教育中，需要结合当前热点问题和话题，加强对学生教育的深刻性认知，使学生意识到网络舆情和安全的重要性	
辅导员 I		网络时代发展这么迅速，各种各样的平台，包括微信的朋友圈等，每天学生转发很多信息。我们辅导员如何去深入地引导学生吸取一些正能量的东西，这值得我们更深入去探讨和思考	网络时代，辅导员需要思考如何深入地引导学生吸取正能量信息	

第六节　教育体验故事5:聆听学生心声

辅导员E的教育体验故事描述的是班长小林在班级管理中工作认真,办事能力强,平常也阳光开朗,但因进入大二后,同学们对待学习、班级活动变得没有那么积极,彼此间的沟通交流也少了很多。小林与班上同学的关系因班级管理而越来越疏远,没有那么融洽,很多班级管理工作也滞后。这些导致小林变得越来越不开心,越来越没信心,所以不想再担任班长。经与辅导员E沟通交流,得到肯定和鼓励后,又干劲十足,再次把班级管理得井井有条,自己也信心倍增。

一、聆听学生心声,挖掘学生内驱力

2021年4月的一天下午,我所带班级班长小林一脸忧郁地来到我的办公室,说有点迷茫和无助,希望我能听他说说话,帮他出出主意。我从未见过他如此颓丧的一面,看着匆匆赶来不停喘气的他,我拍了拍他的肩膀,带他来到办公室隔壁比较安静的会议室,示意他深呼吸缓一缓,并起身倒了一杯茶给他,然后静静地听着小林的苦闷。

“老师,我们班进入大二后,同学们对待专业学习、班级活动变得没有那么积极,彼此间的沟通交流也少了很多。我为了做好班级管理工作,对班上同学变得比较严肃、严格,同学们因此都慢慢疏远我,致使我在班级管理上很吃力。可是,如果我对同学们太随和,他们又会觉得所有的事情都是小打小闹,很多工作就会滞后。现在我因为班级管理事情变得越来越不开心,对自己的未来也产生了不知名的恐惧,对这个班长的工作也有点厌倦了,不想担任班长了。”

我用非常肯定的眼光看着他。

“小林,你对班级管理费心了,你在工作上很出色,效果很好,帮老师分担了很多,谢谢你!你工作负责、认真、沉稳,做事有原则、有目的,班级每项工作都安排和管理得非常出色,同学们是很认可你的管理的,任课老师对你的工作也是非常的肯定。”

小林还是没有放松心情,一副忧心忡忡的样子。

“你现在觉得班级管理很吃力,没以前顺心,那么你在工作中有没有觉得收获到什么呢?”

“工作中,我有很多各种各样的想法,觉得很有挑战性。”

“那你和老师说说你的想法吧。”

听着他滔滔不绝地对班级管理上的想法和思路,发现他的想法都是建立在前人已有的基础上,不是天马行空,而是经过深思熟虑的。

“你未来想做什么?”

“想考研。”

我进一步询问他未来想做什么职业时，他陷入了思考，很久才说暂时还没想过，也不知道自己该何去何从，一脸的迷茫。

“其实你在班长这份工作上，你的优势已经展露出来了，比如思考问题很周全，会主动协助和引导自己身边的同学，以后可以多往这些有利于自己未来发展的方面努力。”

他点了点头，没有接话。

“你还记得你曾经为了一个经常不配合班级工作的同学和我聊了很久，并和我信誓旦旦地说你已经在和他沟通，一定会让这个同学慢慢融入班级生活，参与班级工作，最后你成功了。那个同学之前和我聊天时还说你对他帮助很大呢。”

小林不好意思地摸了摸头。

“老师，其实我也没有他说得那么好，当时我觉得他可能是比较慢热的性格，所以就主动接触他，在开展活动或者班级有什么事情的时候，总是拉着他一起做，刚开始还不是那么顺利，会有点不自在，一来二去，大家熟悉了，沟通就多了，他也愿意配合和协助我开展班级工作。”

他在述说时，眼里有光，隐藏不住的充实和满足感。

“我觉得你扮演着一个善解人意又思虑周全的大哥哥角色，既然强行改变自己这么不开心，为什么不做回温柔的自己？我相信温柔也有其刚强的一面，日久见人心，当同学们知道你做的事情真的是为了班级的发展、为了大家好，一定会更加理解你的不容易，更加支持和配合你的工作。”

我看到小林眼神中的阴郁慢慢散开，恢复了往日的情绪。

“身为班长，除了用心，更重要的也要讲究做工作的方式方法，老师欢迎你有空多来商量交流，把我们班建设得更好，好吗？”

“好的。老师，我会努力的！”

谈话结束时，我明显感觉到了他离开时情绪的好转。

（辅导员 E 的教育体验故事）

二、教育现象学聚焦反思研讨

（一）对教育体验故事的好奇

参与聚焦反思的专家、研究者、辅导员及学生工作部门负责人对辅导员 E 的教育体验故事开展了深入探讨和反思，对故事中的情境提出了好奇。

A：学生小林一脸忧郁地来到辅导员 E 办公室，辅导员 E 见到小林迷茫和无助的样子，当时是一种什么心情和体验？是否对小林的状态产生了好奇？

B：当小林来到办公室说想和辅导员 E 聊聊天时，辅导员 E 为什么要把学生小林带到另一间会议室，是出于什么考虑的？

C：当学生小林说到因为班级管理事情使他变得越来越不开心，以至于对自己的未来产生不知名的恐惧，不想再担任班长时，辅导员 E 是一种什么心情和体验？内心深处的真正想法是什么？

D：辅导员 E 用非常肯定的眼光看着小林并说“小林在工作上很出色，班级每项工作都安排和管理得非常出色，同学们是很听从你的管理的，任课老师对你的工作也是非常的肯定”，辅导员 E 为什么这么充分地肯定小林的“成绩”，此行为是否具有教育意义？小林听辅导员 E 如此肯定自己的付出，是一种什么心情和体验？

E：“然后，我又和他聊起了一件事：你还记得你曾经为了一个经常不配合班级工作的同学和我聊了很久，并和我信誓旦旦地说你已经在和他沟通……”辅导员 E 为何要列举此例？是出于一种什么教育心态？想达到什么教育效果？

F：“听着他的述说，我看到了他说这些事的时候眼里有光，内心还是比较充实和满足的。”此时，辅导员 E 的体验是怎样的？学生小林为何会“眼里有光”？

G：“这一次，他没有犹豫，笑着跟我说会努力的！”“然后我们结束了谈话，我明显感觉到了他离开时情绪的好转。”此时辅导员 E 的心情和体验是怎样的？学生小林的心情和体验又是怎样的？辅导员 E 对这种教育结果是否满意？

H：辅导员 E 在这个教育体验故事中体现了哪些方面的教育智慧？

（二）教育现象学深度访谈

为了更好地探索辅导员 E 的教育体验故事 5 的本质与意义，研究者和辅导员 E 进行了一对一现象学访谈。

Y：您为何要把小林带到会议室谈话？出于什么教育考虑？

辅导员 E-3：第一，办公室当时有很多老师和学生，环境相对嘈杂，不适合谈心谈话的开展；第二，小林当时的状态比较低落，希望有人能听他说说话，考虑到小林同学可能并不想他人知道他的情况，加上一对一交谈的效果会更好，出于以上考虑，所以选择把小林带到另一间环境安静的会议室，让小林同学没有顾虑地进行交谈，真正了解小林的想法和困惑。

Y：面对小林“班级管理事情变得越来越不开心，对自己的未来也产生了不知名的恐惧，不想再担任班长了”的想法，您的体验是什么？内心是怎么想的？

辅导员 E-4：面对小林因为班级管理问题，导致不开心和困惑，以至于不想继续担任班长的想法，我内心还是比较难受和愧疚的。愧疚于平常让班长协助开展班级管理工作，虽然出发点是希望通过这样的方式，提高班级工作效率，锻炼班干部的个人能力，但是在这个过程中，对于他们内心的感触和压力，考虑还是不够周全；难受于小林虽然很尽心地开展班级工作，但由于方法不对，导致工作的效率不高，他自己也很不开心。希望以后在班级管理方面给他更多的指导，让他能通过班级管理工作，实现个人的价值。

Y:您一开始就肯定小林对班级管理的付出和成绩,出于什么考虑?小林当时有什么表现?

辅导员 E-5:听完小林同学的倾诉,我通过肯定他的行为来展开话题,一是基于现实情况,小林确实在班级管理工作上付出很多,不管效果怎么样,他的付出都值得肯定;二是小林因班级管理工作而产生了强烈的挫败感,肯定他的付出可以让他内心得到安慰,有助于接下来话题的展开。对于我的肯定,小林虽然没有明显的情绪变化,但他的情绪不再像刚来时那么焦虑,而是能够平静地和我进行接下来的交流。

萨特指出,存在先于本质,人的本质实际上是其所不是、不是其所是。自我是什么?自我就是对可能性的我的一种不断揭示和展现,并不断地进行确证。阿伦特指出,思维时,我们在哪里?我们把自己交给了所思之对象,我们就是思本身。扎哈维指出,胡塞尔现象学意义上的自我并不是漂浮于多种体验之上的某物,它完全等同于它们(即杂多体验之整体,它们是一个体验束)被统一了的全体。可见,自我是一个复杂沉淀物,它具有多层次、多维度的表现形态。渴望表扬是每个人生命意志的表现形式,也是自我的一种表现形态,所以大学生渴望被辅导员表扬、认同、看见,这里的"渴望表扬"所体验的"看见"其实就是被肯定中的看见。辅导员对大学生的表扬,为大学生的体验自我开启了新的维度,表扬不仅让大学生"开心、愉快",还让他们在开心愉悦的心绪中发现自我的很多积极面,增加大学生们在品味自我中获得成长的信心和力量。辅导员在与学生谈心谈话过程中,观察学生的细微变化,落实每一个需要帮助的细节,为学生们拨开迷雾,是辅导员成为大学生知心朋友必备的素养。

(三)从教育体验故事 5 中获得启发和顿悟

专家、研究者、学生工作部门负责人、辅导员对辅导员 E 的教育体验故事进行了深入的教育现象学反思研讨。

辅导员 A-18:这个故事更多的是"怎么样培养人"的问题,辅导员很重要的一个工作就是培养学生和班干部。把班干部培养好了,班级管理上就会轻松很多。因为学生太多,辅导员无法顾及每一位学生,只有把班干部培养好,班级管理上的问题才可迎刃而解。

辅导员 J-2:这个故事是因年级的增加,学生没有那么积极,难以管理,导致班长小林想辞职。对此,辅导员 E 从小林工作表现优秀的地方进行表扬,使小林重拾信心,继续担任班长。我认为在与班委交流的过程当中,最重要的是以真心换真心,真诚是最大的必杀技。在通过表扬学生工作优秀的地方之外,还可以从迎接挑战、突破自我、增强管理能力、评优评先和今后工作优势等方面去强化做班干部的动力。虽然理想信念很重要,但实实在在的回报更能打动人心,社会发展规律本应如此，越努力越优秀！

学工-6：我从这个故事中看到辅导员的一个智慧，怎么去发现学生的内驱力？学生做班干部，他的目标是什么或者说他追求的是什么？也就是找到学生想做班干部可能想得到些什么，是所谓的评奖评优或者是其他更多能得到的东西，还是通过自己对别人的帮助，来得到他人的认可？那在这个时候怎么办？辅导员就要去激发他的内驱力，帮助学生干部实现他的目标或者说实现他想要的价值。如果我们辅导员没有去找到或发现他们的内驱力因素，而是通过简单的施压或者是一些外在因素的影响对待学生，这样很难让一个学生干部去更好地开展工作。

我和大家分享个反面的案例：有一个辅导员给学生干部安排了很多工作，比如叫学生干部催健康打卡，他规定很严格，要求这个学生干部必须在什么时候去完成这些工作，或者说你学生干部本身应该什么时候把这些工作完成。但是，有一些学生干部本身对这个事情就不理解或者说存在误解，认为打卡晚 1 分钟和晚 20 分钟没有很大的关系，所以学生干部没有从心底去理解和认可这个工作。这是辅导员没有调动学生干部的内驱力，没有使学生干部认识到健康打卡的重要性，从而没积极去发动、去做，只是简单地去应付这个工作，于是他就很难把这个工作做好并坚持下去。那么，辅导员面临这种问题时，不能简单地只是去处罚这个学生，而应该深刻地去反思这个工作到底该怎样做。我们现在培养学生干部的时候，有一个误区，无形中把学生干部培养成了利己主义者，为自己的利益去从事工作。我们应该是要把学生干部培养成一个有责任担当、有个人理想信念、有价值追求的学生干部。所以一定要看到学生的这种内驱力，然后再去进行调动，加以客观因素的辅助，才能更好地挖掘学生动力。这是我在这个故事中看到的，至少这个辅导员是这样子在做，在挖掘学生内在的个人对工作价值观的一种认同。

专家-10：刚才辅导员、书记都说得非常好，很到位，都在用心地思考辅导员教育问题。这个故事描述的是一个班长遇到班级管理问题，作为辅导员、学生工作部门负责人要去理解每一个学生都是独特的。学生当班长，他的激情在哪？内驱力在什么地方？每个人都不一样的，可能都有不同的想法，即使担任班长后，在管理过程中，有时也可能表示气馁，这时也许他不是在表示气馁，他可能是需要得到一种认可。这需要我们辅导员和学生工作部门负责人能发现学生干部一些闪光的地方，在适当的时候去认可他们的工作，去表扬他们，同时真正地去理解他们，然后才能够一起进步，这是辅导员教育智慧的源泉。这种机智、敏感的行动源泉就是在理解学生、关心学生的基础上，你才会有这种智慧、教育机智和敏感性。其实不仅仅是学生，就是我们同事之间相处也是一样的。班长有时有点气馁不想做了或者觉得做了也没什么意思，面对这种情况，如果我们的辅导员能够善于发现他们的一些内在的驱动力，也就是说他真正的兴趣或他需要得到的认可，这时给予一些表扬、赞扬、鼓励和支持是非常好的，所以说到底，还是要理解我们每一个学生的独特之处即学生的独特性。

三、教育体验故事 5 蕴含的教育本质与意义

研究者、参与聚焦反思的专家学者、高校辅导员、学生工作部门负责人共同探索出辅导员 E 教育体验故事中所蕴含的本质与意义：辅导员的教育机智和敏感性行动源泉，是在理解学生、关心学生、了解学生的基础上所形成的。辅导员需要在日常教育管理中，理解学生的独特性，从学生“闪光点”等方面加以表扬、肯定和支持。同时善于发现学生内驱力，并加以调动及给予客观因素辅助，帮助学生实现自己需求和价值，从而培养出有责任担当、有理想信念、有价值追求的学生和学生干部（表 4-6）。

表 4-6　辅导员 E 教育体验故事 5 的本质与意义

编码	故事内容概况	对故事的理解	故事中获得的启发与顿悟	故事的本质与意义
辅导员A	辅导员 E 班级的班长小林，在班级管理中，工作认真，办事能力强，平常也阳光开朗，但因进入大二后，同学们对学习、班级活动变得没有那么积极，彼此间的沟通交流也少了，小林与班上同学因班级管理而越来越疏远，没有以前融洽，导致小林变得越来越不开心和没信心，不想再担任班长。经辅导员 E 与小林沟通交流后，在辅导员 E 的肯定和鼓励下，小林又干劲十足，再次把班级管理得井井有条，自己也信心倍增	辅导员如何培养学生和学生干部？只有把班干部培养好了，班级管理上的问题才能迎刃而解	辅导员只有把班干部培养好，班级管理问题才会迎刃而解	1. 辅导员教育机智、敏感性的行动源泉，是在理解学生、关爱学生、了解学生的基础上所成的。 2. 每一位学生都是独特的。辅导员要善于发现学生内驱力，给予辅助，更好地挖掘学生动力。 3. 辅导员要积极培养出有责任担当、有理想信念、有价值追求的学生干部。 4. 辅导员平时可向学生学习，不断提高自己各方面的能力
辅导员F		辅导员在与班委交流过程中，最重要的是以真心换真心，在表扬学生工作优秀外，还可以从迎接挑战、突破自我、增强管理能力等方面去强化做班干部的动力	辅导员应了解和发现学生干部需求，给予他实实在在的回报和肯定，从而增强他的信念和信心	
辅导员J		这个故事让我想起类似的教育情境，不同的是我大二、大三班级的班干部见因我工作太累导致声音嘶哑和感冒后，他们主动帮我管理新生，让我从学生身上学到了去关心关爱别人的能力	辅导员在平时管理中也可向学生学习，不断增强自己各方能力和质量	
学生工作部门负责人		故事中，让我看到了辅导员 E 如何去发现学生的内驱力，也就是说学生做班干部的目标是什么或说追求的是什么？并加以调动，给予客观因素辅助，挖掘学生动力，让学生看到他这样做，可实现他自己的目标或价值	辅导员积极去发现学生干部的内驱力，并调动好。才能更好地培养出一个有责任担当、有理想信念、有价值追求的学生干部	
专家		辅导员要去理解每一位学生的独特性。学生当班干部的激情在哪？内驱力在哪？每个学生都不一样。有时学生干部表示气馁，可能是需要得到一种认可。这时需要辅导员发现他们的闪光点，在适当的时候去认可、表扬他们，真正地理解他们。我在这个故事中看到辅导员挖掘学生内在的个人对工作价值观的一种认同。体现辅导员 E 具备这方面的教育智慧	辅导员教育机智、敏感的行动的源泉，是在理解学生、关心学生、了解学生的基础上形成的。每个学生都是独特的，辅导员要善于发现学生内驱力，了解学生干部真正兴趣或需求，给予鼓励、支持和满足，更好地挖掘学生的动力	

第七节 教育体验故事6:大学期间兼职教育

辅导员F的教育体验故事讲述的是所带班级学生小涵对大学生活很迷茫,加上成绩差,想减轻父母的经济负担,所以想退学。通过辅导员F与学生小涵进行的沟通交流,使小涵通过兼职实现了经济独立和从事自己喜欢的工作,同时又能继续完成学业的教育情境。

一、解密大学期间兼职

2022年5月的一天,学生小涵一脸茫然地找到我:"老师,我对大学生活很迷茫,加上成绩差,英语课很难听懂,我该怎么办？还要不要读下去?"

"你现在不读了想好去做什么了吗？高中学历在社会上能做些什么？你未来想过什么样的生活?"

"我知道了,不读肯定是不行的,但还有一个疑问,我大学毕业了能做什么？我学不好英语,未来还是给家里添负担,我想让爸妈少辛苦些。"

这时我才知道她不想读书,是因为学习英语对她来说比较困难,更重要的是她觉得读了书不知道未来在哪,怕父母给她的钱浪费了。

"大学学历至少在社会上是一块敲门砖,既然选择了这个专业就去努力学下去,克服困难拿到学历证书,你未来肯定需要的。你想减轻家里负担的想法固然很好,但不读书不一定会减轻父母的负担,在大学读书时可以勤工俭学或做兼职。"

"老师,我打听过兼职的事情,最近有一个调咖啡的兼职,我想试试。我挺感兴趣的,我以前在奶茶店做过。"

我想她应该是有了自己的想法才找我。

"只要不耽误课程,你当然可以去试试。"

"老师,我想做兼职的事情藏在心里好久了,不敢跟爸妈说,怕他们不让我做,觉得我辛苦。也不敢和你说,担心你不让,会担心我的学习。这下好了,我保证不耽误课,谢谢您,我先去准备兼职考试了,调咖啡要背好多东西呢,面试要考的。"小涵兴高采烈地说。

看到她的样子,我知道当咖啡师应该比学习英语更受她的喜欢。大二上学期,她通过了兼职考试,每个月生活费可自己解决,不再跟家里要钱,她开心地分享着她的喜悦,她说她找到了生活的方向,她们店长很喜欢她,准备推荐她当副店长。

大二下学期的一天,小涵又找到我说:"老师,我要去考副店长资格了,要准备答辩,太难了。"

我知道她找到我就说明万事俱备只欠东风了，她需要我的肯定。

“那你不要去啊。”

“老师，不行，这机会挺不容易的，而且当副店长后一个月至少可以拿七千多呢，我们英语专业刚毕业参加工作能拿到七千多的也不多吧，而且我兼职的单位就在我们学校里面，按学校发展，以后学生越来越多，生意肯定不差。还有我男朋友也在学校里面的单位上班。”她畅想着她的未来。

“你不是想好了吗，还来问我？”

“哎呀，我不是没信心嘛，又要准备 PPT，又要记乱七八糟的配方，我怕我不行。”

“入职考试你不是也背了那么多配方，也顺利通过了吗？你怕什么？你找几个同学室友在教室看看你的答辩的样子，每天锻炼一下。我可以帮你看看或者找你的店长看看，这有什么，你想要拿七千的薪资，必须过这个坎。”

“老师，我一定要拿到副店长的资格，我知道怎么做了，我去准备了，拜拜。”望着小涵高兴的样子，我内心也是开心的。

一个月后，她拿着自己调的“草莓很好喝”找到我，脸上满是喜悦，说：“老师我成功了，这是给你的。”她把奶茶递给我，我喝着那杯奶茶，感觉真甜、真好喝！

（辅导员 F 的教育体验故事）

二、教育现象学聚焦反思研讨

（一）参与研究人员对辅导员 F 的教育体验故事的好奇

A：辅导员 F 听到小涵说要“退学”，是什么反应？内心怎么想的？

B：当学生小涵向辅导员 F 说“我读不下去，怎么办”时，辅导员 F 为什么会反问小涵？

C：小涵说“不读肯定是不行的，但我大学毕业了能做什么？我学不好英语，未来还是给家里添负担，我想让爸妈少辛苦些”，此时小涵的真正想法是什么？辅导员 F 听后是一种什么心情和体验？

D：当辅导员 F 向小涵说“你想减轻家里的负担想法固然是好的，但不读书不一定会减轻父母的负担，上学的同时也可以勤工俭学啊，去做兼职试试呢”，此时小涵的表情是怎么样的？她是一种什么心情？

E：小涵说道“我也打听了兼职的事情，我想试试，我挺感兴趣的”，此时小涵是一种什么心情和体验？辅导员 F 内心是怎么想的？

F：小涵说“我一定要拿到副店长的资格，我知道怎么做了”，这时小涵的内心深处是一种什么体验？辅导员 F 是怎么想的？

G：导致这一教育体验故事的原因或内部动机是什么？

H:学生小涵“退学”的真正想法是什么?

J:如何增强辅导员教育机智和敏感性,对学生施以个体教育?

K:辅导员如何与学生建立良好的教育关系,更好地引导学生从自己的兴趣爱好中获得成长成才?

(二)教育现象学深度访谈

为了更好地挖掘辅导员F的教育体验故事中的本质与意义,研究者与辅导员F进一步开展了一对一现象学访谈。

Y:导致这一教育体验故事的原因或内部动机是什么?

辅导员F-2:我觉得更多的应该是发自内心地关心关爱学生吧,因为常下宿舍,我对这个学生还比较了解,知道她的性格和品德,与人为善、热情开朗。于她而言,她把我当作她的好朋友,所以她遇到困难,第一时间想到了我,但又碍于师生关系,她怕被批评,所以一直在纠结要不要找我。于我而言,一是她是我的学生,学生遇到困难第一时间找到了我,我肯定要尽自己所能关心帮助学生;二是学生心地善良,和班级同学们打成一片,和同学们相处中往往都是她帮助同学,她找到了我,我感觉她遇到的困难应该会比较棘手,所以我也很重视。

Y:当时的情境如何?

辅导员F-3:首先,情绪上根据当时的谈话,我能感受到当时的她是比较自责、愧疚的。因为她母亲生病了,家里还有一个弟弟在上学,只有父亲在赚钱支持家里,她意识到她的父亲太辛苦了,自己应该拿出好成绩回报父亲,或者通过自己的努力减轻家庭负担,但无能为力,这时的她是自责、愧疚的。通过我们之间的谈话,一步一步解开她的困惑,通过一点一点地给予她支持和肯定,我能感受到她的情绪变化,她由愧疚、自责一点点转变为期待、坚定、自信、开朗;其次,氛围上,当时的谈话氛围还是比较轻松的,因为我们彼此的关系是亦师亦友的,我们的谈话中我会穿插一些玩笑,在她情绪较低的时候调侃几句,鼓励她,在谈到根本问题的时候,我会严肃认真,告诉她要认真思考我提出的问题。

Y:体验故事中是否还有其他人参与?

辅导员F-4:其他同学也有参与,因为她同学关系处理得还不错,而且我也提出让她找一些同学帮助她模拟面试,我也找了她的室友和班干部了解了她的情况并告诉她们要给予她帮助。

Y:体验故事处理过程中是否遇到了相关的困难或障碍,您是怎么处理的?

辅导员F-5:困难或障碍我并不觉得,学生有这些问题,这是很常见的。如果说一定要有困难,那可能是怕她坚持不下来,导致她妄自菲薄。所以唯一的困难应该是她自己的自觉性吧，她偶尔会放松一下，有所松懈，所以就需要时常提醒她，有时候会亲自去提醒，也安排了同学去提醒，最重要的是她自己愿意付出努力。

Y：您当时的想法和感受是什么？

辅导员 F-6：当时我的想法和感受就是她需要帮助，我得帮她。

Y：体验故事的结果怎样的？

辅导员 F-7：结果当然就是她有了一个很可爱的儿子，还有爱她的家人，然后她也正常复学了，在新班级也交到了新的朋友。复学后我们聊过两次，她说她对现在的生活很满意，她过得很开心，唯一的遗憾就是因为要上学，孩子没在身边，她很想念孩子。

Y：体验故事过后，您是怎么看待这个结果的？

辅导员 F-8：她过得开心我也替她开心。我觉得人生的路没有标准，选择自己想走的路，坚持走下去就好了。每条路的风景都不一样，每个人都有自己的岔路口，你先走到了人生的岔路口，不代表你一定要和他人一样往前走，也可以试着换一个方向，就是不一样的人生。人生在于经历，勇敢地去经历，尊重自己的内心想法，身心健康快乐我觉得是最重要的。

（三）从教育体验故事中获得的启发和顿悟

辅导员 A-19：辅导员 F 的教育体验故事给我们讲述的是小涵在对自己学业、职业充满担忧，但是又有了自己的打算，只是怕自己的“打算”被家长和辅导员“拒绝”，所以找到辅导员 F 聊天、倾诉，而此行为，我想小涵只是希望得到辅导员 F 的支持和帮助，这样她对自己的“打算”则更有信心、更有底气。所以我想，大学生体验当前这个世界和社会，有时是担忧、恐惧、茫然的，我们辅导员是否应该传播希望和信心，用教育学的眼光看到学生的希望和前程，看到学生发展更多的“可能性”，引导学生规划好学业和职业，使学生在充满希望和信念中走出困境、走向充满美好的前程。

辅导员 B-11：我发现这个学生自己心里是有答案的，但去找辅导员 F 征求意见，就证明其实她还在犹豫。辅导员 F 欲擒故纵，他知道这个学生想往前走，特意说“那你不要去”以激发学生心里的勇气。学生马上就意识到“我不要这样”，一下就好像被打中了“我不要这样的答案，我是要那样的答案”，所以学生更加坚定了信心和决心。我觉得辅导员这个教育是有智慧的。

辅导员 C-11：这个教育体验故事，有两个点让我感触很深，就是有时候学生过来找我们聊，表面上是表达了一个诉求，但其实我们可能要更深层次地去发掘学生真正的问题，去跟他沟通，引导他说出他真实的诉求。故事中学生真实的诉求就是学习压力比较大，英语学不会，那我们辅导员要明白她想表达的是什么。

其实她来找时已经准备好了，她只是想得到辅导员的鼓励。她不是说怕自己没准备好，她只是要你的鼓励，这就是我觉得感触比较深的。也就是在跟学生沟通的时候，首先要明确学生真实的诉求在哪里？然后在这个基础上，跟学生在交流的过程中核实我们理解的是不是学生真实的诉求，之后再开展教育会有更好的教育效果。

辅导员 F-9：我能做这样的一个行为，是基于我对这个学生比较了解。这个学生和我像朋友一样，我带她打游戏，平时下宿舍聊得比较多，聊她的感情、家庭等。她家里也不缺钱，就是因为她父亲换工作，母亲生病，给了她触动，突然间就像长大了一样。

辅导员 H-2：我毕业班里有个学生自己创业，家里特别有钱，他个人想法就是创业做得好可以不毕业。我觉得学生首要任务还是学习，所以对他进行了一系列的教育，感觉作用不大，最终的结果是，我只能勉强地让他去上课，没有达到真正意义上能让他自己改变自己的想法，而他因为创业也没能顺利毕业。我跟他父母也沟通过很多次，他父母是非常想让他毕业，可是我没改变学生的“选择”“想法”，这是我内心的一个疑问、疑惑。请教专家和各位辅导员，我应该怎么做才能帮到这位学生在自主创业的同时也能顺利大学毕业？我看到这个故事中，通过辅导员 F 的教育，使学生从迷茫走向了自信，但是我好像没有看到怎么去帮学生解决英语学不好这个问题。

辅导员 F-10：她的学习问题，我是要求她每一节课正常去上课和做作业，考试不挂科，这些她都能完成。我觉得以学生为主体，以学生为中心，不管想干什么首先应该要把学习搞好，但她学不进去，她也尝试过，我只能说“那你至少把顺利毕业这个底线守住”。我和家长也联系，家长理解她。最终，她因为成绩原因复读了一年才毕业。我后来给她做了个采访，她觉得很幸福很满足，因为她有了幸福的家庭，还可以边继续提升学历边赚钱，爱人和孩子在身边，她说这就是她想要的生活。

辅导员 I-2：这个故事给予我很多启示。一是学习好坏并不是评判学生好坏的唯一标准。因为我自己在读本科的时候，其实也是属于双困生，家庭经济条件不好，虽然学习成绩不差，我学设计专业，自我感觉这个行业走的天花板会非常低，因为我没有太多的设计灵感，所以在本科期间做了很多的尝试去突破自己，包括去设计院实习，去工地做施工，行业所涉及的我都去尝试了，但我发现我做不来，最后选择读研，选择辅导员岗位。二是辅导员在学生困难的时候要站出来，站在学生的角度去引导学生迎难而上，解决困难。大学阶段要鼓励学生多去尝试，年轻时候的试错成本相对来说是较低的，在尝试中能够找到自信心，能够找到方向自然是好的，没有找到，我相信这样的人生经历和工作经历，对于今后的发展也是有益的！

学工-7：这是教育理念的问题，我们搞分类培养、人职匹配就是基于这一点。我们不可能保证每个学生都能考上研究生。我们是一所应用创新型大学，学校辅导员应该知道我们的学生朝着他自己适合的方向去发展就是好的。那怎么样才是适合的？这很关键。有些学生有可能更多的是基于对创业的热情，有些学生真的有考研的想法，有些学生有可能就想找一个大点的厂工作而已。在这个方面，辅导员有时是比较困扰的，对学生的指导有可能是基于辅导员的价值观。

我给大家分享一个我的教育体验故事。我的一位专科学生读到大二时就休学自己创业，至今没有毕业。在校时，他就不爱学习，从读大一开始就有创业的想法，自己做一些软件。我作为辅导员，一方面去帮助他找到真正适合他的那一条路；另一方面提供一些在原则范围内能帮助到他的事情，这是我能做的。

我们都说辅导员是大学生的知心朋友和人生导师，你做不了他的人生导师，他自己已经想好了自己人生的路，那你怎么办？可能更多的是适合做他的知心朋友，在恰当的时候给他更多的鼓励，给他更多的支持来帮助他提升和突破。当然，如果有一天，我们能够在制度的范围之内帮助到这些学生，比如说他要创业，我们可以去帮助他申请休学、申请政府补贴等，先去经历这种创业，在这个过程的磨炼中，有可能他看到了不一样的结局，他会发生改变，不至于后面没有选择的余地，这也是我们可能做得到的和可以把控的。我们辅导员应该对这些特殊学生敞开心扉地聊一聊、谈一谈，可能说学生的思想不够成熟，我们还可以跟他家长谈一谈、聊一聊，看他家长对他的期待到底是什么？那如果说我们已经看出了这个学生是要朝着一个跟普通学生不一样的路去走的时候，我们只有当他选择是对的，或者说他自己已经用他的行动告诉你他的选择是对的。也就是说他已有很明确的规划，你已经很难去改变他。那么你在这个时候就帮助他去寻找这种更适合的发展，这也是一个关键性的点，也就是说要尊重学生多样化发展。任何一种途径都有可能成长成才，不一定说只有升学这一条路。

专家-11：这个故事让我感触颇深，我分享一个类似的教育体验故事，这可能给大家警醒。每次星期一到星期五，有一个学生上课的时候一脸茫然，上课经常迟到，迟到了也不说话，就坐到后面去。星期一如此，星期二还是这样，星期三、星期四也是这样。星期五，这个学生迟到了近40分钟，老师因为比较忙没在意，一下一个星期了，还这样子。老师在课上瞟了这个学生，看见他神情非常的沮丧，但也没在意，结果星期天的时候，他接到了校长的电话，校长说这个学生自杀了。如果这个老师早点注意到这个学生的症状的话，也许就可以挽回这个学生的生命，但是很痛心，这个老师没有在意学生的行为，没有教育敏感性。我在想，我们辅导员遇到类似的事情要有一种特殊的敏感性，要去了解和知道学生为什么这样说、这样做？背后是什么原因？如果你了解的话就会有很好的应对措施。

所以对这个故事，我补充三点：一是当我们辅导员遇到学生来找你，一脸茫然说“我不想读书了”，你会怎么去做？那就要等，等你了解你自己的学生情况。故事中辅导员是了解他的学生的。如果不了解学生呢？你要有一份敏感，他这样说的时候，你要看特定的情况，这个学生是不是一种抑郁，压抑到了一个什么程度了？会不会出现一些极端的情况，包括自杀，这都有可能的。所以这样的一句话，看起来很普通，但要辅导员了解到学生真正的需要，这是一种智慧，这个智慧的前提就是你了解你的学生。如果你不了解你的学生，你就要试着去了解他，你才能做好他的教育。二是学业问题，我倒是觉得这个学业问题还是可以做一些疏导，当然仁者见仁、智者见智。这个学业疏导不是辅导员的事，但是辅导员可以跟班上任课老师进行沟通，希望在他工作的同时，他的学业也能促进他的工作，他的工作也能促进他的学习，这种两全其美不是更好吗？如果能做得到的话。三是在我们前面的几个故事里面，有一点感触非常深，我们的辅导员在工作当中，学校里面是有很多各种各样的制度规定，如果你按照这个制度完成，你的工作是好的。但真正好的辅导员，他会情不自禁地、会忍不住地关心自己的学生，去关心每一个学生的独特性，他会反思做得不好的，通过反思后下次就能做得更好，这是我们辅导员育人的一个非常独特的地方。辅导员是中国特有的一个职业，国外是没有辅导员的，这里面有很多好的、优秀的知识值得去学习和挖掘。

三、教育体验故事 6 蕴含的教育本质与意义

研究者、参与聚焦反思的专家、辅导员、学生工作部门负责人共同反思和探索中提出了辅导员 F 教育体验故事中所蕴含的本质与意义：辅导员对学生行为好奇和敏感，善于反思、倾听学生心声和观察学生细微变化，让学生表达自己内心深处的真正需求，是教育智慧养成的根本。有教育智慧的辅导员具有对学生行为敏感性，能心怀希望和保持开放的心态倾听学生心声，了解学生行为背后因素，在不违背法规的底线下，从学生成长角度出发灵活处理教育事件的独特能力。在学生对学业、职业、情感等心存迷茫、不知所措时，能给予指点迷津，引导学生积极乐观地面对困难，解决问题，使学生走出迷茫，走向光明道路，达到大学生在自己喜欢的环境中成长成才(表 4-7)。

表 4-7　辅导员 F 教育体验故事 6 本质与意义

编码	故事内容概况	对故事的理解	故事中获得的启发与顿悟	故事的本质与意义
辅导员A	教育体验故事 6,讲述的是学生小涵,对大学生活很迷茫,加上英语成绩差和减轻父母的经济负担,所以想退学。于是找辅导员 F 聊天,想辅导员给予她建议和支持,而实际上她早已有自己的想法和规划,只是希望得到辅导员 F 的鼓励和支持。通过辅导员 F 对学生小涵沟通交流,从而使小涵通过兼职,实现经济独立和从事自己喜欢的工作,同时又能继续学业的教育情境	教育体验故事中,学生对自己学业、职业充满担忧,但已有自己的打算,只是怕自己的"打算"被家长和辅导员拒绝,所以找辅导员 F 聊天、倾诉。我想小涵此行为只是希望得到辅导员 F 的支持和帮助,这样她对自己的"打算"则更有信心和底气。我觉得,大学生对当前世界和社会的体验,有时是担忧、恐惧、茫然的	辅导员应该从教育学角度理解学生内心体验,引导学生做好学业和职业规划	1. 有教育智慧的辅导员具有对学生行为敏感,善于了解学生行为背后因素。在不违背法规底线下,从学生角度出发 灵活处理教育事件的独特能力。 2. 善于反思,从学生角度出发关爱、引导和帮助学生成长成才。 3. 善于倾听学生心声,理解学生内心体验。 4. 观察学生细微变化,施以个体化教育
辅导员B		我发现这个学生自己心里是有答案的。学生去找辅导员征求意见,就证明她还在犹豫。辅导员知道这个学生想往前走,采取"欲擒故纵",激发学生心里的信心和决心。这个教育是有智慧的	对已有职业规划学生,要给予支持、肯定和引导,帮助学生成长	
辅导员C		感触点是学生找辅导员聊天,表面上是表达诉求,但我们需要更深层次地发掘学生真实的诉求。故事中学生真实的诉求就是学习压力比较大,英语学不会。那我们辅导员要明白,她想表达什么。其实他已经准备好了,只是想得到辅导员的鼓励。所以辅导员在跟学生沟通时,首先要明确学生真实的诉求	辅导员要善于倾听学生心声,挖掘出学生内心真正想法,以便更好地施以个体化教育	
辅导员F		我做出这个教育行为,是基于我对这个学生的了解。她不爱学习,我要求她每一堂课正常去上课和做作业,考试不挂科即可。后来采访她,她觉得有小孩、有家庭,边上学边赚钱,家里人在身边,非常幸福和满足	了解学生情况和内心想法,尊重学生选择,施以合适的教育行为	
辅导员H		我怎么去做,去帮到学业困难的学生?这个教育体验故事,辅导员 F 带领学生从迷茫走向自信,但如何帮学生解决"英语学不好"这个问题	观察学生细微变化,从他们内心体验出发,施以个体化教育	
辅导员I		这个案例给予我很多启发,学习好坏并不是评判学生好坏的唯一标准。辅导员在学生困难时,站在学生的角度去引导学生迎难而上,解决困难。要鼓励学生多去尝试,在尝试中找到自信心,能够找到方向自然是好的,没有找到,我相信这样的人生经历和工作经历,对于今后的发展也是有益的	在学生困难时,站在学生角度去引导学生迎难而上,并帮助学生解决困难和找到发展方向	
学生工作部门负责人		我们基于我们的价值观对学生进行教育和指导。在原则范围内去帮助学生找到真正适合自己的那一条路。我们都说辅导员是大学生的知心朋友和人生导师,在学生自己已经想好了自己人生的路,做不了他的人生导师的时候,那做他的知心朋友,给学生更多的鼓励和支持,帮助提升和突破学生自身发展则是更好的选择	辅导员要尊重学生多样化发展,帮助和支持学生去提升和突破,去寻找适合的更宽、更好发展路径	
专家		当辅导员遇到学生一脸茫然说"我不想读书了",该怎么做?要充分了解学生情况。故事中辅导员是了解他的学生的。如果不了解学生呢?你要有一份敏感,学生这样说有可能会出大问题,这个学生是不是一种抑郁,压抑到了什么程度?会不会出现一些极端的情况?辅导员能了解到学生真正的需要,这是一种智慧。辅导员要有敏感性,要去了解和知道学生为什么这样说?背后是什么原因?真正好的辅导员会情不自禁地,在不违背法规底线下,从学生角度出发灵活处理教育事件的独特能力	有教育智慧的辅导员具有对学生行为敏感,了解学生内心真正需求和学生行为背后的因素。还善于反思,从学生内心体验出发关爱、引导和帮助学生成长成才	

第八节　教育体验故事 7:以身示范教育

辅导员 G 教育体验故事描述的是学生小赵不整理内务,还在寝室抽烟。辅导员 G 发现后以身示范,当着小赵和小赵寝室学生的面亲自帮小赵整理内务,并将整理好的寝室内务的照片在班会上与其他寝室对比,使小赵寝室得到班级同学的大大赞扬和肯定,小赵和小赵寝室同学有了面子又能意识到搞好寝室内务带来的开心愉悦,从此小赵寝室内务做得很好。

一、以身示范教育的面面观

2017 年的一天查寝时,我发现学生小赵没叠被子,床下还有烟头,我把他叫出来说学校纪律,他低着头且摇晃着身体,表现出非常不在乎和不屑。见此,我很生气,但只能耐着性子说:"在学校,你如果不会,老师可以教你。寝室干净整洁,你自己也舒心。"但感觉他没有听。

于是,我带他返回寝室,开始帮他整理床铺。在我整理时,有两个学生不好意思,默默地主动整理自己的内务,还帮助不在寝室的同学整理。20 分钟后,整个寝室内务整理完毕,整理后的寝室非常整洁、亮堂,我拍了几张照片。那个叛逆的学生看到此情况,不摇头了,但也没说话。我转向他说:"你每天尝试着按老师的做法整理一遍,自己要刻意地给自己定任务,做到了你就会感受到从未有过的快乐。"他没回答我,只是默默地站在他的桌子边,但感觉他听进去了。

当天下午,我把各班宿舍的照片放在大荧幕对比,被整理过的小赵寝室非常显眼,特别整齐,给大家眼前一亮的感觉。我当着全班同学面表扬了小赵寝室的同学,班上同学们给予他们热烈的掌声,并表示要向他们寝室学习。小赵寝室的同学都非常高兴,小赵也想笑不敢笑,但看得出他心里是很开心的。我感觉他们还是有点不好意思,因为只有他们自己知道是我帮他们整理的。不过,从此之后,小赵非常自觉地整理内务,学习上也积极,整体表现都很不错。

（辅导员 G 教育体验故事）

二、教育现象学聚焦反思研讨

（一）对教育体验故事的好奇

参与聚焦反思研究者、专家、辅导员及学生工作部门负责人对辅导员 G 的教育体验故事开展了深入探讨和反思,对故事中的情境提出了好奇。

A:"查寝时,发现学生小赵没叠被子,床下还有烟头",看到这种情况,辅导员 G 当时是一种什么心情和体验?

B:"我有点生气地把他叫出来,跟他说学校纪律",辅导员 G 为什么要把小赵叫到宿舍外谈话?出于一种什么教育考虑?

C:“我对他讲话时,他低着头且摇晃着身体,表现出非常不在乎、非常不屑”,此时,辅导员G是一种什么体验和心情?

D:“于是我带他返回寝室,走到他的床边,开始帮他整理床铺”,辅导员G为何做出此教育行为?如何从教育学视域解析此行为?

E:“在我整理时,有两个学生不好意思,默默地主动整理自己的内务,还帮不在寝室的同学整理”,此时,学生小赵是一种什么表情?辅导员G看到这种情况是一种什么心情和体验?

F:“20分钟后,整个寝室内务整理完毕,整理后的寝室非常整洁、亮堂,我拍了几张照片”,辅导员G为什么要拍照,出于何原因?

G:“你每天尝试着按老师的做法整理一遍,自己要刻意地给自己定任务,做到了你就会感受到从未有过的快乐”,此时,辅导员G的心情怎么样?小赵又是一种什么表现?

H:辅导员G为什么把各班宿舍的照片放在大荧幕对比,并表扬小赵寝室?是出于什么教育考虑?

I:“小赵寝室的同学都非常高兴、开心,小赵也想笑不敢笑,但看得出他心里是很开心的”,此时,辅导员G内心深处是怎么想的?

J:从此之后,小赵非常自觉地整理内务,学习上也积极,整体表现都很不错,辅导员G看到这种教育结果,是一种什么体验?

K:辅导员G瞬间做出帮小赵整理内务并将整理好的寝室拍照,这种教育行为是否就是教育现象学中的所指的教育智慧?

(二)教育现象学深度访谈

为更好地挖掘辅导员G的教育体验故事7中的本质与意义,研究者与辅导员G开展了以下内容的访谈交流和探讨。

Y:当您看到“学生小赵没叠被子,床下还有烟头”时,您是一种什么心情和体验?

辅导员G-2:宿舍纪律和卫生是我之前讲过的,他却没有在意,我觉得是因为他刚到集体生活,没有意识到寝室卫生和生活习惯养成的重要性,我需要再跟他强调。

Y:您为什么要把他叫到宿舍外说“学校纪律”?

辅导员G-3:学生也都比较爱面子,当众说他或者教育他,他会非常抵触。我说些关心帮助的话语,学生会感受到我对他的关心比对别人多,会拉近我们的距离。

Y:您开始对小赵讲话时,他低着头且摇晃着身体,表现出非常不在乎、非常不屑。此时,您是一种什么心情和体验,内心深处是怎么想的?

辅导员 G-4：我当时觉得，他可能是在家娇生惯养，我要跟他说一些别人是怎样体现素质或家庭教养，被他人尊重和认可的案例，让他觉得我做得好坏不仅代表我自己，还代表家庭和学校，增强学生的集体荣誉意识。

Y：您为什么带小赵返回寝室，并走到他的床边，开始帮他整理床铺？是出于什么考虑？

辅导员 G-5：很多学生懂道理，但是不知道怎么去做，我一方面出于重新教他一遍，另一方面是让他知道做成什么样的标准，给他树立榜样。

Y：当您在帮小赵整理内务时，有两个学生不好意思，默默地主动整理自己的内务，还帮助不在寝室的同学整理。此时学生小赵是一种什么表情？您看到这种情况是一种什么心情？

辅导员 G-6：当时小赵的表情我还真没太注意，但是全程他都是很不好意思，也认真地看我教给他的细节整理。看到小赵寝室其他两位学生主动整理内务，我心里很高兴，觉得学生还是很懂事的，

Y：您为什么要给你亲自整理得非常整洁、亮堂的小赵寝室内务拍照？出于什么原因？

辅导员 G-7：当时，我想到很多学生都是瞬时记忆，隔一段时间就会松懈，我通过拍照留样，让小赵和其他学生以后知道应该按照什么样的标准去做，同时也在班级班会的时候进行对比，学生之间也相互学习。

Y：当您整理好内务后，看到小赵不摇头，也没说话，只是默默地站在他的桌子边，此时，您的心情怎么样？小赵又是一种什么样的表现？

辅导员 G-8：我对待小赵的教导还是相对平和，生气也不是真生气，而是让他知道自己犯了错误。小赵最后也没说什么，只是一脸不好意思。

Y：当把各班宿舍的照片放在大荧幕对比，您当着全班同学面表扬了小赵寝室的同学，班上同学们给予了热烈的鼓掌，并表示要向他们寝室同学学习时，您在班上没说出您帮其整理好才有如此的效果，是出于什么考虑？

辅导员 G-9：学生都是爱面子的，这么做一是保全学生颜面，二是让他感受一下被夸赞，领取奖励时的荣誉感，这样他以后更有动力认真做。

Y：您认为什么样的辅导员才是具有教育智慧的？

辅导员 G-10：辅导员应该做引导，看破不说破，授人以鱼不如授人以渔。用另一种方式让学生自己感受到荣辱，只有他们主动体验，才能深刻记忆或者深刻反省。

Y：您对这个教育体验故事的结果满意吗？如果换为现在，您还会用一样的教育方式吗？

辅导员 G-11：相对满意。若是现在，我基本上还是采取这样的方式，只是有

时对于不同性格的学生，方式可能不一样。

（三）从教育体验故事7得到的启发和顿悟

辅导员A-20：辅导员G的教育体验故事7让我想起同样的一个教育情境。那是新生军训期间，在教官的带领下，基本上每个学生的内务整理都还是不错的。可是有次宿管老师查寝后打电话给我，说我所带的班级一个寝室内务差，我立马跑去那个寝室，看到有个学生没有整理内务，而且物品摆放得乱七八糟。于是，我打电话给教官让该生来寝室。等该生来到寝室时，我看他跑得上气不接下气，满头大汗，原本很生气的我一下就有些舍不得批评和骂他，于是我非常平静、和蔼地让他先休息会儿，问他："我叫你来寝室，你知道是为什么吗？"他马上说："老师，我知道。对不起，今天起床迟了点，所以没整理内务，原本想等军训中途休息时再回来整理的，没想到已经查寝了。对不起，下次不会如此了。"望着学生小心翼翼又真诚知错就改的样子，我说："没关系，你刚入校不久，有些规章制度还不是很清楚，老师允许你们犯错误，但是不许犯重复的错误和大错误哦，老师相信你是个有原则、讲诚信的优秀学生，努力、加油，老师看好你。"话音刚落，学生马上说道："老师，我保证不会再出现这种错误了。"我和学生以击掌为约，此后，该生一直表现不错，还担任了两年班长。我记得范梅南、李树英所著《教育的情调》书中"纪律的教育学意义"章节提出，纪律是谈论对某人来说什么是重要的、他的努力方向和处事原则的方式。因此，我认为辅导员G面对学生错误行为时，心平气和地找学生谈话，然后从学生内心体验出发，有温度有爱心地"以身示范"去处理、去教育，让学生深刻认识到自己的错误并彻底改正和改观，这充分体现了辅导员G的教育智慧。

学工-8：我先谈一下这个案例的看法和启发。如果我只看第一段，我会觉得这个辅导员有可能这种处理方式是不妥的。但是在第一段之后，你再来看这个转折，你会发现其实本身就体现了这个辅导员他自己的一个性格。辅导员一开始比较严厉，那就说明他在过去的生活、学习过程当中或者说自己对自己就是要求非常严格的人，他才会有严厉的要求，然后通过这种以身示范去跟学生一起整理内务。如果我们假设他不帮助学生整理，只站在宿舍门口说"你们马上给我搞好"等批评指责、命令学生，也许就是另外一种场景。他通过以身示范，自己去动手做，然后以这种行动去感染这个学生。有些时候学生身上能看到辅导员的影子，如"你看这个学生就像某某辅导员带出来的学生"，那这种影子怎么来的，其实就是这种言传身教感染下所体现的。所以辅导员G的教育智慧就是他自己以身示范达到了教育效果。但不能说只是在表面上把这个现象改变了，你要让学生打心里面去认可这种行为。那怎么样去认可？其实也是一个之前说到的，要让学生去达到他的这种成就，被尊重、被赞扬、被认可，他就会觉得这个有意义。那如果说我们宿舍卫生搞得再好，你从来没有赞扬或者说没有星级宿舍评比，没有什么好与不好，好与不好都一个样，那我们的教育也是失败的。所以在这里就引申出一个教育评价问题，对学生进行有效的教育评价或者说对我们每一个教育效果、教育行为进行有效评价，通过这种教育评价，让学生能够认同这种教育的形式与方式。我在这个案例里面看到的这几个教育方式，我认为就是辅导员的教育智慧，特别是教育评价的智慧。

专家-12：这个故事在开始看的时候，好像是非常普通、非常平凡，但听辅导员 G 描述后，我理解了辅导员 G 为什么会把这个故事给描述和撰写出来了。这个故事里面有三个步骤，一是辅导员 G 的言传身教，“言传”告诉学生要有一些规矩，要怎么做。“身教”就是亲自去示范去做。也就是说这个过程里面能看到这个变化，一层一层地先是去用语言教育他们，然后再亲身示范，这是一个很不容易的但又学不来的。更妙的是后面她能够在表扬这些宿舍的时候，同时也把这个学生的宿舍照片播放出来。她在做的时候，她可能没有想到这个会起到很大的效果，但是从过程就能看到起到了非常好的效果，对这个学生产生了很大的影响，所以辅导员 G 的这种机智、敏感就是非常有教育智慧的。这个故事经我们大家一块讨论后，发现有很多好的教育言行，给予我们触动和产生很多反思，提升了我们反思能力。事实上，在共同去看辅导员的教育体验，去感知辅导员工作的各个场景体验，然后反思自己的一些工作，会给我们带来教育上的反思、对比和完善，是可以养成和发展我们辅导员的教育智慧。我认为，辅导员日常参与一些培训课程和讲一些技巧是很有必要的，也很有用，但是不够。还要创建一些让大家围绕一些教育体验故事去反思、分享和讨论，共同去探索、去追寻教育体验故事中的教育本质和意义的机会和平台，使大家通过反思，在未来的教育中遇到同样的情况，就会想应该怎么做，在这个时候才是对学生最好的，从而形成和发展一种教育敏感性和机智，这是非常必要和有意义的事情。

三、教育体验故事 7 蕴含的教育本质与意义

研究者、参与聚焦反思的专家、辅导员及学生工作部门负责人共同探索中提出了辅导员 G 教育体验故事中所蕴含的本质与意义：辅导员共同围绕教育体验故事开展反思、探索和追寻，可形成和发展教育智慧。有教育智慧的辅导员在日常教育管理中，能公平公正地评价学生，给予学生肯定和赞扬，面对学生错误行为时，善于从教育现象学视角下把握教育时机，用“以身作则、以身示范”有温度、有爱心地感化学生，使学生从内心深处接受教育和接纳改变，从而获得教育目的和效果（表 4-8）。

表 4-8　辅导员 G 教育体验故事 7 本质与意义

编码	故事内容概况	对故事的理解	故事中获得的启发与顿悟	故事的本质与意义
辅导员A	辅导员 G 描述的是学生小赵，不整理内务，还在寝室抽烟。辅导员 G 未严厉批评指责，而是以身示范，当着小赵和小赵寝室学生的面，自己亲自帮小赵整理内务，并将整理好的小赵寝室的照片在班会上与其他寝室对比，得到班级同学的大大赞扬和肯定，使小赵和小赵寝室同学有了面子又不好意思，从而使小赵寝室同学意识到搞好寝室内务带来的身心愉悦。从此小赵寝室内务基本做得非常好	这个体验故事给予我的启发是：辅导员面对学生错误行为时，应心平气和地找学生或相关人员了解清楚情况，从学生内心体验出发，有温度有爱心地去处理和教育，让学生深刻认识到自己的错误并彻底改正	辅导员面对学生错误行为时，应基于对学生的了解，有温度、有爱心地开展教育	1. 辅导员反思各教育情境体验，共同围绕教育体验去探索、去追寻，可形成一种教育敏感性和机智，养成教育智慧。 2. 辅导员言传身教，公平公正地评价学生，给予学生肯定和赞扬的教育方式也是辅导员的教育智慧体现之一。 3. 辅导员面对学生行为，能瞬间有温度、有爱心做出在此时此景适合该学生的教育行为，是基于辅导员对学生的了解
学工		辅导员 G 体现了我们说的“学高为师身正为范既以身示范”。她以身示范的这种行动感染了这个学生和寝室其他学生。这种言传身教感染下所体现的就是辅导员的教育智慧。让学生从心里去认可这种行为，去达到教育效果	辅导员言传身教，并公平公正地去评价学生，给予及时肯定和赞扬是辅导员教育智慧体现之一	
专家		辅导员 G 采取了言传身教，“言传”告诉学生要有一些规矩，要怎么做，“身教”就是亲自去示范去做。她觉得这还不够，还把这个学生宿舍照片播放出来，起到了非常好的效果，对这个学生产生了很大的影响。所以我认为辅导员 G 的这种机智、敏感就是非常有教育智慧的。 这个故事还让人产生很多反思，提升了我们的反思能力。我觉得辅导员光去做一些培训课程，是不够的，还要共同围绕一些教育体验去探索、去追寻，这样的一些反思、分享和讨论活动，能看到辅导员教育思路、理念的变化，当遇到同样的教育情境时就会更敏感和机智，从而形成一种教育智慧	辅导员反思各个教育场景的体验，可形成教育智慧。 辅导员光参加一些理论和技术性培训是不够的，还需要共同围绕一些教育体验故事去探索、去追寻，形成一种教育敏感性和机智	

第九节　教育体验故事 8：教育的影响力

辅导员 H 描述的是因一位同事转教，学校把该同事一个班级移交辅导员 H 带，而这个班级是众所周知的整个学院最难带的班级，调皮捣蛋的学生特别多。有一次，班上最调皮捣蛋的学生小艾与任课老师起了冲突后，辅导员 H 对小艾进行教育的情境。

一、巧用“领头羊、牛鼻子”的影响力

2018 年的时候，因一位同事转教，学校把他的一个班级移交我带，而这个班级是众所周知的整个学院最难带的，调皮捣蛋的学生特别多。第一次见面开班会时，我非常严肃地说出我的要求及班级的纪律条例，下面就有学生玩硬币，因为都在自己的桌子里玩，我无法辨别出是谁，我心里知道这是那些调皮捣蛋的学生在挑衅反抗、表示不满。

班会结束后我没找那些挑事的学生，因为我知道他们都在战斗状态，我只能

对班级领头军开展我的教育和关注。

有一次，班上最调皮捣蛋的学生小艾跟任课老师起了冲突，我把他叫到我办公室进行教育时，班上有部分学生担心我会训小艾，一群人围到我办公室，以为这样就能让我减少训斥。我首先把其他无关的学生都撵了出去，只留小艾，他当时误认为我帮着老师不帮他，要对他批评和训斥，所以情绪失控，先发制人地跟我喊闹，我非常平和地安抚他，但他还是很激动，骂骂咧咧地就直接摔门走了。过后，学生小艾冷静下来，加上其他同学跟他诉说了经过，他非常不好意思地来办公室跟我道歉。

"你不要把自己当作小孩子，横冲老师，老师能忍学生的不理智、不成熟表现，因为老师把你当自己的孩子，但是到社会上，没人会忍耐你，还会觉得你幼稚，甚至很多重要的任务不能交给你。"

"老师，是我的错，不该顶撞老师，我当时没控制情绪，自制能力差，所以与老师发生冲突，对不起。"

我见小艾非常真诚地认识到了自己的错误，柔声说："老师刚接手我们班级，班上的管理还需要你协助，你对班级情况比较清楚，以后你就担任辅导员助理，协助我管理好班级如何？这能锻炼你的能力、督促你改进，还能带动班上不好学、不遵守纪律的学生共同进步。"

小艾非常激动，用充满感激的眼光看着我，说："老师，你不仅不批评我还让我担任班干部，谢谢老师的信任，我一定尽我所能地协助你管理好班级。"

小艾满心欢喜地离开我办公室，望着他轻松愉快的步伐，知道班级会有大的改观了。此事没过多久，小艾表现非常积极上进，班级中其他调皮捣蛋学生也被他带好了，成了我在班级管理上的得力助手。

（辅导员 H 的教育体验故事）

二、教育现象学聚焦反思研讨

（一）对教育体验故事的好奇

参与聚焦反思的辅导员对辅导员 H 的教育体验故事 8 开展了探讨和反思，对故事中的情境提出了好奇。

A：辅导员 H 第一次与学生见面开班会的时候，那些调皮捣蛋的学生挑衅反抗，在桌下玩硬币，此时辅导员 H 是一种什么心情和教育体验？学生表达的是一种什么情绪？

B：班会结束后，辅导员 H 为什么没找那些挑事的学生谈话？

C：班上最调皮捣蛋的学生小艾跟任课老师起了冲突时，辅导员 H 当时是怎么想的？是否觉得这是一次教育小艾的机会？

D：为什么辅导员 H 把小艾叫到办公室时，班上其他学生围到辅导员 H 办公室？这些学生是出于一种什么心情和体验？

E:学生小艾为什么要向辅导员 H 道歉？出于什么原因？

F:辅导员 H 为什么决定让班级最调皮的学生小艾协助管理班级？出于什么教育考虑？

D:当学生小艾听到辅导员 H 要其协助管理班级时，小艾是一种什么心情和体验？

H:望着小艾满腔欢喜地离开办公室，辅导员 H 是一种什么心情和体验？

I:辅导员 H 的教育对学生小艾是好的教育吗？是否具有教育现象学中的教育智慧？

J:辅导员 H 对学生小艾的教育是否抓住了教育契机？

（二）教育现象学深度访谈

为更好地挖掘辅导员 H 的教育体验故事 8 中的本质与意义，研究者对辅导员 H 开展了教育现象学访谈。

Y:“第一次见面开班会的时候，我非常严肃地说出我的要求及班级的纪律条例，下面就有学生玩硬币。”面对这种情境，您当时是一种什么心情和体验？您觉得是什么原因促使学生做出如此行为？

辅导员 H-3:我觉得当时我肯定找不出来是谁，而且会让我陷入尴尬，所以我继续开班会。过后再调查。学生只是出于对新老师的抵触，也想看看新老师好不好对付。

Y:“班会结束后我也没找那些挑事的学生谈，因为我知道他们都在战斗状态，我只能对班级领头军开展我的教育和关注。”您为什么要做出这种决定？

辅导员 H-4:因为去找同学的话他们也不会承认自己的行为，倒觉得老师拿他没办法就更会肆意妄为。我通过对学生的观察，找到领头军才能把整个班级的氛围改变。

Y:“有一次，班上最调皮捣蛋的学生小艾跟任课老师起了冲突”，您知道此事后，您当时是怎么想的？是否觉得抓住了教育小艾的机会？

辅导员 H-5:就想借此机会跟学生好好聊一聊，并没有想通过事情找他的把柄，只有真心对待，学生才有真心反馈，总是找把柄的心态，学生会格外警惕，教师还是应该心胸宽广，宽容学生的错误并帮他改正。

Y:“我把他叫到我办公室进行教育时，班上学生都非常担心我会训他，一群人围到我办公室”，为什么会有其他同学围到您办公室？您觉得他们出于一种什么心情和体验？

辅导员 H-6:他们还不了解我，怕我会严厉批评小艾，想要去帮助他保护他。

Y:“学生小艾冷静下来，加上其他同学跟他诉说了经过，他非常不好意思地来我办公室跟我道歉”。小艾为什么要向您道歉，出于什么原因？

辅导员 H-7：小艾是一个很讲义气的学生，他自己没有控制好自己的情绪，没了解到我找他的初衷，直接就向我发脾气，后期他了解后很不好意思，所以向我道歉。

Y：“我见小艾非常真诚地认识到了自己的错误，柔声说道：老师刚接手我们班级，班上的管理还需要你协助，你对班级情况比较清楚，以后你就担任辅导员助理，协助我管理好班级同学如何？”您为何要这样做？出于什么考虑？

辅导员 H-8：通过平时观察，小艾同学很有组织号召力，非常适合帮我管理班级中比较活跃不遵守纪律的同学，同时，学生特别需要老师的认可和表现机会，通过对班级的管理，他也能提高组织能力，增强自信心，也能觉得自己是一个有价值的人，从而让自己更优秀。

Y：“小艾非常激动，用充满感激的眼光看着我说：‘老师，你不批评我还让我担任班干部，谢谢老师的信任，我一定尽我所能地协助你管理好班级同学。’”小艾此时的心情怎么样？您觉得小艾是一种什么体验？

辅导员 H-9：他很高兴，没想到老师是欣赏他、认可他、信任他的，因为这类学生从小就是被打击的，他们从心里觉得自己就是老师眼中的差生，所以有时就想证明自己就是他人眼中的差生而做一些违反纪律的事情。

Y：“小艾满心欢喜地离开我办公室，我望着他轻松愉快的步伐，我知道班级学生会有大的改观了”，您对这种教育结果满意吗？如果现在出现这种教育情景，您还会选择一样的教育方式吗？

辅导员 H-10：相对满意。若是现在的话，我基本上还是采用这样的方式，不过我会在更早一点的时间找到他聊一聊，让他更快地了解我。

（三）从教育体验故事中得到启发和顿悟

辅导员 E-6：这个故事不知道对学生的教育意义如何？但对我的教育意义很深，给我的启发是“学生都有改善自己价值的意愿”。一部分学生心理午龄比较小、不够成熟，一些叛逆的行为或一些犯罪行为在他们眼中是一种酷或耍帅。只要辅导员能给予他们鼓励、温暖与信任，教给他们正确的方向、任务、职责，他们就能感受到自己的价值和意义，能转变做事风格和态度，还能带动身边的学生一起改变，变得优秀。

辅导员 F-11：这个故事让我受益匪浅。现象不管是表面现象还是本质现象，充满爱和希望地去进行沟通交流，可能更能把握大局，更能找到最好的解决办法。这个故事原本是辅导员和学生非常对立的一个事情，但辅导员 H 不只是从老师的角度去看问题，也从学生的角度去看问题，给予学生肯定，让学生感受到了被理解、被信任，激发了学生内心的责任感，使学生成为辅导员一个很好的帮手。我觉得这种教育事件对于辅导员老师来讲可能会遇到很多,以后如遇到类似教育情境时,我可能会试图从多个角度、多方参与者来了解和看待这个事情,然后进行分析和反思。

学工-9:我发现这个故事中,辅导员他自己埋下了一个伏笔,是什么样的伏笔呢?就是一个新接手的班级,如何制定班级管理方案。这个班首先是比较棘手的,是很多刺头的班级,那么学生小艾只是这个班里面的一个成员,那怎么解决这种比较棘手的刺头的班级?辅导员采取了一种办法,就是我们所说的“赶羊要赶领头羊,牵牛要牵牛鼻子”。他通过学生小艾与跟任课老师的冲突时有其他同学围观,通过其他学生的“围观”就已发现这个班的“领头羊”是谁,这个“牛鼻子”是谁。那对于这只“领头羊”学生小艾,怎么样去做他的工作?我们经常说危机事件的处理,危机如何化“危”为“机”,你要把握关键性的东西,那这是辅导员做得非常对的,他把这个“牛鼻子”抓住了,把这个“领头羊”抓住了。但是我们应该还要看到的是这个故事带给我们的最重要的启示是,辅导员通过对个体教育带动和影响整体教育的智慧。辅导员后面能够通过这只“领头羊”、这个“牛鼻子”把整个的这一个羊群能管理好或者说把整个的这一头牛能够赶去一个更好的地方,这可以说是辅导员的教育智慧。如果说只是对这一个学生单个的管理,这个学生只是班级里面非常普通的学生,或者说不对他委以重任,也许就起不到这种教育效果,我觉得这是一个大智慧。怎么去化险就是以这种对个别学生的小错误的处理能量,来达到对整个班级的一个更好的管理。

专家-13:教育是一种影响。辅导员 H 不仅把握了教育时机,还聚焦在影响上,让学生影响学生,达到教育效果和目的。可见,辅导员 H 是很有教育智慧的。刚才各位辅导员和学生工作部门负责人谈了自己对教育体验故事的启发和感悟。这次辅导员教育体验故事聚焦反思研讨,跟平时的讨论稍微不一样,平时讨论或培训聚焦于辅导员的工作管理方面,而我们这个讨论是针对辅导员教育体验文本来进行讨论,是谈论教育情境中的感受和体验,在讨论过程中,我们都从辅导员的教育体验故事中得到了启发和感悟,集大家智慧探究出教育体验故事的本质与意义。这个过程对我们自身也是一种教育智慧养成和提升的过程,这是很好的共同反思研讨活动。

三、教育体验故事 8 蕴含的教育本质与意义

研究者、参与聚焦反思的专家、高校辅导员及学生工作部门负责人共同探究中提出了辅导员 H 的教育体验故事中所蕴含的本质与意义:教育是一种影响,敏锐地抓住教育关键和重点,将个体教育影响整体教育,是教育智慧体现之一。有教育智慧的辅导员善于把握教育契机,从教育现象学视角下发现学生优长,将教育回归原本影响。在日常教育管理中,具有教育敏锐性和机智,能挖掘和激发

学生责任心和进取心，使学生树立正确的人生观、价值观和世界观，从而达到立德树人的教育根本任务（表 4-9）。

表 4-9　辅导员 H 教育体验故事 8 本质与意义

编码	故事内容概况	对故事的理解	故事中获得的启发与顿悟	故事的本质与意义
辅导员E	辅导员 H 描述的是因一位同事转教，学校把此同事的一个班级移交辅导员 H 带，而这个班级是众所周知的整个学院最难带的班级，学生调皮捣蛋的特别多。班上最调皮捣蛋的学生小艾有一次与任课老师起了冲突后，辅导员 H 对小艾的教育体验故事	这个故事给我的启示是：一部分学生心理年龄比较小不够成熟，一些叛逆的行为或一些犯罪行为在他们眼中是一种酷，既要帅。只要辅导员能够给予他们鼓励、温暖与信任，教给他们正确的方向、任务、职责，他们能感受到自己的价值和意义，能转变做事风格和态度，还能带动身边的人一起变得更优秀	学生都有改善自己的价值意愿。辅导员日常教育管理时应多给予学生鼓励、温暖与信任，引导学生树立正确的世界观、人生观、价值观	1. 有教育智慧的辅导员善于把握教育契机，让学生影响学生，聚焦在影响上。 2. 针对辅导员教育体验故事进行反思研讨可养成和发展辅导员教育智慧。 3. 辅导员在教育管理中，需要有敏锐的思维，抓住关键和重点，更好解决教育问题。 4. 辅导员应从教育学角度去理解学生内心体验，给予肯定、温暖、信任和锻炼机会，从而激发学生责任心和进取心
辅导员F		辅导员 H 让学生感受到被理解、被肯定，激发了学生内心的那种责任感。辅导员应该对学生行为从多个角度、多方参与者来了解、看待、审视及分析	不管是表面现象还是本质现象，进行真诚沟通，就能把握大局，找到最好的解决办法	
学工		这个故事辅导员采取了“赶羊要赶领头羊，牵牛要牵牛鼻子”，他通过学生小艾与任课老师的冲突，把这个“领头羊”“牛鼻子”抓住了。还能够通过这只“领头羊”“牛鼻子”把整个羊群管理好。这就是辅导员的教育智慧	辅导员在教育管理中，需要有敏锐的思维，抓住关键和重点，解决教育问题	
专家		教育是一种影响，把重要学生和学生干部管理好和引导好，由这些学生去带动其他学生。案例中辅导员运用了这个教育智慧。针对辅导员教育体验故事进行聚焦反思研讨，集大家智慧，探究出教育体验故事本质与意义，这对我们自身也是一种教育智慧养成和提升的过程	教育是一种影响，有教育智慧的辅导员善于把握教育契机，让学生影响学生，聚焦在影响上。 针对辅导员教育体验故事进行反思研讨可养成和发展辅导员教育智慧	

第五章　教育现象学视域下高校辅导员教育智慧养成与发展特质

爱和关心、希望和信任、责任和担当是教育学的根本条件，也是我们高校辅导员在教育学生时必须及应该具备的前提条件，但是这些条件不是简单的想要有就有的态度和情感，需要辅导员在教育实践过程中对自身的教育进行总结、反思、改进，才能在对大学生教育时知道该说什么、该做什么，才能做出在此时此景对此学生是最佳的教育，才能是有机智和有智慧的教育。可是这些教育机智和教育智慧是没有明确、细化的规则或理论框架可借鉴和可操作的，因为规则适用于同一特定体系内的所有人和每一种情况，但教育学是独特的，同一句话对某一特定的情境、特定的人是好的、正确的，或许对另一种情境、另一个人根本不适用。因此，我们无法从抽象的理论层面去笼统地回答辅导员的教育智慧是怎么样的，如何养成的。

本章以范梅南“我们需要到具体的日常生活体验中去观察，在具体的情境和特定的环境中，教育智慧和教育机智是怎么做的”，范梅南、李树英“关注他人的独特性和生活体验是一门教师（成人）如何与学生（孩子）相处的学问”为引导，在第四章探究出的教育体验故事本质与意义基础上，发现高校辅导员所描述的教育体验故事意义虽然侧重点各有不同（表 5-1），但具有教育智慧的辅导员有着共同的特质共性，包括但不限于集中体现在：常怀教育好奇心，具有教育敏感性和机智；善于倾听学生心声和观察学生细微变化，理解学生内心体验；善于发现学生内驱力，给予辅助；永远充满爱和信心地去挖掘学生成长和发展动力；言传身教，公平公正地评价学生，有温度、有爱心的即知行合一的与学生同在；善于把握教育契机，施以个体化教育，让学生影响学生，达到个体教育影响整体教育；善于总结与反思，能更好地与学生相处（表 5-2 和图 5-1），也就是说具有教育学视域好奇心和敏感性；倾听学生心声和观察学生细微变化，理解学生体验；充满爱和信任，发现及挖掘学生内驱动力和成长可能性；把握教育契机，施以个性发展化教育，发挥教育影响力；实践中反思、反思中创新，螺旋式提升与学生更好相处的智慧。

表 5-1　第四章体验故事中探究出的本质与意义及洞见

编码	故事来源	主要内容	故事本质与意义	获得教育洞见
辅导员A	教育体验故事1:教育关系视角理解学生体验	讲述的是学生小程在教学楼抽烟被另一位辅导员HJ发现时的教育过程	辅导员瞬间做出的教育行为是没有理论规律可循的,对学生的教育主要取决于教育者与受教育者的教育关系;具有教育智慧的辅导员有较强的反思力,知道如何与学生相处,如何从教育学角度看待学生,理解学生的内心体验;能瞬间捕捉到当时学生的内心体验,宽容而又关爱地面对学生的错误行为,在不突破法律和制度底线前提下,做出在当时对此学生最好的教育行动;使学生直面自己所作所为,及时意识自己的错误,从错误的体验中走向正面的成长道路;并能最大限度地去引导、帮助学生实现成长和发展	辅导员瞬间做出的教育行为是没有理论规律可循,对学生的教育取决于教育者与受教育者的教育关系。有教育智慧的辅导员具有很强的反思力,能从教育学角度看待学生,理解学生内心体验,宽容又关爱地面对学生的错误行为,在不突破法律和制度底线前提下,能瞬间做出在当时对此学生最好的教育行动
辅导员B	教育体验故事2:"教学有法、教无定法"的网络沟通	讲述疫情期间,学生小朱无故不上网课,提出多次批评无果而进行的一次深入沟通交流的教育情境	辅导员围绕教育理念对学生行为和教育具有好奇心、敏感性及机智是教育智慧养成和发展的根本。辅导员要始终保持教育初衷,围绕"立德树人"根本任务来开展教育。要对学生的行为有好奇心和敏感性,要善于倾听学生心声,充分了解学生内心深处真正需求,尊重学生的想法,对于不同的学生,采取不一样的教育方法,实现与学生共情。从而达到更好地与学生相处,帮助和引导学生成长成才,成为真正的大学生的知心朋友和人生导师	围绕教育理念,对学生行为和教育具有好奇心、敏感性及机智是教育智慧养成的根本。有教育智慧的辅导员对学生的行为有好奇心和敏感性,并善于倾听学生心声,了解学生内心真正需求,实现与学生共情,达到更好地与学生怎么相处

表 5-1(续)

编码	故事来源	主要内容	故事本质与意义	获得教育洞见
辅导员C	教育体验故事3:以无言平息视频风波	讲述的是在一次大型班会上,辅导员向学生播放了一段中学生的教育纪录片,引起学生小花不满的教育情境	辅导员如何抓住教育契机是需要经验积累,让自己的知识和身体融合在一起,做到知行合一,才能快速地做出一个比较适当的教育行为。有教育智慧的辅导员善于了解课堂中的教育学面面观,做到共性教育与个性教育融通和切换,宽容地对待学生个性化思想差异,从教育学的角度,尊重学生的独特想法和思想,即使面对学生极端的、偏见的思想,也要把握学生观点,拥有谦卑之心地平等对待学生,耐心地去引导,建立师生共同体,与学生共同发展和进步。在无法沟通下,保持适当的沉默,让学生自己去反思和理解中达到教育效果,这也是辅导员在教育情境中瞬间做出教育行动的智慧选择	如何抓住教育契机,快速地做出适当的教育行为,是需要辅导员经验积累,知识和身体融合暨知行合一。 有教育智慧的辅导员善于了解课堂中的教育学面面观,能做到共性教育与个性教育融通和切换。能从教育学的角度,尊重学生的独特想法和思想,建立师生共同体,与学生共同发展和进步
辅导员D	教育体验故事4:解锁网络言论	讲述的是学生小杨为收获粉丝,经常转发一些道听途说的消息,引发同学们的讨论,导致辅导员D对小杨开展教育的情境	辅导员基于教育现象学视域下对学生行为充满好奇和敏感,观察学生细微变化,了解学生情况,善于发现学生优长,才会具有教育临场机智,使自己和学生相处得更好。有教育智慧的辅导员,会对大学生在学习、生活、探索中展示出的行为充满丰沛的希望和多姿多彩的可能性。会抓住和尊重学生的独特想法和思想,发现学生特长,给予积极耐心的肯定和引导,让学生自己在反思和理解中认识到自己行为的不对不妥,使学生朝着自己的兴趣、志向成长成才	基于教育学视域下对学生行为好奇和敏感,善于观察学生细微变化,了解学生情况,发现学生优长,引导学生发展,是教育智慧养成的前提。 有教育智慧的辅导员对学生行为好奇和敏感,对学生在学习、生活、探索中展示出的行为充满丰沛的希望和多姿多彩的可能性

表 5-1(续)

编码	故事来源	主要内容	故事本质与意义	获得教育洞见
辅导员E	教育体验故事5:聆听学生心声,挖掘学生内驱力	描述的是进入大二后,同学们对学习、活动变得不积极,沟通交流少,导致小林不想再担任班长而引发的教育情境	辅导员的教育机智和敏感性行动源泉,是在理解学生、关心学生、了解学生的基础上形成的。辅导员需要在日常教育管理中,理解学生的独特性,从学生“闪光点”加以表扬和肯定,同时善于发现学生内驱力,加以调动,给予客观因素辅助,帮助学生实现自己需求和价值,从而培养出有责任担当、有理想信念、有价值追求的学生和学生干部	教育机智和敏感的行动源泉,是在理解学生、关爱学生、了解学生的基础上形成的。有教育智慧的辅导员善于从学生“闪光点”加以表扬和肯定,敏锐地发现学生内驱力,给予辅助,帮助学生实现自己需求和价值
辅导员F	教育体验故事6:解密大学期间兼职	讲述的是学生小涵对大学生活很迷茫,想退学。辅导员F对学生小涵的沟通交流教育情境	辅导员对学生行为好奇和敏感,善于反思、倾听学生心声和观察学生细微变化,使学生表达出自己内心深处真正需求是教育智慧养成的基本。有教育智慧的辅导员具有对学生行为敏感性,心怀希望和保持开放的心态倾听学生心声,了解学生行为背后因素,在不违背法规底线下,从学生成长角度出发灵活处理教育事件的独特能力。在学生对学业、职业、情感等心存迷茫、不知所措时,能指点迷津,引导学生积极乐观地面对困难、解决问题,使学生走出迷茫,走向光明道路,让大学生在自己喜欢环境中成长成才	善于反思、倾听学生心声和观察学生细微变化,使学生表达出自己内心真正需求是教育智慧养成的基本。有教育智慧的辅导员对学生行为敏感性,心怀希望和保持开放的心态倾听学生心声,了解学生行为因素,在不违背法规底线下,从学生成长角度出发灵活处理教育事件

表 5-1(续)

编码	故事来源	主要内容	故事本质与意义	获得教育洞见
辅导员G	教育体验 7:以身示范教育的面面观	描述的是学生小赵不整理内务,还在寝室抽烟,导致辅导员 G 对其教育的情境	辅导员共同围绕教育体验故事开展反思、探索和追寻,可形成和发展教育智慧。有教育智慧的辅导员在日常教育管理中,能公平公正地评价学生,给予学生肯定和赞扬,面对学生错误行为时,善于从教育现象学视角下把握教育时机,用"以身作则、以身示范"有温度、有爱心地感化学生,使学生从内心深处接受教育和接纳改变,从而获得教育目的和效果	辅导员共同围绕教育体验故事开展反思、探索和追寻,可形成和发展教育智慧。 有教育智慧的辅导员善于从教育现象学视角下把握教育时机,有温度、有爱心的公平公正评价和感化学生,使学生从内心深处接受教育和接纳改变
辅导员H	教育体验故事8:巧用"领头羊、鼻子"的影响力	描述的是新接手的班级,最调皮捣蛋的学生小艾与任课老师起了冲突后,辅导员 H 对小艾的教育体验	教育是一种影响,敏锐地抓住教育关键和重点,将个体教育影响整体教育,是教育智慧体现之一。有教育智慧的辅导员善于把握教育契机,从教育现象学视角下发现学生优长,将教育回归原本影响。在日常教育管理中,具有教育敏锐性和机智,能挖掘和激发学生责任心和进取心,使学生树立正确的人生观、价值观和世界观,从而达到立德树人的教育根本任务	教育是一种影响,将个体教育影响到整体教育,是教育智慧体现之一。 有教育智慧的辅导员善于把握教育契机,发现学生优长,挖掘和激发学生责任心和进取心,达到教育的立德树人根本任务

表 5-2　教育体验故事中探讨出的高校辅导员教育智慧养成与发展主要特质

编码	高校辅导员教育智慧主要特质
1	善于反思和观察学生细微变化,从教育学角度理解学生内心体验,施以个体化教育
2	善于倾听学生心声,了解学生内心需求,尊重学生想法,达到与学生共情
3	善于抓住教育时机,做到知行合一,敏捷地捕捉到学生对事物的认知
4	具有基于以学生为中心的教育理念,能建立师生共同体,与学生同进步、共发展
5	具有教育敏感性和好奇心,充分了解学生充满可能性世界
6	善于发现学生内驱力,能加以调动和给予客观因素辅助,挖掘学生动力
7	善于培养有责任担当、有理想信念、有价值追求的学生及学生干部

表 5-2(续)

编码	高校辅导员教育智慧主要特质
8	能言传身教,公平公正评价学生,面对学生错误行为时,有温度、有爱心地开展教育
9	善于运用教育影响,让学生影响学生,达到个体教育影响整体教育
10	善于发现和挖掘学生优长,赋予和激发学生发展可能性
11	善于在不突破制度底线下,维护学生发展利益,使学生直面自己所作所为,及时意识自己的错误,从错误的体验中走向正面的成长道路
12	永远对学生充满爱和信任,对学生情况了如指掌,并能理解学生行为
13	善于与学生谈心谈话,机智地把握学生独特想法,引导学生表达出内心真正想法和思想

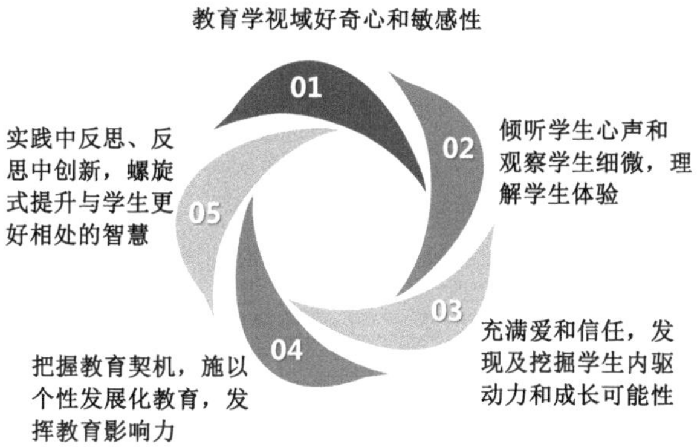

图 5-1　体验故事中探究出有教育智慧辅导员集中体现的特质

第一节　具有教育学视域的好奇心和敏感性

辅导员的教育好奇心和敏感性，是辅导员经过长期实践、感悟、体验，积累了丰富的实践经验，在理论启发和实践总结上形成的一种随机应变、超乎寻常的临场瞬间做出的教育行动，是教育智慧的重要体现形式，是面对教育情境时瞬间知道怎样做才是对这个学生是最好的处置方式，是一种与学生相处的临场才能和智慧，是对意想不到的情境、突发教育事项进行崭新而出乎意料的瞬间反应、表现、能力和状态，也是辅导员综合能力、道德质量、思想状态和教育境界的不可或缺的重要表现特质。它体现了辅导员对教育情境快速反应能力、敏锐能力和得体的应对能力。

一、教育好奇心和敏感性的作用

范梅南、李树英在《教育的情调》一书中指出，教育的敏感性和机智是一种特殊的才能,它与我们为人处世的方式有关,是一种既来自心灵也来自头脑的知识。例如,辅导员B对学生小朱异于平时的行为好奇和不解,因此找学生小朱进行沟通交流。在视频电话交流的3个小时中,小朱对批评不以为然,没有情绪变化和起伏的情况下,辅导员B机智地改变了教育方式,引导小朱进入谈话互动,打开内心深处的迷茫和困惑,并认识到自己如此学习状态是不妥的,从而达到教育目的。

专家-6:辅导员B是有一种临场的机智的,这种临场的机智就是我们所说的智慧,这个智慧不是指的那种已成型的、知识的、技术的,而是一种临场的机敏,敏感去应对和跟学生怎么去相处的智慧;专家-7:辅导员应该在教育情境中,体察学生的变化,对学生行为产生好奇,这样才会做出恰当及适合当时情境的教育行为。在教育体验故事2的教育情境中,我们看到了辅导员B对学生行为的好奇和机智。

又例如,辅导员D面对小杨的网络行为,充满着好奇和敏感,小杨为何要开通个人公众号和微博?为什么要发布一些不切实际的不妥信息?这些网络信息是否会带来舆情,给小杨和其他学生带来什么影响?带着这些好奇和"敏感",辅导员D找小杨谈心谈话,在谈心谈话中充满着机智,引导小杨增强慎言意识和网络敏感性。因为辅导员D日常教育管理时,对小杨的网络行为就怀有好奇心和敏感性。

辅导员D-1:"网络不是法外之地,言论也不是绝对自由,出于保护和引导学生的目的,开展对小杨的教育谈心谈话。"在谈话过程中,辅导员D考虑到小杨的感受和体验,先肯定小杨,在小杨受到表扬和鼓励,心情比较好的情况下问小杨对分享内容是否核实、确认过,让小杨自己去分析和判断。整个谈话过程,辅导员D敏感又机智的教育,使小杨在春风化雨般欣然地接受了指出的不足,达到了很好的教育效果。

二、教育体验故事9:抑郁症的疑惑

去年秋冬季节,我发现所带班级的一位班长小林工作干劲逐渐消减,情绪低落,状态很不好,在她来办公室的时候我询问了她,只说不太舒服。第二天,我去走访宿舍时,她和我说自己很重要的包找不到了,要出去找。

"是包里有什么重要东西吗?"

"我身体不舒服,生病了,需要吃药,药在包里。"

"是什么病呢?"

"因为我的心理承受压力太大,得了抑郁症。"

听到此言,我没有表现出惊讶或同情,而是表示理解。

"那我陪你去教学楼找包,应该不会丢的。"

在去教学楼的路上，我与她聊家常，并有意无意地询问她的病情。

“根据医生的叮嘱，天天吃药，导致天天昏昏沉沉，状态不好，还会做噩梦。”

“你去咨询医生时，医院医生的诊断方式是怎么样的？凭什么说你有抑郁症？”

“医生让我填了两张表，然后说是抑郁症，需要吃药治疗。”

我惊讶道：“就凭两张表就予以诊断为抑郁症，我觉得并不是很科学合理，要不我等会儿帮你咨询下学校心理咨询老师如何？”

“好的，谢谢老师。”

找到包后，我把学生送回寝室，然后和心理咨询老师电话沟通，并将学校一位最有经验的心理咨询老师的微信推荐给了小林，同时也把当地最有权威的精神医院推荐给她，建议她去进行科学诊断。她听了我的建议去了该医院诊断，诊断结果不是抑郁症，而是当时暂时的情绪低落。

拿到诊断结果，小林很开心，非常感激我“救”了她。我也非常开心，我的一点疑虑和敏感，改变了她的人生轨迹。

（辅导员I的教育体验故事）

当今大学生视野越来越开阔、思维越来越活跃、个性化越来越突出，同时心理问题和冲突也越来越多。这是基于社会的复杂性与学生心理的单纯性，对人生问题认识往往飘忽不定。学生进入大学生活后，环境与地位的变化、错位带来心理负担，加上性心理的不完全成熟，生活经验欠缺，就业竞争压力、家庭经济困难、生理缺陷等，使大学生常常在学习、生活、情感及人际交往中受挫。那么，作为大学生人生导师和知心朋友的高校辅导员如何去发现和引导学生？如何使学生走出心理困境进入正常状态？教育体验故事9中，辅导员I发现学生行为异常，这说明辅导员I在日常管理中时刻关注学生点点滴滴，能发现学生的进步和心理变化，从学生的行为中发现异端，敏锐地了解到学生行为因素，引导学生正面地去面对和处理学生面临的困惑，使学生消除了心理疾病，这无疑体现了辅导员I的教育敏感性。

在大学教育中，辅导员起着至关重要的作用。他们不仅要为学生提供支持和指导，还需要具备敏锐的洞察力和好奇心，以便更好地理解学生的需求和挑战。辅导员具有教育好奇心，就会对学生的学习和发展感到好奇，并通过提出问题、探索和了解学生的背景和兴趣等方式，寻求更深入的理解。辅导员对学生的情感和心理状态有敏感度，就能更好地理解和支持学生的情感和心理需求。

大学生最难忘的一次教育体验（片段1）

用心关爱我们大家，在疫情封校时期为我们做心理疏导；

在我因疫情隔离期间，及时关注我的动态；

因为疫情元宵节回不了家，辅导员组织大家过元宵节；

因疫情导致我心里非常难过，辅导员让我回家休息、调理；

宿舍使用大功率，辅导员悉心讲解使用大功率的危害；

知道我情况特殊及经济困难后，马上给我打电话问详情。之后很理解我的各种决定，并支持我、鼓励我，使我感到很亲切；

告诉我放松身心，积极应考，考糟糕了也没有关系；

有一次心情不好，辅导员耐心地跟我聊天沟通后解开了心结；

在我心情低落时，他倾心劝导；

心理压力太大时，辅导员陪我聊天谈话疏通；

刚步入校园，入住宿舍后辅导员过来亲和地和大家打招呼、拉家常，了解大家的心理落差，给大家分享大学生活应该有的样子；

很负责很耐心地解决我家庭经济困难认证的相关事情。

开学的第一周、来宿舍找我们座谈，使我们熟悉学校氛围、活动组织等，让我们及时融入学校；

经常走访宿舍关心同学，了解我们的生活状态和学习情况，悉心关怀每一位同学；

教育我注意在网上的言行举止，并督促班上同学。

以上学生描述的难忘教育体验中，辅导员主动地寻求了解学生的背景、兴趣和学习方式，能够敏锐地感知学生的情感状态、学习障碍，包括他们的忧虑、压力和挫折。在学生新入校、遇到学习、情感或心理困惑、困难时，能敏感、机智地理解学生的感受和需求，帮助、支持和指导学生更好地面对和解决问题，与学生建立良好的沟通和合作关系。

三、基于教育好奇心和敏感性的教育反思与感悟

范梅南指出，具有教育智慧和教育机智的教育者，应该拥有主动的、反思的敏感性，能在特定的具体情境中感知受教育者生活中发生的事情。李树英指出，生活中我们会对许多的体验感到好奇、想知道，但有时我们却显得麻木不仁，看得多了、见得多了，也就视而不见了，从而丧失了对某些教育体验的敏感性。

大学生期盼辅导员给予关爱、关注、安抚及引导，辅导员应随着教育需要及时对学生进行人文关怀，杜绝学生内心压力和负担，避免学生心理问题、受骗及安全等问题。辅导员的好奇心、敏感性如何在教育过程中体现？如何去关注和关爱学生才能达到最佳教育效果？这是一个非常重要的课题。大学生来到新环境求学，面对不一样的人际关系、育人模式、生活方式，加上社会、家庭等因素，会产生迷茫、压力、孤独、焦虑、恐慌、懈怠等不一样的不良情绪。这需要辅导员的

教育更加细致，发现有行为异样的学生，第一时间对学生行为产生好奇，敏感地意识到问题的严重性，立即去了解详情，直到帮助学生解决困惑或杜绝意外事件为止。特别是辅导员与学生谈心谈话时，轻松愉悦的环境很重要，如果是特意地为了某件事情去谈话，涉及敏感的事情，学生不会说。谈话环境比较严肃或有其他人员，学生也可能因为顾虑多而不会告知实情。那么，高校辅导员如何去全面了解学生所思所想？这需要辅导员对学生行为产生好奇心和敏感性，站在学生角度考虑问题，要观察所发生的每一个细节，从细节当中去干寻找问题所在，懂得以爱育人，给予学生亲人般的呵护，让学生信任我们，与学生建立起一种信赖关系，使学生感到温暖和爱，从教育学角度看待学生，真正成为学生精神和生命路上的鼓舞者和引路人。辅导员对学生多一分爱心、多一分细心、多一分关怀、多一分理解、多一点敏感，善于体察学生行为细微变化，对学生的行为充满好奇，也许就能挽回一个生命、一个身心健康的学生，不留教育遗憾。

辅导员工作是一项用心灵陪伴心灵、用青春点燃青春、用梦想照亮梦想的事业。目前，大部分高校辅导员都是“按章办事”地进行日常教育管理，未形成自身的教育敏感性和机智。有教育智慧的辅导员，不仅对学生进行知识教育和日常行为管理，更主要的是关注他们的内心体验，对他们的行为产生好奇，在与学生相处过程中，会思考学生为何如此，学生是如何体验这种情境的？我该如何做，此刻才对这位学生是最恰当、最好的教育。这些辅导员对现场的敏锐捕捉能力、快速反应能力和合理得体的应对能力，就是我们所说的教育现象学视域下的教育智慧。辅导员拥有教育学视域的好奇心、敏感性和机智特质，就可以更好地理解学生的需求和挑战，从而更好地支持、帮助、引导学生成长，使学生能够充分发挥自己的潜能并取得成功。

第二节　倾听学生心声　理解学生体验

教育机智依赖我们的能力来感知学生的需求和这个学生的各种潜力。这意味着高校辅导员在与学生相处、谈心谈话时，需要以一种关心、关爱、慈善的眼睛和耳朵去搜寻学生的优点、亮点、闪光点、内在潜力，运用眼神、言语、沉默、动作、点头等方式来调和教育情境气氛，采取多种视角和思考方法来获得对学生的教育理解，这种指向学生的独特性的感知和倾听能力能使正在观察、审视、研究、检查我们辅导员的学生看到爱、善、用心等，使学生放下紧张、不安、芥蒂，在轻松、率真、愉悦中表达出内心世界潜在思想、想法和需求。只有充分了解、熟悉和掌握了学生的详细情况、思想动态、内心需求等，辅导员才能挖掘和激发学生或学生干部的内驱力，才能对症下药地面对教育情境时瞬间做出适当的教育行为。

一、“倾听”和“理解”带给学生的意义

2019年，范梅南、李树英指出，教育的敏感性和机智有赖于感知和倾听年轻人的能力。所以高校辅导员应该要善于倾听大学生的心声和观察学生的细微变化，理解学生的内心体验，这是具有教育智慧辅导员的特质之一。范梅南还认为，如果教育者不知道这个学生的内心体验是怎样的，就不知道自己所教育的学生是怎样地存在，也就不可能在教育教学上对其做出恰当的反应。辅导员日常教育和管理中，多问学生一声冷暖，多去寝室课堂走一趟，帮助学生在学业困难、经济困难、心理困难中向上向善地发展等，这些细微的言行，也许就会得到学生的信任，从而向辅导员倾诉心声，使辅导员能清楚学生情况和学生内心深处真正的需求。例如，辅导员E耐心地“倾听”班长小林的述说，同时观察小林的情绪变化，在小林述说着一系列不足、不满和苦恼时，辅导员E用非常真诚的眼光看着小林，充分肯定小林在班级管理工作中的能力和效果，并通过反问使小林滔滔不绝地讲述着对班级管理上的想法、思路以及职业规划的顾虑。这时，辅导员E耐心地帮小林分析情况，找出亮点，给予指点迷津，鼓励小林积极乐观地看待班级管理中的困惑，使小林又干劲十足、信心倍增。辅导员E在这个教育情境过程中，耐心地倾听学生小林的述说，观察小林的表情和情绪变化，专注地去感知学生小林内心深处的体验，根据小林的细微变化和体验而改变自己的语气、语速及语言，使小林能表达出自己内心深处的想法和困惑，激发学生小林的进取心、责任心和内驱力。

专家-10：作为辅导员、学生工作部门负责人要去理解每一个学生都是独特的，要能发现学生干部闪光点，在适当的时候去认可和表扬他们，真正地去理解他们。辅导员的教育机智、敏感的行动源泉就是在理解学生、关心学生的基础上才拥有的教育智慧。

学工-6：辅导员要去激发学生的内驱力，帮助学生干部实现他自己的目标或者说实现他想要的价值。所以一定要看到学生的这种内在的内驱力，然后再去进行调动，加以客观因素的辅助，才能更好地去挖掘学生动力。

又如，辅导员F面对一脸茫然要退学的学生小涵时，没有拿理论说教，也没有用老师的身份给予肯定的回答，而是望着迷茫的小涵反问道：“你现在不读了想好去做什么了吗？高中学历在社会上能做些什么？你未来想过什么样的生活？”使小涵更好地释放心中的疑惑和迷茫。他耐心倾听，时而与小涵互动、时而引导、时而给予指点迷津和建议。

辅导员F-2：“我觉得更多的应该是发自内心地关心关爱学生吧。因为常下宿舍，我对这个学生还比较了解的，知道她的性格和品德，为人热情开朗、与人为

善……”

了解学生，得到学生的信任，需要辅导员在日常教育和管理中通过与学生谈心谈话、下寝室、进课堂等方式方法来取得。辅导员F了解学生，善于倾听学生心声，理解学生内心体验，所以在与小涵聊天时能揣摩到小涵内心想要的答案和目的，使小涵从迷茫中走出困惑，明朗自己的学业和职业方向，最后通过兼职实现经济独立，还能从事自己喜欢的工作和继续学业。辅导员F对小涵的教育，最大的特征就是耐心地倾听学生的心声和观察学生的细微变化，从学生的内心体验出发开展教育，达到教育效果和目的，充分体现了教育智慧。

二、教育体验故事10:学生换寝申请

2021年5月的一天下午，我正在办公室处理一些事情，这时我所带的14班的女学生小琴很腼腆地进来。

“老师我有事情跟您说下”。我停下手中的活儿，微笑地看着她:“好呀，你搬个凳子过来坐我旁边说。”她搬好凳子坐下来，有点不好意思看我:“老师，我想换宿舍。”我没有说话，依旧微笑着看着她。“我感觉自己和其他舍友不太融入，想换个宿舍。”我点了点头，说道:“你们宿舍都有哪些同学呢?”小琴一一跟我说了宿舍其他同学名字，我心里非常惊讶，因为这个宿舍有团支书、生活委员还有权益委员，在我眼里团支书是一个特别热情、活泼的人，生活委员以及权益委员也都很认真负责，每次去他们宿舍走访的时候他们几个都非常热情地跟我打招呼，和这样一群人住一起怎么会合不来呢？我心里非常疑惑。

“你能和老师详细说下具体是哪些方面让你想换个环境住呢，咱们宿舍其他同学像团支书他们不是都很热情的吗?”她有些委屈，就说是和其他人性格不太一样，自己喜欢安静，其他人比较喜欢热闹。“那你是一开始就不习惯还是后面才有这种感觉的呢?”她说刚开学的时候还好，后面就感觉住得不是很开心，现在就非常想换宿舍。我看她情绪有点低落，放缓了语气:“那你这段时间在宿舍肯定住得比较压抑，不开心吧。”

学生听了之后，突然跑出去了，我听到她在办公室不远的地方哭了起来。我没有出去看她，心想她现在心里肯定很委屈很伤心，同时又不想让老师看到她哭。过了一会儿，我看她红着眼睛进来了，说:“老师，不好意思，刚才控制不住。”我微笑着说:“没关系，坐吧。”

我试图深挖下小琴想调宿舍的深层原因，试着问她是不是其他几个同学经常一起玩而孤立她？“不是，老师，他们都挺好，干什么都叫我，就是我感觉自己性格跟他们不太一样。”看着学生委屈害羞的脸，没有说其他室友的任何不是，只是陈述一些个人的原因，让我对她有点疼惜。我感觉她已经压抑很久了，也能感觉到她想换宿舍的那种迫切心情。

于是，我没有再说什么，而是拿出班级学生宿舍安排表，跟她说有哪些宿舍有空床位可以调，每个宿舍同学有什么特点，同时告诉她换宿舍的利弊以及换到新宿舍之后应该如何与新同学相处、搞好关系等。经过我的综合分析，学生选定了一间宿舍，我告诉了她申请换宿舍流程。

最后，她起身说了声谢谢，然后开心地离开了，走时流露出一种如释重负的样子。看着她离去的身影，我心想在老师看起来很小很普通也很好处理的一件事情，对学生来说就是一件关乎心情是否开心、是否过得压抑、是否能顺利完成学业的大事。

（辅导员J的教育体验故事）

理解和体验是高校辅导员和大学生基本的相处方式，也是重要的认识和实践方式。每一个学生都是鲜活的个体、都是独特的，不让一个学生掉队，不抛弃、不放弃任何一位学生，这是辅导员对国家、对社会、对家长的负责和责任担当。大学生从基础教育的应试教育步入高等教育，没有了升学压力，脱离了父母的管束，老师的监督、叮咛，如被解放的笼中之鸟，自由飞翔在蔚蓝纯洁的天空中。但由于大学特殊的社会环境，大学生面临着学习、生活环境的变迁，班级、寝室同学来源于天涯海角，风俗习性、家庭背景、生活习惯、性格特征等都不同，这些因素给大学生带来诸多困扰，这需要辅导员善于倾听学生的不同烦恼。高校辅导员如何与学生谈心谈话？如何与学生相处？是敷衍了事还是耐心倾听，是忙于其他事务还是先放下工作倾听学生心声和观察学生细微变化？是从教育者的角度还是从学生的角度开展引导和教育？是从学生内心体验出发去理解学生行为还是以自身教育经验去说教？辅导员J耐心地倾听学生小琴调寝的诉求，从小琴的言语和表情中感知和认识到小琴在寝室中生活状况，掌握了小琴的情况和她所住寝室同学相处情况的同时，也从小琴言语和细微表情中了解到小琴的内心体验是非常压抑和不开心的。此时辅导员J的内心对小琴的爱护就是通过满足小琴的需求，帮其调寝，解决实际需求和困难。这体现了辅导员J洞察学生内心体验，理解学生行为，充满着教育智慧。

当今社会，网络改变了每个人的生活、工作、学习等习惯，大学生呈现出多样个性，如八卦、顽劣叛逆等。作为大学生的思想政治教育导师、人生道路引路人的高校辅导员，该如何与这些00后大学生进行线上线下沟通交流？如何教育才能达到此刻最佳教育效果？如何倾听学生心声和观察学生细微变化，从理解学生内心体验出发开展教育？这些都是值得每位辅导员深思的课题。辅导员不仅仅是理论道理教育和制度说教，还要对学生的行为情况进行全面了解，观察和了解学生内心世界，弄清事情原委，这样才能根据学生具体情况，帮学生解决实际问题，才能和学生有一个良好的沟通和教育关系，才能让学生放下戒备心理，拉近师生关系，在和风细雨的语气、环境下温暖学生的心，教育问题也就迎刃而解了。而这些需要辅导员具有倾听学生心声和观察学生细微变化的独特能力。

三、基于“倾听”“理解”下的教育反思与感悟

大学生最难忘的一次教育体验(片段2)

和我们一起谈心，谈未来、谈就业；

让我意识到自己没有想象中那么完美，所以要尊重别人的不完美；

她很善于与我们沟通，采纳我们的意见；

班会时，辅导员跟我们沟通追星的问题，这个问题其实挺容易引起对辅导员的抵抗情绪的，但是辅导员还是充满勇气开启了这个话题并表达她的看法，觉得辅导员好有勇气好厉害；

因为新冠肺炎疫情封校，学生在宿舍上网课，辅导员来宿舍看我们，陪我们聊天；

辅导员老师倾听学生的需求，积极开展班级活动；

辅导员认真倾听我们的需求，帮我们解决问题；

很有耐心地倾听我的烦恼，并和我谈了很多、很久；

询问我的身体状况是否能参加军训，让我轻松应对军训；

请教辅导员问题，他耐心细心解答；

有问题询问，会及时回复和积极帮助解决问题；

对于我问的多个问题，非常有耐心地解答；

辅导员面对我们的问题，不厌其烦为我们解答疑惑；

开学时认真对我们进行安全教育以及学习思想教育；

多次强调预防诈骗知识与日常行为规范提醒；

在开防诈骗主题班会时，对我们苦口婆心地教导；

认真了解我的需求，会认真为我解释事情的缘由。

以上学生描述的教育体验，说明辅导员在教育实践中，绝大多数时候都是通过与学生的谈心谈话来实现教育目的。“谈话”一词的词源词根有“一起生活、相联系、陪伴、相识”的含义，这与辅导员对学生的教育初心相吻合。一位优秀的、有责任心的辅导员可以通过自己的声音、语言、表情、情感及沉默等细微变化收到微妙的教育效果，通过倾听学生心声，使那些躁动不安、心神不定、紧张恐惧的学生安静、安宁、信赖、积极、愉悦及充满自信、产生共鸣。有教育智慧的辅导员则能在耐心倾听学生心声时还会观察学生的细微变化，从教育学的角度去理解和感知学生的内心体验，根据教育情境需要改变自身的语言、语气、肢体语言、行为动作等，创造一种瞬间的亲近、真诚、友爱、善意的情感教育情境，并知道何时

保持沉默、何时点头、何时发声等来调和教育气氛，借用沉默、倾听、观察的力量实现教育上的此时无声胜有声。因此，高校辅导员在实践教育过程中，可通过观察学生的表情、言行举止和学习成绩等方面来了解学生的状态，发现学生出现不正常的变化，及时与学生沟通，给予帮助、鼓励和支持。尤其是在学生面临挫折和困难时，通过与学生进行谈话、组织座谈会和开展问卷调查等方式来了解他们的想法和感受。还可以通过组织学生参加一些社会实践和文化活动，让学生亲身体验社会生活和了解不同文化的差异性，帮助学生更好地了解自己和他人，从而提高自己的综合素质。同时，需要守护学生航向，解决学生学习、生活、感情等中遇到的各种难题，体察入微引导学生，在与学生开展谈心谈话、沟通和交流时，不仅要启发和引导，更需要耐心倾听学生的心声、体察学生细微变化，充分尊重学生，使学生有安全感、信任感，从而达到交流内容深入、详细和真实，理解和掌握学生内心的真正思想和需求，更好地从学生内心体验出发，施以最恰当的教育行动，让自己成为有智慧而又优秀的辅导员，从而更好地理解学生的体验和需求，为学生提供更好的支持、帮助、鼓励和指导，帮助学生在学业和生活中取得更好的成绩和体验，获得更好的人生价值和意义。

第三节　挖掘学生内驱力和成长可能性

"爱人者，人恒爱之"，选择了高校辅导员岗位，就是选择了和大学生在一起，选择了把自己的爱无私地倾注在学生身上，这种爱有时还超越了对自己孩子的爱。高校辅导员是大学生在学校接触最多、最直接的老师，是三全育人、五育并举的直接和重要的教育者，包含了大学生的一切学习、生活、思想、心理、安全等教育。而教育没有办法区别育人的主次、时机、环境，辅导员的一句话、一个眼神、一个小行为、一个不经意地出现都可能改变一位大学生的性格、思想、命运。因而高校辅导员对学生教育时，不仅要充满爱和信任，还要以理服人、以情感育人，达到与学生共情，在与学生相处中感同身受、知行合一地与学生同在，引导大学生养成自尊自信、自立自强、理性平和、积极向上的阳光心态。

一、"爱""信任"下的可能性

2021 年，李树英、郑曼瑶提出，现象学的"此在"，这种"此在"的显现过程是动态的，而不是静态的。教育现象学关注教育者和受教育者的"存在"，即关注教育生活中的人在具体情境、具体时刻的生活体验。例如辅导员 G 对学生充满爱和信任并尊重学生，在批评小赵时，小赵低着头且摇晃着身体，表示出非常不在乎、不屑，辅导员 G 忍耐着脾气，带小赵进入寝室，并亲自帮他整理内务，这是辅导员 G 瞬间做出的言传身教的教育行为。辅导员 G 还将整理好的小赵寝室拍了照片，在班会时放给班级学生看，使班级同学大赞小赵寝室内务做得好，让小赵和小赵寝室同学开心愉快时心存不好意思。辅导员 G 的教育行为得到了小赵和小赵寝室同学的信任，感觉到了辅导员 G 与他们同在，使他们深刻认识到了自己的不足和错误，促使他们改进和改观。这种教育结果是满意的，是有效果的，一方面教育好了小赵，使小赵认识到了自己不整理内务的错误，达到了教育效果；另一方面也教育了小赵寝室和班级其他同学，在班级起到了示范作用；第三辅导员 G 得到了小赵和小赵寝室同学的信任，达到了对小赵和班级同学内务整理事项的教育目的。

辅导员 A-20：我觉得，辅导员 G 面对学生错误行为时，心平气和地找学生谈话，后从学生内心体验出发，有温度有爱心地以身示范去处理、去教育，让学生深刻认识到自己的错误并彻底改正和改观，这充分体现了辅导员 G 的教育智慧。学工-8：辅导员 G 的教育行为体现了“学高为师，身正为范，既以身示范”，以身示范去跟学生一起、感染学生，达到教育效果。专家-12：辅导员 G 的言传身教体现得淋漓尽致。第一段是言传，告诉学生要有一些规矩，要怎么做。后面是身教，就是亲自去示范去做。更妙的是后面这一部分，她能够在表扬这些宿舍的时候，同时也把这个学生的宿舍照片播放出来了，起到了很好的效果，对这个学生产生了很大的影响。所以辅导员 G 的这种教育机智、敏感就是非常有教育智慧的。可见，高校辅导员对学生永远充满爱和信任，知行合一地与学生同在，发现和挖掘学生内驱力和成长的可能性是教育智慧特质之一。

二、教育体验故事 11：唤醒课堂睡觉学生

记得 2009 年的一次主题班会，有位学生小钰趴在课桌上，我开始以为她只是在休息，但过了 20 分钟还趴着，我知道应该是睡着了。我担心她着凉，于是边讲话边走到她身边，将搭在椅子上的外衣拿下来，整理后披在她身上，这时她慢慢睁开眼，看到是我，非常惊慌地马上站起来说：“老师，我有点困，睡着了，对不起，我不是故意的。”“没关系，期末考前学习比较紧张，注意劳逸结合。”然后我对着班上所有同学说：“刚才大家在班会上积极发言，为主题班会提出了很多好的建议，现在奖励大家，我们一起站起来做 10 分钟眼保健操和伸展运动如何？”班上同学异口同声道：“好！”大家齐刷刷地站起来，体育委员走到讲台喊口令。望着学生们兴奋的心情和小钰投来的感激目光，我知道学生们非常认可此“奖励和惩罚”。班会后，我回到办公室刚坐下，小钰就敲门了，我很热情地招手请她进来，让她坐在沙发上，倒了杯水递给她，并也坐在沙发上。小钰用非常诚恳的语言说道：“老师，我在班会上不是故意睡觉的，是昨晚看书做题到 12 点才睡，中午又没午休，所以很困，就睡着了。没想到您不仅没批评我还在班上化解了我的尴尬，谢谢您，以后我一定会遵守纪律，不会再出现这种情况了。”她自我批评和反省的言语和态度让我很欣慰。此次后，小钰会时常来我办公室聊天，学习上有很大进步。

（辅导员K的教育体验故事）

高校辅导员与大学生教育过程中，需遵照教育原理和教育技巧，充分发挥教育情感的功能，灵活运用肢体语言、表情、动作，采用图像、心理、认知调控等方法，发挥个体创造性，实施独具特色的教育言行。也就是说这个过程是需要有情感，是辅导员与大学生双方教育活动的情感交流与心灵碰撞。范梅南、李树英在《教育的情调》一书中提出，孩子们怎样感受我们的“此在”？为什么你总是叫我做这做那，但是你自己从来不做？为什么你这么关心我的成绩单，而对我的作业毫无兴趣？为什么你们有钱买新车，却没钱买机票去看望奶奶？这些疑问是孩子内心深处对父母或教育者的不可理解。辅导员K面对课堂睡觉的学生第一时间不是去批评、指责，而是充满着关心关爱，并且巧妙地通过班级所有同学一起运动而化解睡觉学生的尴尬。辅导员K瞬间做出的教育行为让课堂睡觉的学生和其他学生感受到温暖和爱，由此产生了师生间的相互信任。辅导员K保持开放心态看待学生，让学生感受到辅导员始终与他们同在，与他们产生共情，取得了好的教育效果，体现了辅导员K的教育机智和智慧。

三、基于“爱与信任”下的教育反思与感悟

大学生最难忘的一次教育体验(片段3)

辅导员对我的缴费问题的帮助；

耐心地帮我们宿舍解决各种问题；

无论什么情况下，辅导员都很认真地帮我解决所遇到的难题；

在考试的前几天学生证落在家了，微信和辅导员说后，教我怎么开学生证明，还叮嘱我以后记得拿好证件；

帮助我完成奖学金申请；

大着肚子为学生奔波；

跟我一起送舍友去医院；

老师开车载我去医院做核酸检测；

我生病时，到医院去照顾我；

我生病时，辅导员及时送我去医院治疗；

鼓励我竞选院团委副书记；

在我对待学生工作不够细心时，会安慰我并且教我如何做好；

第一次见到辅导员，他就和我们讲了在职场上所经历的种种，有好有坏，那次我真正意识到要努力、要多考证、平时少说多做，让自己发光，别人才能看到你；

第一次当班级干部，辅导员认真交代好我需要完成的工作，并且耐心地跟我讲解；

刚刚入学去面试校团委部门干事的时候，有些害怕。辅导员一直相信我、鼓励我；

和蔼可亲，即便我做错事也只是教育，并没有进行不正当的批评。

高校辅导员是一个温润心灵、育人育心的事业，对学生的教育应该是有温度的，需要看到学生的可能性、发展性，发现和挖掘学生优长。辅导员如何处理和解决学生教育问题，很大程度上取决于辅导员和学生的教育关系，在日常教育过程中是否出于真心地去关爱学生、信任学生？是否用真心去唤醒学生的真心？是否看到学生行为背后的疲倦、紧张、敏感、善良？是否关注和在意学生的内心世界？以上大学生描述的教育体验中，辅导员从内心深处爱着学生，对每一位学生都充满着体贴和关心，在学生身体不适时给予关爱、照顾和帮助；在学生受挫时，及时给予鼓励、支持和引导；在学生出差错时，给予理解和信任，并理解学生体验和行为。"感人心者，莫先乎情"，辅导员将真心关爱、全心付出的价值追求落实到日常对学生的教育中，例如哪个学生宿舍灯不亮了、窗户关不上了、床板不牢固了、窗纱掉地上了、卫生间冲水堵住了，哪个学生感冒了、哪个学生胃病复发了、牙疼了、皮肤过敏、性格内向、家庭困难、有自卑心理、有心理问题等，善于观察、记住细节，给予学生温暖、帮助和问候，让学生感受到被爱、被关心、被重视，如此才会在教育情境中做出适合该学生的教育行为，赢得学生以心交心的信任，自然而然地成为学生的知心朋友，更好地与学生相处和引导学生成长成才。同时加强与学生情感交流，帮助学生解决实际困难，从学生角度出发理解学生行为，拉近与学生之间的心理距离，从关爱、关心和信任学生中与学生共情。给学生多一些爱心，可以让爱心唤醒学生的心灵，让爱心点燃学生的希望之火。

辅导员的职责不仅仅是教授知识，更重要的是引导学生，发现学生的内驱力和成长潜能，并帮助他们实现自我价值。通过了解每个学生的兴趣爱好、性格特点和潜在优势，尊重他们的选择和决策，相信学生和自己的能力及判断，发现和挖掘学生内驱力，看到学生的发展可能性。特别是在学生遇到挫折和困难时，给予支持和鼓励，让他们感受到辅导员的爱和关怀。只有在这样的教育氛围中，学生才能够充分发挥自己的潜能，实现自我成长和价值。这种对学生充满爱和信任，发现和挖掘学生的内驱力和成长可能性的能力是高校辅导员教育智慧不可或缺的质量特征。

第四节　把握教育契机　发挥教育影响力

教学有法，我们教育学生是有规范的，但是教无定法，如何教是没有规律的，同样一种方法，可能对这个学生有效对另外一个学生就不一定有效，所以很多时候我们要进行个性化教育。大学生是一个个鲜活的个体，具有独自的人性、思想、情感，有着需求、愿望、人格、尊严、个性的独特性格和素养，是拥有无限可能的生命体，其发展是基于个体成长可能性的个性素质发展。而教育的发生需要时机，能否抓住教育时机则依赖于教育者的教育智慧。高校辅导员如何在教育过程中把握教育契机，发现学生优长，施以个性化教育，发挥教育影响力，促进大学生成长成才？高校辅导员如何抓住教育时机，看到大学生最核心的问题，用发展的眼光看待学生所具有的优长，为学生创造发展空间和机会，引导学生发挥潜能，成就自我？这些问题值得辅导员去反思、深思。在辅导员与大学生的教育学关系中，每一位高校辅导员也都是独一无二的，具有独特的个人阅历、价值观念、知识结构、情感取向以及教育观点和理念，而辅导员从教育学的角度出发，以一种什么样的教育观面对大学生是各有不同和差异。但善于把握教育契机，发现学生优长，施以个体化教育，是每一位具有教育智慧的高校辅导员应具有的共性特质。

一、教育影响力带来的教育效果

2021 年，李树英、郑曼姚指出，作为教育者，我们应该对孩子的可能性保持开放，并心怀希望，用教育学的眼光看孩子，了解孩子的体验，有意识地向他们展示生活中各种可能的存在方式，并通过教育，让孩子不断得到发展。高校辅导员如何把握教育契机，施以个性化教育，发挥学生的能动力和影响力？辅导员 H 面对那些公然挑衅反抗的调皮捣蛋学生，没有在班上公然指责，也没找他们谈话，而是找机会对班级领头军开展教育和关注，这种行为对于当时来说无疑是教育最佳选择。当班上最调皮捣蛋的学生小艾跟任课老师发生冲突，辅导员 H 把小艾叫到办公室进行教育时，部分学生担心小艾而围到办公室，辅导员 H 敏锐地发觉小艾就是领头军，并把握了教育时机，在开展对小艾谈心谈话教育中观察小艾的细微变化，从小艾的内心体验出发，引导小艾意识到自己思想过激，并让小艾担任辅导员助理，协助管理班级。小艾表现非常积极上进，并带动其他调皮捣蛋学生改变，班级整体也有很大的改观。辅导员 H 的教育无疑是有教育智慧的。

辅导员 F-11：辅导员 H 不只是从老师的角度去看问题，也从学生的角度去看问题，给予学生肯定，让学生感受到被理解、被信任，激发了学生内心的责任感，使学生成为很好的帮手。学工-9：危机如何化危为机，要把握关键性的东西，辅导员 H 把这个“牛鼻子”“领头羊”抓住了，通过对个体教育带动和影响整体教育。专家-13：教育是一种影响，辅导员 H 不仅把握了教育时机，还聚焦在影响上，让学生影响学生，达到教育效果和目的。可见，辅导员 H 把握了教育时机，发现和挖掘了学生优长，让学生影响学生，达到了很好的教育效果和目的，体现了善于把握教育契机、发现学生优长，施以个性化教育的教育智慧独特能力。

二、教育体验故事 12：学生就业受挫

2022 年五一假期过后，收到学院领导发来的微信，称学生小晶至今未提交毕业论文初稿给指导老师，如果不及时提交论文则拿不到毕业证，要求我将此情况传达给学生和家长。看到信息的那一刻，我火冒三丈，觉得他没有诚信意识。因为学生小晶在假期前，答应我要好好写论文，并提交初稿给老师。

一怒之下，我打通了学生家长的电话。我首先跟学生家长报告了学生毕业论文进展情况，并将学院领导的原话转达给家长。家长听后，有点心急和无奈，说学生内向、不喜与人交流，每次与学生通话，学生也不过是用简单的“嗯、啊、哦”回应，家长恳请我来做学生思想工作。与家长聊了 10 多分钟，我的情绪逐渐舒缓，我给家长提议，学生工作不仅要依靠学校教育引导，更需要有家庭的配合。在聊天的过程中，家长袒露了学生因为在实习过程中遭受了不公正对待，之后一直处于情绪低落的状态，离开实习单位后才决定回校做毕业设计。通过与家长的言谈，我了解到学生在就业过程中滋生了某些深层次的心理问题。

当天晚上，我来到学生宿舍，想通过解开学生实习中的心结，帮助其转移注意力，步入学习正轨。

我走进小晶寝室，语气带着一丝质疑：“小晶，你的毕业论文完成得怎么样啦？”

小晶低着头，陷入了沉思：“我还没开始做。”

“是不是做的过程中有什么困难？有没有问问老师呢？”

“我什么都没写出来，也不好问啊。”

“其实论文不只是写出来的，更是改出来的。”接着，我以自己研究生阶段写论文的经验对学生进行思想教育。“没有 100% 的准备好，只有不断努力去做到 100% 的好。”

学生小晶再次陷入了沉默，于是我自然而然地转了话题：“你之前实习的情况怎么样啊？”

小晶有点沮丧“实习了 1 个月就离职了。”

“为什么离职呢？工作环境不喜欢还是……”

“因为我上班迟到了 10 分钟，老板让我第二天别去上班了。”

“你们公司管理得这么严格，那你一定很不服气吧？”

“也没有，我觉得我不配在那里工作。”

“你是学设计专业的，怎么会不配呢？而且你那么聪明，有一定的管理能力和组织能力，专业能力上也不错的。”

“就是觉得跟公司的其他人比起来，我什么都不是。”

“小晶，不是你不行，是你还未进入工作状态吧，因为一直在学校，没工作过，难免会紧张抗拒，会对一些工作制度、纪律类的东西也不会太在意。而且每个人刚工作2年左右都会经历很多挫折的，你这个事情就不是什么事情，等你真正进入社会工作时就明白了。现在我们吃一堑长一智，以后就有经验了。我刚毕业来当辅导员时，很紧张，因为总是听别人说辅导员的工作事情繁杂，忙不过来，时不时地还有各种突发情况，我也害怕跟领导、同事、学生相处不好，但是这还不到一年，我发现我自己在慢慢变化，能力各方面都在提升。在工作中，我们各方面是可以得到锻炼和提升的。”

“嗯。老师，你有什么工作信息吗？”

“你有什么工作打算？比如工作地点和类型？”

“地点无所谓，就是设计类工作，最好是平面设计吧。”

“可以啊，我们专业学生就业率非常高，不怕找不到好工作。不过要想有好的就业，前提条件是一定要拿到毕业证，所以你要加油写毕业论文，这是拿到毕业证的最后一关。我这边会经常在班群里推送就业信息，也会帮你筛选一些比较适合的单位单独发给你，你留意。”

“嗯嗯，谢谢老师。”

“那你要把论文的进程加快，有不懂的就问指导老师。”

“好的，老师！”

“小晶，加油啊，预祝顺利毕业和就业哦！”

走出学生宿舍，已经是晚上十点半。但看到学生有所改观，至少在语言上有所改观，我很开心，觉得自己做的一切都值得。

（辅导员L的教育体验故事）

在辅导员对大学生的教育过程中，经常会遇到一些因为某种原因受到打击和刺激后缺乏自信的学生，他们觉得自己不如别人，学习中没有激情，灰心丧气。如果不及时引导他们走出阴影，则有可能会造成无法弥补的后果。特别是大学毕业生，面对在校要准备毕业论文还要准备进入社会工作的双重压力，这对于在校不突出、表现不好、成绩不理想、没有什么特长的毕业生来说无疑压力重重。而他们心里又有着自视优越的心理，他们自认为学历高、有知识、有视野，在应聘中基本选择发展好的大公司、大企业或外企，还要求薪水高、岗位好、工作事务少等，这一思想与社会和单位用人需求有较大差异，因为单位薪酬基本都是随着工龄的长短、工作能力、业务水平、为单位带来的价值等而变化和递增的，这会引发大学生实习期间就被劝退或难以如期就业，也就是说难就业、就业难的问题。那么，我们高校辅导员如何引导大学生找准自己的职业定位，先就业再择业，并结合人才市场就业实情，去面对学业和就业问题？如何教育大学生避免从自己心理出发和高不成低不就，盲目追求薪酬待遇而导致应聘屡试不中，挫伤了就业的积极性？如何引导和帮助大学毕业生平衡学业与就业，顺利完成毕业论文研究和就业？辅导员 L 从家长口中了解到学生小晶因被实习单位辞退而心情沮丧后，马上感知学生在就业过程中滋生了某些深层次的心理问题。于是在谈话中从学生的体验出发，没直接询问实习离职的事情，而是让学生自己先说出。在学生自卑、沮丧时，挖掘出学生的优长，增强学生自信，并引导学生应把注意力和精力放在最重要的当下做毕业设计上，无疑是体现了教育敏感性和教育机智。

面对大学教育的普及扩招，大学生毕业数量一直处于递增状态，就业市场的供需能力又不足，岗位竞争大，就业形势比较严峻，大学生就业难的问题越来越突出。这对一些学困生、贫困生、心理疾病学生来说就更困难。辅导员如何引导学生树立正确的就业观？我想应该要把握教育时机，发现和挖掘学生优长，结合学业和就业实际问题，帮助学生进行客观分析，给予正确的引导和指导，使学生确保就业的情况下能拿到毕业证和学位证，顺利毕业。

三、基于教育契机下的教育反思与感悟

大学生最难忘的一次教育体验(片段 4)

有次我在教学楼抽烟，被一位老师抓到了，按校纪校规要被处分，我们辅导员只是把我批评教育了一番，但未给予我处分，感觉她很维护我，很感动。从此我再也没有违反过校纪校规了；

在处理问题时，永远不会刁难学生，大多数都是情大于理，让学生心里能真正体会到人情味；

请假不问理由，尊重我们，把我们当成一个成年人对待，让我们懂得自己的事情要为自己负责；

及时提醒我补交资料并耐心等待我，让我不因自己的疏忽错过奖学金评比；

初次来学校，我很晚打电话给老师，老师很温柔地回我，一点不见生气，这个我很受震撼；

辅导员给我们发军训服，他的组织方式很像军训，却又不像军训样说一不二，而是幽默风趣、严厉中流露着温柔；

教会我与舍友如何相处，把自己的格局打开，当他人背地里说自己坏话的时

候，自己的格局要打开，不和他人斤斤计较，做好自己；

在入学第一天，辅导员为我们悉心准备了第一次新生班会。他详细介绍了学校，并让我们进一步了解了大学生活的方方面面，帮助同学们规划大学生涯，使众位新生受益匪浅；

在我进行秋招找工作时，辅导员通过自身的体验给我分享了建议；

辅导员得知我们因为五育等级不达标可能无法申请到奖学金，她尽心尽力为我们争取，并且鼓励我们努力学习，继续保持好成绩。

当今社会，教育被视为一个重要的契机，可以帮助人们实现自我发展和成功。然而，现代教育常常被批评为过于标准化和缺乏个性化。因此，如何把握教育契机并施以个性发展化教育是一个重要的话题。以上大学生描述的教育体验中，辅导员抓住教育契机，积极发现学生优势，捕捉他们身上的闪光点，适时加以鼓励和表扬，施以个性化教育，引导自卑学生增强自信心，心理问题学生健康成长。卢梭认为，表扬学生微小的进步，要比嘲笑其显著的恶迹高明得多。威廉·詹姆斯认为，人生中最深刻的原则就是希望别人对自己加以赏识。爱默生认为，自信是成功的第一秘诀。充满自信的人，大脑思维活跃，容易产生灵感和创造力，事业也就更容易成功。因此，辅导员在日常教育和管理中，应该引导学生正确面对挫折，创造成功机会，要意识到学生的教育是一锹挖不出一口井，一口吃不出一个胖子，不可能一蹴而就的，而是需要满腔的热情又要遵循教育规律反复抓、抓反复，使学生充满自信，秉承赏识教育、快乐学习的理念，发挥内在驱动力，并让个体教育影响整体教育。同时，辅导员可以把教育契机视为一个机会，帮助学生发现自己的兴趣和激情，激发学生内在动力，使学生了解自己的兴趣和优点，在未来的学习和职业生涯中做出更明智的选择。并鼓励学生探索和尝试新的事物，积极发展自我和建立自信，增强教育体验和未来成功的概率。可见，善于把握教育时机、挖掘学生优长，给学生施以个性化教育的辅导员，能使大学生利用自己的闪光点积极、自信地面对一切困难，实现人生目标和价值。

第五节　反思中螺旋式提升与学生更好相处的智慧

狄尔泰认为，我们可以说明自然世界，但我们必须去理解、解释生活世界。伽达默尔认为，我们要对任何文本有正确的理解，就一定要在某个特定的时刻和某个具体的境况里对它进行理解。伽达默尔认为对文本的解释应该考虑人的存在，即文本应用于人的生活体验。

一、反思中提升与学生相处的智慧

范梅南、李树英在《教育的情调》一书中指出，教育学上的敏感性和多谋善断可以说是一种反思的能力，对过去经历认真思考的能力。在此时此景此地，就在你必须立刻做出反应的时候，它强调的是要意识在这个具体的情境中什么是最重要的。本书通过教育现象学视域下对高校辅导员教育体验故事文本进行解释与反思(这是研究核心，也是本书的数据来源)，感知学生体验、倾听学生心声，探寻教育体验故事中蕴含的本质与意义，探究出高校辅导员与大学生共处情境中的教育价值，从而创造自身和超越自我。这需要参与研究的高校辅导员反思自身的教育体验，通过反思穿透教育体验的核心，从现象学视角提出富有洞见的教育问题，引发大家共鸣和现象学反思，逐渐形成教育敏感性和机智。

例如，辅导员 A-13 认为，如果要真正做一位有智慧的辅导员，应该在学生入校前就对学生的基本情况通过学生档案等进行详细了解，以便对学生开展个体化教育。她认为辅导员对学生的教育过程中，首先要全面了解学生行为背后的因素和学生的学习、生活、家庭背景，然后再从教育学的角度理解学生体验，施以对学生成长有益的教育行动。她还认为在学生小程身上，她看到了小程的聪明才智、坚强的意志和他在学生中具有一定的影响力。

高校辅导员工作烦琐，事务多、任务重，很多时候需要有百折不挠的意志力，所以在与学生相处中、在教育学生过程中，自己也会从学生身上学到很多，也会不断地提升自己的学识和教育管理能力。

辅导员 C-7：感觉播放这段视频没有起到预期的引导作用，无形中带来了负面影响。辅导员 C-8：针对此次教育，现在回想起来感觉当时的处理不是太恰当，没有用到教育智慧。辅导员 C-9：如果是现在面对此教育情境，我会对于学生的情绪先行疏导，如询问班里是否有不一样想法的同学，可否派代表抒发一下各自的想法，然后其他同学投票，引导同学抒发自己的观点，合理表达情绪。这些反思，使辅导员 C 认识到自己当时的教育有所不足，应该在播放教育纪录片前，考虑到收看对象的身份和情况，还要有预案，以及在日常对大学生的教育和管理中，要时常总结和反思，不断提升自身的综合知识面和应变能力。反思不是现象学独有的，但却是现象学中重要的方法要素。现象学的反思不同于一般的反思。现象学是对自我—我思—所思之物的研究或反思，是将经验的目光朝向我们的心理之物，这种朝向必然是作为反思、作为对原先朝向其他事物的目光的转向来进行的。正如专家-3 提出：因为情境都不一样，要不断地去反思，在行动前反思，在行动中反思，在行动后反思，然后对反思再进行反思。这样我们辅导员就变得具有一种非常强的反思的能力。充满了反思的人，充满了智慧的人，做任何事情当然就会更好、更出色。专家-4：辅导员需要在日常对教育情境进行总结、反思、消化、再反思，不要只看方法，而要看到方法背后的我们的教育理念。以学生为中心、替学生考虑、又不违背整体的大框架理念之下开展教育，这样的教育就是有教育智慧的。专家-12:通过反思,我们遇到同样的情况,就会想我应该怎么做,在那个时候才是对学生最好的。

教育学的理论中,反思是一个基本的概念,是思考的另一表达形式,但在教育学的领域,反思还有对行动方案进行深思熟虑、选择和做出抉择的意味,出现在如反思性教学、批判性反思实践、行动中反思等术语中,所有的这些反思形式通常就构成了教育者与被教育者的教育生活,使我们教育者的教育更加机智、睿智即形成教育智慧。因而,具有教育智慧的高校辅导员应该是拥有善于反思,与学生同进步、共成长的独特能力。

二、教育体验故事12:从学生身上学到了关心

记得2008年,我带了两个大三班级,一个大二班级,学院又安排我带两个新生班级。有一天,因工作劳累而感冒咳嗽,导致声音嘶哑,去班上时无法说话。第二天,当我到办公室时,看到办公桌上放着感冒药、消炎药和清嗓子药物,办公桌底下还放了一袋水果篮,我心想一定是别的老师放错地方了,还是谁如此关心我而帮我买了药物?可我仅仅只是有点感冒导致声音嘶哑,谁会如此在意在乎我?疑惑中有些许好奇,当看到水果篮上的纸条写着:“老师,您辛苦了,这几天您就多休息,保重身体,那些学弟学妹们我们帮您管理好。祝您身体早日康复!”看着字条,感动得无法言表。没想到学生居然如此用心,让我感觉自己关心和关爱学生太少,在惊喜中有所愧疚,这种体验让我难以忘怀。暗自决定以后一定多关爱学生,多给予他们关心、照顾和引导!这个事情,学生教会了我如何关爱和体贴别人。可以说

我是从学生身上学到了去关心关爱别人这个能力的!

(辅导员F的教育体验故事)

辅导员工作纷繁复杂,琐琐碎碎,在与学生相处的教育生活中,总会不自觉地将自己的内心体验投射到学生身上,当辅导员反思自己对学生的教育情境时,便能感知自己当时对学生的教育行为是否恰当,从而重新审视自我与完善自我。辅导员在教育和管理中不仅仅要善于总结和反思,还要在与学生相处中,不断地向学生学习、向其他辅导员学习、向领导和同事学习,这样才会让自己在实践中成长,在成长中实践,还要通过记录学生的点点滴滴,为学生答疑解惑,还记录教育过程中的典型事例,对自己管理过程中的点滴进行总结和反思,从中可以完善自己不到位、不足的教育之处,不断提高自己的教育管理能力。辅导员M在教育实践过程中,被学生暖心的行为所感动,从中得到教育启发和领悟,并学会关心关爱。因而,我们辅导员在教育过程中,不仅仅是在“教育”,同时也是在“学”,在与学生教育互动中自身也不断得到成长和发展。

三、基于教育反思下的教育感悟和智慧提升

大学生最难忘的一次教育体验(片段5)

个人比较敏感,每一次对话都很难忘,没什么事不想再接触,放弃所有想评奖的念头,自己做好自己的事;

我想换宿舍,老师把我调到了无人认识的宿舍,真的是够了;

相信老师就没好果子吃,实践检验真理,懂的都懂。

以上大学生描述的教育体验,给我们辅导员很多的思考。学生为什么会有这种难忘的负面教育体验?我们辅导员在日常教育和管理中是否从学生的角度出发去面对教育事件?是否帮助学生解决了实际问题和困难?对学生是否充满了爱和关怀?自己的教育行为给学生带来了什么样的影响?自己的教育理念和教育价值观是否符合教育目标?等等这些问题,辅导员应该反思,通过反思感知自己当时的教育行为有什么不妥,需要怎么样改进,下次遇到类似教育情境,该如何做出教育行动。辅导员要在教育情境中做出恰当的教育行为,首先就要充分地了解自己的学生,主动收集整理所有学生的信息,为每一个学生建立个性档案,包括学生的基本信息、心理状况、兴趣爱好、优点缺点、学习状况、家庭状况等,从细微处关注、关爱每一名学生,并根据学生的自身条件与状况,有针对性地开展工作,更好地和学生相处。还要懂得欣赏每位学生,理解学生都是独一无二地存在着,从学生身上学习自己未曾了解和深入的知识领域,常请教和探讨,这样不仅从学生身上学到很多知识,还拉近与学生的关系。不过教育关系需要把握一个度,太近不合适,太远则难与学生交心,这也是考验辅导员教育智慧的一个方面。

范梅南在《教学机智——教育智慧的意蕴》一书中提出,反思的本身也是一种经历,有些反思是指向未来的行动(期盼的,或者说行动前的反思);有些是对过去经历的反思(回忆性的,或者说是追溯性的反思)。这两种情况下的反思都是人的一种经历,它与具体情境保持着距离,以期对那些经历所隐含的意义进行考虑。作为高校辅导员,对大学生的教育情境太多,很多早已遗忘或只有模糊零碎的记忆。但回望自己对学生学习、生活、心理等教育经历时,会重拾过往的教育情境,会意识到自己对某教育情境竟然产生持久的、挥之不去的印象和影响,感知到自己有意或无意对学生说过的一句话、做过的一件事、表现出的一个表情和动作都让学生产生非凡影响,才会深刻认识到自己的教育行动对学生的影响。当高校辅导员意识到这种影响和后果时,就可能会对自己的教育体验、对自己与学生之间的相处有所反思,对教育情境中的学生体验有所感知,对自己当时的行为提出质疑?就会反问自己当时为什么会做出那样的教育行为?这种教育行为

对这个学生是否是最恰当的？当时自己和学生的体验是怎么样的？以后遇到此类教育情境是否有其他更好更有效的教育方式？辅导员通过反思，在反思中发现自己的不足，在反思中感知学生的体验，在实践中反思、反思中创新，在反思的过程中不断寻找新的思路，尝试新的方法，以便更好地解决问题，并螺旋式提升与学生更好相处的智慧，从而在以后遇到相类似的教育事件时，可以做出更好的教育行动。

第六章　教育现象学研究范式是高校辅导员教育智慧养成与发展的可行路径

高校辅导员教育智慧养成与发展需要在一定的教育情境中产生和发展，有着特定的因果逻辑、特定的对象、特定的空间、特定的时间等情境条件；也可以说高校辅导员的教育智慧养成需要特定教育情境的起源和激发，特定情境指的是未曾预知的师生互动中出现的教育问题，辅导员能机智、从容地应对和解决，并达到很好的教育效果。这需要高校辅导员来自内心和灵魂深处的一种独特能力，这种能力就是认知、领悟、感悟、体验等，与辅导员自身的为人处世和性格特征密切相关。

本章在辅导员工作坊中继续对教育体验故事开展反思研讨活动，探讨高校辅导员教育智慧养成与发展机制，以此构建高校辅导员教育智慧养成与发展模式，提出高校辅导员教育智慧养成与发展的可行路径（图 6-1）。

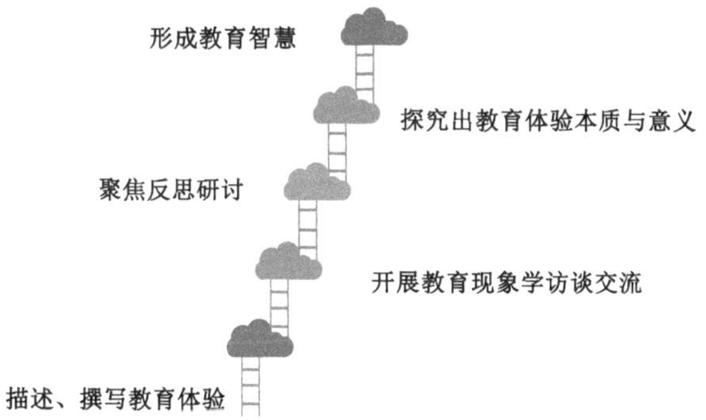

图 6-1　教育智慧养成和发展路径图

第一节　追踪访谈问卷调查数据分析

一、追踪问卷第 2 题数据分析

由追踪访谈第 2 题数据分析可知，辅导员撰写体验故事的反思和感情如下：撰写体验故事时，回顾和梳理以往处理的学生工作，进一步思考、完善和提高；反思当时自己对学生教育的细节，从学生角度去感知学生的内心体验，感悟学生既想得到尊重又害怕被处分的心理；经过多次修改和提炼，不断回想当初的细节，继续跟进学生，完善后续教育；回想起来当时在课堂上的处理不是太恰当，没有用到教育智慧。对于学生的情绪应该先行疏导，引导同学抒发自己的观点，合理表达情绪；教育学生运用教育智慧，主要是看如何去把握这个点，找到发力点；凡事都要从关心关爱学生角度出发，以学生为主体，尊重学生（表 6-1）。

表 6-1　追踪访谈问卷第 2 题

序号	您从事高校辅导员的工作年限/年	您撰写体验故事的反思和感悟（撰写体验故事的辅导员填写）
1	3	撰写体验故事时，回顾和梳理以往处理的学生工作，进一步思考、完善和提高
2	8	反思当时自己对学生的教育细节，从学生角度去感知学生的内心体验。感悟学生既想得到尊重又害怕被处分的心理
3	5	经过多次修改和提炼，不断回想当初的细节，继续跟进学生，完善后续教育
5	5	针对自己的体验故事，现在回想起来感觉当时在课堂上的处理不是太恰当，没有用到教育智慧。对于学生的情绪应该先行疏导，引导同学抒发自己的观点，合理表达情绪
6	6	在教育学生当中，任何时候都可以运用教育智慧，主要是看如何去把握这个点，找到发力点，恰当地运用效果会更好
7	3	凡事都要从关心关爱学生角度出发，以学生为主体，尊重学生

表 6-1 数据显示，高校辅导员在描述和撰写教育体验故事过程中就在反思和思考，就在完善和提高自身的教育，在无形中养成和发展了自己的教育感知和敏感性，形成了教育智慧。

二、追踪问卷第 6 题数据分析

由追踪问卷第 6 题数据分析可知，参与研究高校辅导员对教育智慧养成的建议如下：可以多开展交流活动，在沟通交流中取长补短；加强理论和实践学习，提升自己的文化素养；深入学生当中，了解学生详细情况，开展个体化教育；要从教育学角度出发理解学生内心深处的体验，包容学生的不足，加强正确引导；对学生永远充满爱和希望，发现和挖掘学生优点，助力学生成长成才；建议给辅导员多开展交流学习平台，减少烦琐事务性工作，抽出更多时间与学生相处；辅导员要回归育人根本，主动破除烦琐工作带来的疲惫感；要探索多样化的工作模式，快速适应多因素影响下的工作环境；要从工作实际出发开展科学研究，不断提升解决问题的能力；教育智慧养成研究提供了一种很好的自我反思范式，辅导员在观察、聆听、探讨他人案例过程中，可以联想自己的相关经历，回顾类似事件的处理方式，反思自己的教育方式方法，在工作中加以改进；高校可以采取工作坊、座谈会等形式组织辅导员进行工作分享，促进辅导员工作深入沟通；将相关案例编撰成册，形成优秀工作范式；知识要丰富才能更好地引领学生，多读书多学习，多提高自己；多修炼自身，打铁还需自身硬；从学生中来，到学生中去，多接触学生，勤思考、多写作；多宣传这种教育现象学的教育智慧，让更多老师知道教育中很多地方是用到这种智慧并学会运用这种智慧；多开展相关研讨会，多发布相关典型案例研讨等学习材料，组织开展工作反思会，多方交流(图 6-2)。

A	B	D	G	L
序号	提交答卷时间	来源	1、您从事高校辅导员工作年限？	6、您对高校辅导员教育智慧养成有何建议？（所有人都填写）
1	2022/10/28 16	微信	3	可以多开展交流活动，在沟通交流中取长补短
2	2022/10/28 16	微信	8	加强理论和实践学习，提升自己的文化、能力素养；日常教育管理中，要深入学生当中，了解学生详细情况，开展个体化教育；要从教育学角度出发理解学生内心深处的体验，包容学生的不足，加强正确引导；对学生永远充满爱和希望，发现和挖掘学生优长，助力学生成长成才。
3	2022/10/28 16	微信	5	建议给辅导员多开展交流学习平台，减少繁琐事务性工作，让辅导员有更多时间与学生像处，才能做到实践和真心关怀
4	2022/10/28 16	微信	4	1.辅导员要回归"育人"根本,主动破除繁琐工作带来的疲惫感。在日常工作中,相信大家都曾深刻体会，2.辅导员要探索多样化的工作模式,快速适应多因素影响下的工作环境。3.辅导员要从工作实际出发开展科学研究,不断提升解决问题的能力。
5	2022/10/28 17	微信	5年	教育智慧养成提供了一种很好的自我反思范式，辅导员在观察、聆听、探讨他人案例的过程中，联想自己的相关经历，回顾自己曾经雷同事件处理，反思自己的方式方法，从而有助于在今后的工作中加以改进。故而高校可以采取工作坊、座谈会等形式组织各种类型辅导员进行工作分享，促进辅导员工作深入沟通；也可以将相关案例编撰成册，形成优秀工作范式。
6	2022/10/28 17	微信	3年	自己要丰富才能更好的引领学生，多读书多学习，多提高自己吧。
7	2022/10/28 17	微信	2年	多修炼自身，打铁还需自身硬。
8	2022/10/28 17	微信	2	从学生中来，到学生中去，多接触学生，勤思考，多写。
9	2022/10/28 17	微信	6年	1.应该多宣传这种教育智慧，让更多老师知道教育中很多地方是用到这种智慧 2.所有老师应该了解，学会运用这种教育智慧
10	2022/10/28 22	微信	一年半	1、多开展相关研讨会； 2、多发布相关典型、案例研讨等学习材料； 3、组织开展工作反思会，多方交流；
11	2022/10/29 17	微信	3年	继续保持交流

图 6-2　第 6 题 您对辅导员教育智慧养成有何建议

从图 6-2 数据可见，参与研究高校辅导员对教育智慧养成的建议集中表述在：开展分享交流学习研讨活动；加强理论和实际学习；了解学生详情；理解学生内心体验；对学生永远充满爱和希望；回归育人根本；自我反思；将相关案例编撰成册，形成学习、研讨材料；多宣传和运用教育现象学中的教育智慧。这些表述与教育现象学的行动研究范式“描述及撰写教育体验故事－教育现象学访谈－教育现象学聚焦反思研讨”不谋而合。

第二节　教育现象学行动研究范式下教育智慧养成路径

聚焦反思活动中，高校辅导员所描述的教育体验故事虽然侧重点各有不同，但共同探究出了高校辅导员教育智慧形成的因素，具体见表 6-2。

表 6-2　从体验故事中探究出的高校辅导员教育智慧形成因素

编码	高校辅导员教育智慧形成因素
1	临场的机智不是指那种已经成型的知识的、技术的理论框架，而是一种与学生相处的智慧
2	教育机智和敏感的行动源泉，是在理解学生、关爱学生、了解学生基础上形成的
3	知道如何与学生相处，如何从教育学角度看待学生，理解学生的内心体验，是养成和发展教育智慧的源泉
4	瞬间做出的教育行为是没有理论规律可循，对学生的教育主要取决于教育者与受教育者的教育关系
5	围绕教育理念，对学生行为和教育具有好奇心、敏感性及机智是教育智慧生成和发展的根本
6	如何抓住教育契机，快速地做出恰当的教育行为，需要辅导员经验积累、知识和身体融合暨知行合一
7	心怀希望和保持开放的心态倾听学生心声，对学生行为背后因素进行了解和理解，是辅导员教育智慧养成的基本素养
8	辅导员共同围绕教育体验故事开展反思、探索和追寻，可形成和发展教育智慧
9	在行动前反思，在行动中反思，在行动后反思，然后对反思再进行反思，可养成和发展教育智慧
10	基于教育学视域观察学生，了解学生，善于发现学生优点，并引导学生发展，是教育智慧养成的前提
11	教育是一种影响，将个体教育影响到整体教育，是教育智慧体现之一

由表 5-2 可知，高校辅导员教育智慧形成因素正符合教育现象学的行动研究核心描述及撰写、开放式访谈、聚焦反思中探究教育体验故事的本质与意义。

可见,教育现象学的行动研究范式:描述及撰写教育体验故事—开放式访谈与观察—聚焦反思研讨是养成和发展高校辅导员教育智慧的可行路径(图 6-3)。

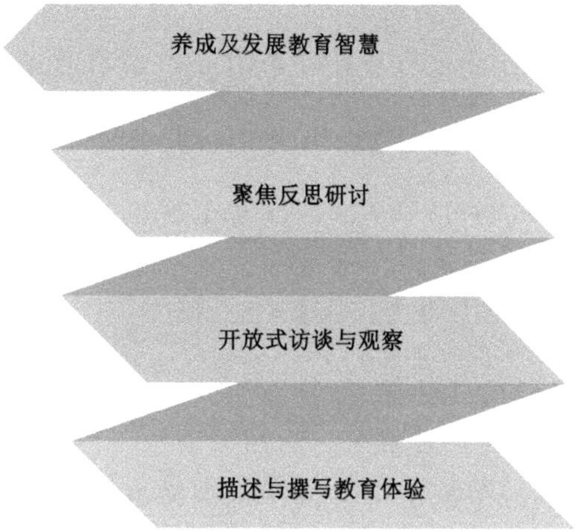

图 6-3　教育现象学行动研究范式

一、描述及撰写教育体验故事可养成反思力

现象学的一个核心准则就是回到事情本身,这也是现象学的一种基本哲学态度。范梅南提出,一个以口语为主导的社会文化中,现象学不可能存在。因为现象学在传统上是那些从事写作的学者们的某种反思方式,写作即方法。范梅南借助教育体验故事的叙述,探讨教育体验的本质,对教育体验主题进行深入解释,获得丰盈的教育意义,从而增强教育工作者的理解和洞见。李树英提出,写作过程就是反思过程,就是研究过程。现象学研究就落实在写作上。写作首先是一种思考,一种反思活动,一种语言活动,它同时也是一种实践活动。可见,写作与研究、思考活动密切相连。笔者和参与研究高校辅导员在研究过程中的思考与行动是相辅相成的,在教育实践中的困惑主要是理论的欠缺和理解的偏离。当把在实践中遇到的教育体验描述和撰写出来,深入反思,找出教育体验中的问题,即当时自身及学生的内心真实体验加以剖析,探寻出教育体验故事的本质和意义,这个过程也就是现象学沟通思考和写作实践行动的过程,是积淀反思力、胜任力和行动力等意识质量的过程(图 6-4)。

(一) 描述与撰写教育体验故事中的反思

高校辅导员在撰写教育体验故事过程中进行了回忆、反思,在聚焦反思研讨描述中又再次反思了自己在教育体验故事中的教育情境,不同程度地更深入地进行了反思、反省。例如,辅导员 A-13:如果再出现这种教育情境,我想不一定

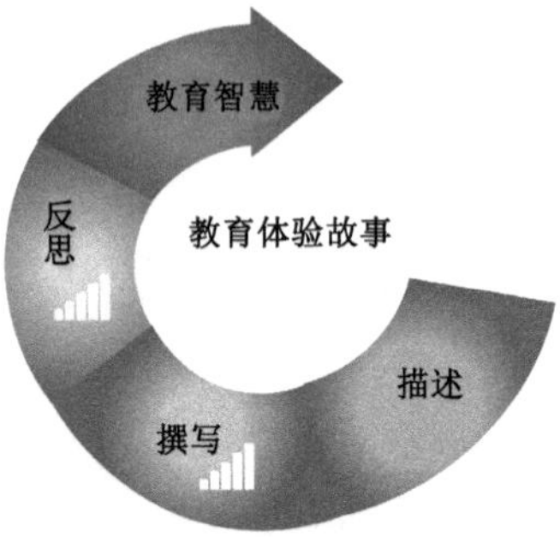

图 6-4　教育智慧养成图

会以此方式去处理,因为教育的情境、场地、人物、事件等不可能一模一样,教育的效果也就不一样,所以每一次教育行为都应该是由当时特定的教育情境决定的,是没有规律可循的。辅导员 B-10:从关爱学生小朱,理解他线上课状态不佳和学习基础差的体验出发,和他沟通交流,了解他的思想、想法,帮助他分析线上课状态不佳的原因,找出原因后,一起寻找改变现状的方法。辅导员 F-2:一是我觉得更多的应该是发自内心地关心关爱学生;二是学生找到了我,感觉她遇到的困难应该会比较棘手,所以我很重视。

由以上辅导员的讲述中可知,他们在撰写和描述教育体验故事时,不仅对当时的教育情境进行了回忆,更多的是在回忆中深刻地感知当时教育情境中自己和学生的内心体验及教育效果,在感知中,理解和体会到自己当时瞬间做出的教育行为对学生内心深处的体验是怎么样的,自己在当时做出的教育行为还有哪些不足和需要完善的地方,并找出更好更适合该学生的教育行为的可能。

(二)被访谈高校辅导员的反思与感悟

被访谈的辅导员都从不同角度表达了通过撰写和描述教育体验故事深入地反思了当时的教育情境,对教育情境细节也进行了反复回顾,从学生、自身、场所等多角度、多方位进行了感知和体验,从中认识到自己当时的教育行为有哪些带给学生好的体验,哪些带给学生不太满意或是不太理解的体验,让自己觉得以后遇到相似的教育情境时,能更好地做出更恰当的教育行为。(有访谈视频)

例如,辅导员 B 表示:在撰写过程中,我一边写一边回忆着当时的教育情境,在回忆中感知到自己当时教育的体验、学生的表情和态度。感知到小朱当时的内心深处的体验,体会到他突然间每天上网课,没有了面对面上课的感觉,没有课堂上学知识的氛围。而且觉得没有人看到和知道他是否在上课或在认真上课,对这种突如其来的上课方式感到迷茫和不知所措,所以放松了自我,出现经常不上网课的情况。我对小朱的这种体验在当时是没有这么深入。辅导员 C:

在撰写的过程中，我细细地回忆当时的情境，再次感受到了自己当时的心情和体验，那种“滋味”还是有点让我难受，不过更多的是让我感知到了小花和班级学生当时的心情和体验。通过描述、撰写和分享我的教育体验故事，我的教育水平也就是教育智慧得到了提升，在面对学生时，懂得了先从学生的内心体验出发去看待学生和处理教育问题。（访谈视频为依据）

从辅导员 B 和辅导员 C 的访谈讲述中可知，他们在撰写和描述教育体验故事时，对教育情境进行了深入的反思，从自身角度、学生角度出发，去理解学生当时的教育体验，去感知当时自己教育行为对学生的影响力，从而分辨出自己的哪些教育行为是对学生有益有效的，哪些教育行为是无效和无意义的，使自己在反思、感悟中领悟到教育的本真和意义，使自己在以后的类似教育情境中有更好的教育敏锐性和机智。这就是教育现象学反思性写作，通过对自身教育体验原本的、真切的、严肃的描述与撰写，深刻地、真实地理解当时自己和学生的内心体验，将生命、心灵投入当时的情境中，对细致入微的变化，如语言、语速、语气、表情、动作、情感变化等状态的关注和把握，注重当时当地的情境，发现和挖掘当时教育情境的本质与意义，找出当时重要时刻和关键点，找到最佳教育行为和契机，由此提升自身的教育智慧。

二、教育现象学访谈和观察可形成教育好奇心及敏感性

访谈方法在很多研究中都被用到，教育现象学研究也需要，但现象学访谈有别于其他研究中的访谈，现象学的访谈是对话式、开放式访谈，具有访谈直接指向体验本身、访谈问题之间有一种内在叙事线索、访谈的对话是为了充分挖掘体验等的独特之处。李树英、王萍提出，教育现象学通过对话式的访谈，追寻到一个个独特个体的鲜活的生活体验故事，以此作为自己的独特数据。因此，研究者通过教育现象学访谈，倾听访谈对象描述故事并进行深入追问，使访谈对象在回忆中描述出当时的真实体验。这里的对话式访谈，研究者和访谈对象没有主次之分、没有主动和被动之别，而是共同对故事进行悬置、还原。这不仅需要被访谈辅导员善于表述、表达，还需要研究者善于倾听，能听到辅导员语言语气中真正表达的深度意义和意涵。在现象学一对一的访谈过程中，研究者和被访谈辅导员都能从教育体验故事中感悟到教育情境中师生内心深处的体验和细微变化，都会沉浸故事之中，从而使研究者深入地感知被访谈高校辅导员当时真实的体验，包括语气语调上细微的差异、面部表情和肢体语言的细微变化等。这种开放式对话访谈原本就蕴含着研究者和参与研究者的敏感性和机智。

追踪访谈问卷中第 3 题“教育现象学一对一访谈对您反思教育体验有何帮助?”数据内容具体如表 6-3 所示。

表 6-3 追踪访谈问卷第 3 题

序号	您从事高校辅导员的工作年限/年	教育现象学一对一访谈对反思教育体验有何帮助（受访谈辅导员填写）
1	3	通过访谈和交流，立足教育体验故事，能够启发我进一步思考，不断进步
2	8	让我更深入地追忆当时的教育情境，关注到了当时学生的细微变化以及自己内心深处最真实的想法和体验，使我更加深切地理解学生的内心体验
3	5	通过李老师的访问环节，有些当时事件发生或者解决时没有想过的事情，我在后续与李老师讨论时都一一回顾，在与李老师交流过程中，我也不断总结我的做法，沉淀我的经验。也学会更多的教育方法凝练方式
4	4	让我在往后的工作中根据个体情况去处理好学生工作
5	5	经过访谈互动，可以深入挖掘自己当时不经意的想法，在处理学生事件中，有些不经意的想法和动作往往体现的是教育者当时的本真状态，也是我们在今后与学生沟通交流需要注意的，要学会管理自己的情绪
6	3	受益匪浅，能够使我更多角度地，全面地思考学生工作，同时拓宽了看待不同问题的思路与方法、逻辑

教育现象学一对一对话式、开放式访谈，直接指向体验本身，挖掘真实体验，而非其接受访谈时的感受。这种体验是在当时情境下最原初的、未经反思的体验，也是一种悬置反思，由回忆教育事件开始，逐渐引出体验。辅导员对自己的体验故事进行回忆，在回忆中感知当时自身和学生的体验。研究者在访谈时通过观察辅导员描述时的语言、语气、表情、动作、肢体语言、眼神等，也会进入教育体验故事情境中，与辅导员一起体验当时的教育情境，并与访谈辅导员进行沟通、交流和探讨。在访谈过程中，研究者和访谈辅导员都身临其境在教育体验故事中，一起去观察学生言行，感知学生的体验，探讨当时最恰当的教育行为。通过这种教育现象学访谈、观察及探讨，研究者和被访谈辅导员增强了教育敏感性和机智，也形成和发展了自身的教育敏感性和机智。

被访谈辅导员在研究者的教育现象学追问式访谈下，从回忆教育事件开始，逐渐引出当时的教育体验，详细地回忆当时教育情境中经历的细微变化，如教育事件发生的时间、空间、详细过程、具体感觉和感受，从而追寻到当时教育情境最原初、未经反思的自己和学生内心体验的体验等。而研究者在教育现象学访谈中，要根据访谈对象的描述进行深入追问，迫近教育情境的真实体验，这需要研究者具有开放性和敏锐度，只有研究者敞开自己的开放思想和思路，倾听访谈辅导员的真切描述，才能听得到教育事件的原本情形，才能接近教育事件本身，能确保访谈故事的目的详细、真实、指向体验。同时，研究者在访谈时，需随时观察访谈对象接受访谈时的细微变化，如语言、语气、语调、面部表情、眼神、肢体语言等，这有利于研究者深入理解访谈对象的体验，更好地开展研究。

例如，在访谈时，辅导员 A-8：HJ 老师平时就脾气比较暴躁，也很爱面子，当他看到别的班的学生在他门口抽烟，他觉得老师的尊严受到了挑战，加上他与学生小程不存在亲密的教育关系，所以自然就没有从教育学的角度出发，只从老师身份和学校校纪校规理论出发看待学生行为。

辅导员 B-8：小朱同学自己还是想要改变不良学习状态，想要变得积极。这需要辅导员督促和鼓励，让他先有任务意识，然后逐步养成良好的学习习惯，建立信心，恢复学习兴趣。

辅导员 C-9：如果是现在面对此教育情境，我会对学生的情绪先行疏导，如询问班里是否有不一样想法的同学，可否派代表表达一下各自的想法，然后其他同学投票，引导同学表达自己的观点，合理表达情绪。

辅导员 D-7：此次沟通相对顺利，学生能够意识到问题所在，也能有所改变，自己也在这个过程中对网络宣传工作有了更进一步的了解。

辅导员 E-3：把小林带到另一间安静的会议室，让小林同学没有顾虑，真正了解小林想法的困惑。

辅导员 F-3：通过我们之间的谈话，一步一步解开学生的困惑，通过给予她支持和肯定，我能感受到她由愧疚、自责一点点转变为期待、坚定、自信、开朗。

辅导员 H-10：若是现在的话，我基本上还是这样的方式，不过我会在更早一点的时间找到学生聊一聊，让他更快地了解我。

以上访谈辅导员描述可知，通过访谈环节，辅导员都对自己的教育体验故事再次深入地反思，深入挖掘了自己当时不经意的想法和动作，而这些不经意的想法和动作往往体现的是教育者当时的本真状态。同时，辅导员在访谈互动时，能与研究者一起不断总结自己的做法，沉淀经验，寻求更多的教育方法、凝练方式，能够从更多的角度、更全面地思考学生工作，拓宽看待不同教育问题的思路，在遇到类似教育情境时能施以对学生更好的教育行为，更好地和学生相处，这也在无形中形成和发展了辅导员的教育敏感性和敏锐性。

研究者对参与研究的 6 位高校辅导员进行了教育现象学深度访谈，在访谈过程中进行了录音和录像，以便有更好的支撑材料。正如李树英和王萍所言，我们强调对话式访谈，要求访谈者在访谈过程中关注受访人员接受访谈时的体验，关注受访人员的独特性，敏感地把握其体验，并根据其体验及时调整访谈内容，争取使访谈向纵深处发展，尽可能引导访谈对象描述出其所谈故事中的体验。因此，研究者在访谈时根据教育体验故事情境，观察被访谈辅导员的细微变化，通过追问式对话，与被访谈辅导员共同反思、感知教育情境中的内心体验，共同沉浸在教育体验故事情境中，去反思、去感知、去体验，共同获得教育体验、敏感和机智。

例如，辅导员 B：在研究者对我进行现象学一对一访谈时，我一边描述我的体验故事一边回答研究者的追问，这使我越来越接近当时教育情境的所有细节，更能体会到自己和学生当时的内心体验。而且在访谈过程中与研究者分享我的体验故事时，研究者的教育观点和对我故事中细节的分析，让我感触颇深，启发很大。

辅导员 C：在访谈时，我对自己当时的教育体验越来越清晰，对学生的内心体验也越来越有感知，觉得自己在此次教育中还是缺乏了教育敏感性。在与研究者分享教育体验故事时，从研究者的教育经验中得到了很多启发和感悟。辅导员 D：研究者现象学访谈让我在回忆体验故事中对学生进行了更多的观察和追问，对学生的行为更加好奇，学生追求分享内容的新奇特的真正原因在哪里？学生的行为究竟想达到什么效果和目的？学生的行为会带来什么样的影响和后果？学生是否真正意识到了网络舆情和安全？而且，研究者本身是经验丰富的高校辅导员，在她追问式的访谈下，我不仅在回忆中观察教育体验故事中学生的行为，我也在观察和体会对我访谈的研究者，并认真倾听研究者的提问，以及对我描述和撰写的教育体验故事的分析和看法，从中得到教育启发和灵感。总之，在研究者与我进行访谈、探讨，聚焦反思的过程中，我自身的教育智慧得到了很大的提升。参与研究后，我养成了经常观察学生行为变化、观察学生课堂学习状态、观察学生寝室生活情况等习惯。

辅导员 E：在访谈中，我再次深入地回忆了教育体验故事情境，在回忆中再次用心地观察学生的迷茫和无助，感知学生不开心、对班级管理没信心的真正因素。回忆中再次观察、感知、分析学生的心情和体验。研究者访谈时帮我一起回忆，和我一起还原教育体验故事的本真，并在一边回忆一边还原本真的同时追寻教育体验故事的本质及意义，促使我在未来的教育中更有智慧地去对待学生和处理事件。

辅导员 F：访谈时，在研究者追问下，我更深入地从教育学角度理解学生小涵的体验和我自身当时的体验，意识到学生的退学念头早就存在，只是未引起重视和关注。让我觉得辅导员应该在平时就要从教育学的角度去观察学生的言行，了解学生的思想动态，在学生产生负面或不积极的思想时就要找其谈心谈话，开展教育行动，做到早发现、早了解、早解决。

辅导员I:我记得有一次和研究者一起聊到高校教育问题,我们自然而然就说到辅导员教育,说心里话,当时我并不了解教育现象学,所以也没有用教育现象学的方式描述和撰写。研究者在听我描述时,一边听一边抓住教育过程的一些细节追问,在研究者的追问下,我慢慢回忆了整个教育过程的细节,深入地理解学生体验和我自己当时的感受,感悟到辅导员在对学生的教育过程中,首先要对学生有爱心、耐心和责任心,这样才会使学生充分地信任辅导员,才会在遇到问题时第一时间寻求辅导员支持和帮助,辅导员也才会了解学生真实情况。(有访谈录像视频)

研究者在访谈时,帮助辅导员发现教育体验故事中的教育问题时也在回忆自己是否有类似教育体验故事,并与之比较,从中得到启发,发现自己在学生教育上存在的不足。通过观察受访谈辅导员的语音、语调、肢体、表情等的变化,感知辅导员在回忆故事情境中的心境和体验,与其一起进入教育情境,去理解辅导员当时瞬间做出的教育行为。例如,在访谈时,辅导员C的表情是凝重、怜惜的,当她说到学生小花说出“凭什么让几名中学生来教育我们,我们根本就不需要看这种视频”时,她的语气变得有点重,表情若有所思,感觉到她那种低落、自责和无奈之感。这让研究者想起自己类似的教育情境,感触颇深。

从以上阐述可见,教育现象学开放式对话访谈和观察能帮助辅导员及研究者自身回忆教育情境细节、教育场景和人物的细微变化,感知学生内心深处体验、理解学生行为、反思教育行为在当时是否恰当,并发现教育问题,获得教育的本质与意义,提升自己的教育敏感性。因此,高校辅导员在日常教育管理中,可通过与其他辅导员进行交流、探讨,发现自己在教育过程中存在的不足,从而提高自己的反思能力和实践教育经验,也可观察身边优秀、有丰富教育经验的辅导员,观察他们的教育方式与方法,与自己的教育实践进行比较,从中获得教育启发和领悟;还可在日常教育管理时,养成对教育事件或活动进行真实的、原本的文字记录或录像、录音等习惯,在空余时间拿出来反复观看和反思,从中观察、感知哪些是对学生比较好的教育,哪些教育行为存在着不足,有没有更好的教育方式?形成这种习惯后,我们会发现,如果遇到类似的教育事件,就能更有智慧地面对和处理学生的教育问题,从而养成和发展自己的教育智慧,更好地帮助学生解决问题,促进学生成长成才。

三、聚焦反思研讨可获得教育启发和感悟

现象学的反思都是围绕着教育体验开展的,去感知、理解和把握教育体验蕴含的本质和意义,这是教育现象学的特点之一,也是最关键一环。正如范梅南所说,充满智慧的反思能够发现事物,而未经反思的行动是缺乏智慧的,没有机智的。李树英认为,教育现象学研究是在反思中实践,在实践中反思,从而使教育

者的教育智慧螺旋上升。奥克认为,反思性实践是充满行动的思考,充满思考的行动,反思不仅要通过揭示潜在的理论假设和意向来意识到无意识,而且它还要意味着行动,这些行动以新近获得的意识和批判性见解为指导。因此,笔者和参与研究的辅导员在整个研究过程中,通过撰写教育体验故事、改写教育体验故事文本、进行教育现象学访谈、开展聚焦反思研讨,包括对教育体验教育情境进行反思,对自己在教育情境中的教育行为进行反思,对教育情境中学生和自身教育体验进行反思,从其他辅导员教育体验中得到反思和启发等来开展行动研究。其中,最有效、最直接的是聚焦反思研讨。在聚焦反思研讨中,辅导员在对自己的教育体验进行反思时,其他辅导员的反思和感知能帮其更深入地理解和反思自己当时的教育行为哪些是恰当的,哪些还有待提升和完善。同时又可从其他辅导员的教育体验故事中得到启发和借鉴,对自己的教育行为进行反思和对比。聚焦反思研讨活动,起到了集思广益的作用,能使参与聚焦反思的所有人员从教育体验故事中得到启发和感悟,养成和发展教育智慧,从而改进自身未来的教育行动(图 6-5)。

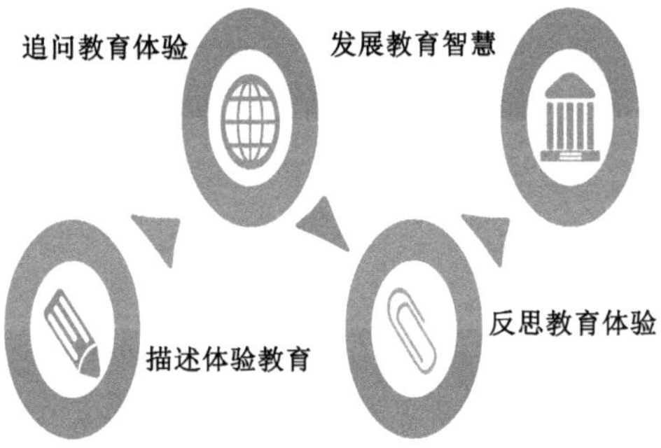

图 6-5　聚焦反思流程图

高校辅导员提升反思意识,离不开系统地理论学习和教育管理实践中不断地自我反思、聚焦反思。通过聚焦反思,辅导员对自身的教育体验故事和其他辅导员的教育体验故事开展反思与研讨,从专家、其他参与聚焦反思的辅导员及学生工作部门负责人的反思讲述中拓展自己的思路,用教育学的眼光和观点去理解教育实践与理论,改善内化教育价值,从而引领确立科学教育观念、教育行为,促进了自身的教育智慧成长。

例如,辅导员 A:聚焦反思研讨活动时,我分享了教育体验故事,其他辅导员对我的教育体验故事本质与意义给予了见解,让我意识到当时自己教育行为的利弊,给了我教育借鉴。在分享其他辅导员的教育体验故事时,我从中得到了很大启发，如遇到类似的教育情境时，会更有智慧地做出最适当的教育行为。

辅导员 B-1：这个教育体验让我想到，作为高校辅导员，我们要以教为主、以引导为主。不管学生以后成就怎么样，我们作为教育者，要引导学生在人生道路上做出正确的自我认知。

辅导员 G-1：这个教育体验对我启发很深。对于特殊家庭、缺乏关爱的学生，我觉得他们要么是自卑懦弱受了欺负也不敢讲，要么故作嚣张、脸上写着霸道蛮横。这两种极端状况都是他们的保护色。

辅导员 F-1：对于特殊的学生，比如从来没有目标的学生或者家里很有钱的学生，他们对于身边事物根本就不在乎。面对这种学生，我们辅导员该如何去处理？这是值得我们去思考的一个问题。

辅导员 J-1：我觉得对于学生，教育的深刻性还差那么一些。因为对学生的教育不够深刻，不当言论的危害性还没有讲得特别透彻，有可能会导致学生认识不深，再入歧途的可能性比较大。

辅导员 I-1：网络时代发展这么迅速，一下就各种各样的平台，包括微信朋友圈之类的。每天学生转发那么多东西，我们辅导员如何去深入地引导学生吸取一些正能量的东西？这值得我们更深入地去探讨和思考。

辅导员 J-2：我认为在与班委交流的过程当中，最重要的是以真心换真心，真诚是最大的必杀技。虽然理想信念很重要，但实实在在地回报更能打动人心。

辅导员 F-8：我觉得人生的路没有标准，选择自己想走的路，坚持走下去就好了。

辅导员 A-19：大学生体验当前这个世界和社会，有时是担忧、恐惧、茫然的，我们辅导员是否应该传播希望和信心，用教育学的眼光看到学生的希望和前程，引导学生规划学业和职业，使学生在充满希望和信念中，走出困境、走向充满美好的前程。

辅导员 C-11：在跟学生沟通的时候，首先要明确学生的真实诉求在哪里？然后在这个基础上，跟学生在交流的过程中核实我们理解的是不是他的真实诉求，之后再开展教育会有更好效果。

辅导员 H-2：我们讨论的这个教育体验故事，我看到通过辅导员的教育，最终学生从迷茫然走向了自信，但是我好像没有看到怎么去帮他解决英语学不好这个问题。

辅导员 I-2：这个故事给予我很多启示。一是学习好坏并不是评判学生的唯一标准。二是辅导员在学生有困难的时候要站出来，站在学生的角度去引导学生迎难而上，解决困难。

辅导员 E-6：这个故事给我的启发是学生都有改善自己价值的意愿。

辅导员 F-11：现象，不管是表面现象还是本质现象，充满爱和希望地去进行沟通交流，更能把握大局，找到最好的解决办法。以后如遇到类似教育情境时，我可能会试图从多个角度、多方参与者来了解和看待这个事情，然后进行分析和反思。

辅导员 E-2：辅导员在教育实践中，也有许多地方需要向学生学习。

聚焦反思研讨中，教育现象学专家和其他参与研究的辅导员对教育体验故事的本质和意义进行了挖掘，更好地理解到在教育过程中用教育现象学眼光观察学生带来的教育影响，使参与聚焦反思研讨的高校辅导员获得启发和感触，在遇到相同的教育情境时，会更有智慧地观察学生、看待学生和处理教育事件。同时，辅导员通过聚焦反思研讨自己经历的教育体验故事以及从其他辅导员的教育体验故事获取启发和感悟，得到了教育洞见，自身的教育智慧得到了养成和发展。

被访谈辅导员都从不同角度表达了在聚焦反思研讨时更深入地反思了自己撰写的教育体验故事的教育情境，对教育情境细节也进行了再次的描述和回顾，从多维度、多角度进行了更好的感知和体验，从其他辅导员对自己的教育体验故事反思研讨中，认识到自己当时教育行为的不足，有寻求更好、更恰当的教育行为的动机，从而使自己更深入地理解学生内心深处的体验，更好地与学生相处，在以后教育中做出更好、更有智慧、更恰当的教育行为。

例如，在追踪访谈中，辅导员 G：聚焦反思研讨中，我再次描述和反思了我的教育体验故事，更深入地对当时教育情境进行自我反思，感知到了更深层次的体验。在反思中，感知到学生是想看我怎么处理，试探对他的行为采取什么处理方式，以便以后应对我。这个体会在撰写故事时是没有反思到的。在聚焦反思中，其他辅导员提出好奇，面对这些好奇，我一一深入反思并回应，这个过程让我再次深入地理解学生的体验和自己当时做出教育行为的动机，意识到了教育过程中的一些不足。从其他辅导员的教育体育故事中得到了很深的感触和启发，如听了辅导员 E 描述的体验故事和其他辅导员对这个体验故事的研讨，我对比自己类似教育事件，从中更深入地意识到辅导员应该在日常管理中关心关爱班干部，要经常与他们谈心，了解班级整体情况，倾听他们的管理思路、想法和需求，引导他们、培养他们、鼓励他们，将他们培养成有思想、有思路、有方法、有创新的学生管理干部，让他们去带动班级其他学生，去影响其他学生，起到“一朵云摇动另一朵云”的教育效果。

辅导员 F：在聚焦反思中，我从辅导员 A 的教育体验故事中看到了宽容是一种无言的教育。辅导员如何处理棘手的教育问题？是严厉批评学生，在班级公开指责学生的错误行为，还是暂时沉默、观察、按兵不动，给学生醒悟的时间？

这是辅导员抓住教育时机的时候，也是体现教育智慧的时候。但是，很多时候，辅导员都会如辅导员A故事中的辅导员HJ，为了维护老师的尊严和面子，在遇到学生不恭时往往表现出非常强烈的反应，要用一大堆的道理对犯错学生进行声色俱厉的批评教育，可效果却并不理想，并且适得其反，导致学生逆反心理更加强烈，在错误的道路上越走越远。

我们的教育目的是培养学生，宽容错误不是对学生的错误视而不见、不闻不问，而是用平常心去对待和尊重学生、爱护学生，对其进行正确引导，给予改过的勇气和机会。宽容学生的错误是一种理解学生、爱学生的表现，辅导员应该有大海般的胸怀，用宽容的心去包容略显稚嫩的学生，用自己的教育智慧引导学生健康地成长成才。

辅导员H：在聚焦反思中，其他辅导员的好奇问题，让我在反思中更深入地去理解学生的体验，反思自己当时的行为是否恰当，是否有更好的教育方式方法？同时在分享其他辅导员的教育体验时，从中得到启发和获得灵感。如辅导员B分享"疫情时期的网络交流"教育体验时，我感同身受。疫情期间，很多时候都是采取了在线教育教学和管理，这给我们辅导员对学生的管理带来了很大的难度，学生没有上课的环境和氛围，他们也没有好的自觉性，老师对学生的监督形式又欠缺，导致有些原本就不好学的学生不上课或只挂网不听课，社会和大环境引起学生思想和思维的变动。因此，听辅导员B分享教育体验时，我就在想，辅导员该如何面对疫情期间的教育和管理？如何引导学生适应网络教育教学，并使学生意识到网络和线下教育教学一样重要？辅导员如何用教育智慧开展在线谈心谈话？这些等问题使我更深入地理解和体会到了学生的体验，未来教育将会更智慧地开展和行动。

综上可知，辅导员在自我反思的过程中要想对自己的思想与行为有更深刻的认识，产生更大的震撼，仅靠自我习惯性思维形成后的自省是比较模糊也难以深入的，很难达到反思与更正的目的，而是需要通过聚焦反思研讨来帮助和促进辅导员的进一步反思和思考。在与其他高校辅导员共同反思和对话中清晰自己的思维，通过对话辅导员的好奇、提问和反馈激起自己更深入的思考，加深对自己的认识，了解自己和他人的不同观念，这样产生感知上的相互回应、情感上的相互碰撞，有利激发自身的反思意识，更好地实现自我认识。

在教育现象学的研究中，反思是一种常见的方法。辅导员的教育现象学反思性文本具有一个启发灵感的某种叙述的结构，有着较强的能激发辅导员批判性反思能力和瞬间产生顿悟的可能性，这种教育现象学反思能使辅导员对自己的行为、思想和感受进行深入的思考和分析，从而更好地认识自己，提高自己的能力。辅导员在教育实践中，对学生的教育离不开教育学的反思，这些反思蕴含着一种融于“体知”的教育学精髓，与辅导员丰厚的理论基础和多年的教育实践分不开。辅导员通过反思，不断提高自身的职业素养和教育机智，更好地理解学生需求和问题，抓住关键时机以教育学的方式行动，为学生提供更好的帮助和指导。这种道德直觉上形成的个人能力，可生成教育智慧。因此，高校辅导员在聚焦反思过程中，对教育体验故事文本的教育情境和经历进行深度反思时，是在丰富未来的教育经历，使自己的教育行为更具思想和智慧。

第三节　辅导员养成反思习惯获得教育洞见

本书采用教育现象学的行动研究范式探索高校辅导员教育智慧养成与发展，研究者和参与研究者既是研究者也是参与研究者，旨在通过实践与研究相结合的方式，养成和发展辅导员的教育智慧，提升辅导员的教育敏感性和机智。因此，研究者和参与研究者按照教育现象学的行动研究“计划、实施、观察和反思”四个重要环节，在研究者工作的高校辅导员工作坊开展教育现象学描述及撰写体验故事、访谈及观察、聚焦反思研讨。在研究过程中，研究者和参与研究者反思了自身的教育体验，深入了解了学生内心体验，意识到当时自身的教育行动给学生带来的影响以及自身教育观念和方法的不足，发现了教育情境中的问题和挑战，探索了新的解决方案和教育方法，并对实践过程和结果进行分析和解释，提出了相应的改进措施和建议，提供了新的教育洞见。通过教育现象学的行动研究范式，探究出的这些新的教育洞见可为高校辅导员教育提供新的思路和方法，从而促进辅导员教育改革与创新。

一、辅导员养成教育现象学反思习惯

研究者和参与研究的高校辅导员在描述、撰写、访谈及聚焦反思中，对自己的教育体验故事和其他辅导员的教育体验故事进行了反思。特别是在聚焦反思研讨工作坊活动中，辅导员对自己和其他辅导员的教育体验故事再次深入反思，提出了好奇，并相互深度交流。有些辅导员在倾听其他辅导员描述教育体验时，会联想到自己类似的教育体验情境，将自己的教育和其他辅导员的教育进行对比和反思，从其他辅导员的教育体验中得到启发和感悟。在研究者和参与聚焦反思研讨活动的专家、学生工作部门负责人及辅导员共同反思及探究了每一个教育体验故事的本质与意义后，养成了反思的习惯，并获得了教育启发和感悟。

例如，辅导员 A-13：“不过现在深入反思后，觉得自己当时对学生的了解还不是很深入。应该在学生入校前就对学生的基本情况通过学生档案等进行详细了解，以便对学生开展个性化教育”，并领悟到“每一件教育都应该是由当时特定

的教育情境决定的，是没有规律可循的。辅导员在日常对学生的教育管理中，首先要了解学生行为背后的真正原因，从教育学的角度去理解学生的内心体验，站在学生的角度开展教育，这样应该会更有教育效果”。

辅导员 B-10：“学生都是有自己的思想，而不了解他的思想的情况下去搬出理论去和学生讲大道理，他是根本听不进，也理解不了”，领悟到“与学生谈话时，环境是很重要的，轻松、舒适的环境，能够使学生表达出他内心深处的想法”。

辅导员 C-8：“针对本次教育，现在回想起来感觉当时的处理不是太恰当”，并提出“辅导员应该想办法帮学生解决问题，实在无法解决，也要让学生感受到辅导员确实已经帮忙了、想办法了”。

辅导员 D-6：“此次沟通相对顺利，学生能够意识到问题所在，也能有所改变，我自己也在这个过程中对网络宣传工作有了更进一步的了解”，并提出“辅导员在对学生教育时，先肯定学生积极的地方，再一步引导他认识到问题所在，循序渐进”。

辅导员 E-2：“我内心还是比较难受和愧疚的，愧疚在于平常对于他们内心的承受和感触考虑还是不够周全”，并提出“辅导员日常管理中要对学生内心的承受和感触进行疏导，要善于发现学生干部内驱力，给予鼓励、支持和引导”。

辅导员 F-7：“我觉得人生的路没有标准，选择自己想走的路，坚持走下去就好了”，并得出“辅导员更多的应该是发自内心地关心、关爱学生，尊重学生的选择，做学生的知心朋友”。

辅导员 G-2：“学生比较爱面子，当众说他或者教育他，他会非常抵触，而且我会说些关心帮助的话语，学生也会感受到老师对他的关心比对别人多，也会拉近我们的距离”，并提出“辅导员应该做引导者，看破不说破，授人以鱼不如授人以渔。让学生自己感受到荣辱，只有他们主动体验，才能深刻记忆或深刻反省”。

辅导员 H-1：“调皮捣蛋的学生从小就被打击，他们从心里觉得自己就是老师眼中的差生，所以有时就想证明自己就是他人眼中的差生而做一些违反纪律的事情”，并提出“辅导员要善于抓住教育时机，发现学生优长，给予认可和表现机会”（表 6-4）。

表 6-4　辅导员对自己教育体验故事反思描述

一级编码	二级编码	反思主要内容描述	启发及感悟
辅导员 A	教育体验故事1:教育关系视角理解学生体验	辅导员 A-13:当时的处理还是满意的。因为一方面当时的处理避免了学生小程和 HJ 老师发生冲突;另一方面使小程认识到了自己的错误,并使其掏心掏肺地简述了他的家庭情况和成长经历,让我充分地了解到他的情况,从而能"对症下药"与他相处并教育他。不过现在深入反思后,觉得自己当时对学生的了解还不是很深入,因为小程的家庭情况是发生这个教育情境后经与小程谈话后才得知的,如果要真正做一位有智慧的辅导员,应该在学生入校前就对学生的基本情况通过学生档案了解详细,以便更好地对学生开展个体化教育	我觉得辅导员首先要了解学生行为背后的真正原因,从教育学的角度去理解学生的内心体验,站在学生的角度开展教育,这样会更有教育效果
辅导员 B	教育体验故事2:"教学有法、教无定法"的网络沟通	辅导员 B-10:如果现在发生这一情境,我可能就不会和小朱视频谈那么久,也不会一开始就唱独角戏评判小朱,浪费那么多无效教育的时间。我会从关爱小朱,体贴、理解他线上课状态不佳和学习基础差的体验出发,和他沟通交流,了解他的思想、想法,帮助他分析线上课状态不佳的原因,找出原因后,一起和小程寻找改变现状的方法。因为学生都有自己的思想,在不了解他的思想的情况下去搬出理论讲大道理,他根本听不进,也理解不了,其实学生也知道对错,可就是无法明确学习方向,无法自律地去面对学习任务。这时如果有位像朋友般的辅导员和他聊天、分析、引导,则会有着明显的教育效果,特别是现在疫情时期,很多教育都在线上进行,这给辅导员带来很多教育上的挑战和困难	辅导员要根据学生的情绪变化和语境的变化及时改变谈话方式方法。与学生谈话时,要创造轻松、舒适的环境,使学生表达出他内心深处的想法
辅导员 C	教育体验故事3:以无言平息视频风波	辅导员 C-9:针对本次教育,现在回想起来感觉当时的处理不是太恰当。如果是现在面对此教育情境,我会对学生的情绪先行疏导,如询问班里有不一样想法的同学,可否派代表,表达一下各自的想法,然后其他同学投票,引导同学表达自己的观点,合理表达情绪	想办法帮学生解决问题,实在无法解决,也要让学生感受到辅导员确实已经帮忙了、想办法了

表 6-4(续)

一级编码	二级编码	反思主要内容描述	启发及感悟
辅导员 D	教育体验故事4:解锁网络言论	辅导员 D-6:小杨认识到问题,能够接纳建议,有所改变。此次沟通相对顺利,学生能够意识到问题所在,也能有所改变,自己也在这个过程中对网络宣传工作有了更进一步的了解	辅导员在对学生教育时,先肯定学生,再一步步引导他认识到问题所在,过程要循序渐进
辅导员 E	教育体验故事5:聆听学生心声,挖掘学生内驱力	辅导员 E-4:面对小林因为班级管理问题导致的不开心和困惑,以至于不想继续任职的想法,我内心还是比较愧疚和难受的,愧疚在于平常对于他们内心的感触考虑得还不够周全。难受在于小林同学虽然很尽心地在开展班级工作,可能由于方法不对,导致工作的效率不高,自己也很不开心,希望能在班级管理方面给他更多的指导,让他能通过班级管理工作,实现个人的价值	辅导员日常管理中要对学生内心的承受和感触进行疏导,要善于发现学生干部内驱力,给予鼓励、支持和引导
辅导员 F	教育体验故事6:解密大学期间兼职	辅导员 F-7:她过得开心我也替她开心。我觉得人生的路没有标准,选择自己想走的路,坚持走下去就好了。每条路的风景都不一样,每个人都有自己的岔路口,你先走到了人生的岔路口,不代表你一定要和他人一样往前走,也可以试着换一个方向,就是不一样的人生。人生在于经历,勇敢地去经历,尊重自己的内心想法,身心健康快乐我觉得是最重要的	辅导员更多的应该是发自内心地关心、关爱学生,尊重学生的选择,做学生的知心朋友
辅导员 G	教育体验 7:以身示范教育的面面观	辅导员 G-3:学生比较爱面子,当众说他或者教育他,他会非常抵触,而且我会说些关心帮助的话语,学生会感受到老师对他的关心比对别人多,也会拉近我们的距离。 辅导员 G-11:若是现在的话,我基本上还是这样的处理方式,只不过有的时候对于不同性格的学生,方式可能不一样	辅导员应该做引导者,看破不说破,授人以鱼不如授人以渔,让学生自己感受荣辱,只有他们主动体验,才能深刻记忆或深刻反省
辅导员 H	教育体验故事8:巧用“领头羊”“牛鼻子”的影响力	辅导员 H-9:学生小艾没想到我是欣赏他、认可他、信任他的,因为这类调皮捣蛋的学生从小就被打击,他们心里觉得自己就是老师眼中的差生,所以有时就想证明自己就是他人眼中的差生而做一些违反纪律的事情。 辅导员 H-10:如果是现在发生这个教育情境,我基本上还是会以这样的方式对小艾进行教育,不过我会在更早的时间去找到他聊一聊,让他更快地了解我	辅导员要善于抓住教育时机,发现学生优长,给予认可和表现机会

辅导员作为学生的导师和引路人，其职责不仅仅是提供学术帮助，更重要的是扮演学生生活、学习、情感、心理、职业等中的指导者和支持者角色，但现有的辅导员教育体系还存在一些问题。例如，一些高校缺乏对辅导员的多元化培训和指导，导致辅导员的专业知识和智慧教育水平不高，缺乏心理咨询和沟通技巧、责任心和热情、自我反思和学习意识，以及与学生沟通的技巧和协作的能力，从而无法真正关注学生的需求，无法与学生建立有效的互动和信任关系，更无法及时帮助和指导学生解决实际困难和问题。因此，辅导员的教育智慧养成应该成为高校教育中不可忽视的问题，要通过对辅导员教育现象学反思习性的总结，更好地了解辅导员教育智慧养成的现状和问题，并提出相应的解决方案，使辅导员在自我反思和不断学习中不断提高自己的素质和态度，不断提高沟通和协作能力，以便为未来的教育打下扎实的基础，能更好地与学生相处。

从表 6-4 可知，高校辅导员在描述、撰写、访谈及聚焦反思研讨中对自己的教育体验进行反思，感知到以后教育需改进的方面和教育关键点，为我们提供了一个全面了解辅导员教育智慧养成现状和问题的视角，也就是说高校辅导员在对教育体验的反思中发现了更多的教育可能性，养成和提升了自己的教育智慧。

二、辅导员获得教育洞见及智慧

本书从收集到的大量教育体验故事中抽取出比较典型、比较普遍的教育体验故事进行教育现象学改写，形成第四章所需教育体验故事文本和数据，由研究者、专家、辅导员、学生工作部门负责人共同对教育体验故事文本开展聚焦访谈、反思，多角度、多方位探究每个教育体验故事所蕴含的本质与意义，从中得到教育洞见（表 6-5），共同养成和发展自身的教育智慧。

表 6-5　对教育体验故事共同反思研讨中得到的洞见

一级编码	二级编码	教育洞见
辅导员 A 教育体验故事 1：教育关系视角理解学生体验	专家	辅导员瞬间做出的教育行为是没有理论规律可循的，对学生的教育主要取决于教育者与受教育者的教育关系；运用制度时，实际上是考验辅导员的智慧；教育情境是独特的，每一个具体的人也是独特的，辅导员要不断对教育情境进行反思，在行动前反思，在行动中反思，在行动后反思，然后对反思再进行反思，这样就能养成和发展教育智慧
	学生工作部门负责人	辅导员在做学生工作时，不要以制度或教育者权威去“压制”学生，更多地要去考虑学生的利益。如果学生已被教育，接受及认识到自己的错误，辅导员就不能把处理学生或处分学生作为最终的结果
	辅导员 A	辅导员应该从教育学的角度看待学生，从关爱、包容的角度对待学生的错误和不妥行为

表 6-5(续)

一级编码	二级编码	教育洞见
辅导员 B 教育体验故事 2:“教学有法、教无定法”的网络沟通	专家	辅导员要从关心学生出发,采取一些策略让学生认识到自己的错误;辅导员临场的机智不是指那种已经成型的知识和技术,而是一种临场的机敏、敏感去应对和跟学生相处的智慧;辅导员应该耐心倾听学生心声,尊重学生的想法,实现与学生共情,从而做出此时对此学生最佳的教育行动
	研究者	辅导员在日常教育管理中,应对学生的行为产生好奇和敏感,从学生角度出发关心、关爱学生,机智地帮助学生达成内心深处的需求
	辅导员 B	辅导员在不了解学生思想的情况下搬出理论和学生讲大道理,是难以达到教育效果的。应该从关爱、体贴、理解学生线上课状态不佳和学习基础差的内心体验出发,帮助学生分析线上课状态不佳的原因,寻找改变现状的方法
辅导员 C 教育体验故事 3:以无言平息视频风波	专家	辅导员抓住教育机会是需要积累经验的,让自己的知识和身体融合在一起,做到知行合一才能快速地做出一个比较恰当的教育行为。每位辅导员的管理方式都不一样,只要在具体情境中能达到教育目的就是有智慧的
	学生工作部门负责人	辅导员在教育管理过程中,要有辨别什么时候开展共性教育、什么时候开展个性教育为最佳的能力。辅导员要以学生为中心,理解学生,建立师生共同体,与学生共同发展和进步
	辅导员 E	辅导员在教育过程中应该把握学生观点,抓住教育契机。辅导员在教育实践中,要虚心向学生学习,拥有谦卑之心,平等地去对待学生
辅导员 D 教育体验故事 4:解锁网络言论	专家	辅导员自身需要足够的理论知识和沟通技巧,要关注学生体验、聆听学生心声,这需要辅导员具有一些独特的能力;辅导员在日常教育过程中,要有教育敏感性和对学生行为的好奇心
	辅导员 D	辅导员进行学生教育时,应该了解学生个性,考虑其承受力,采取恰当的教育方式,使学生意识到问题的根本,从而达到教育目的
	辅导员 F-2	辅导员在对学生教育过程中,不要把学生定性,主观臆断判断过错,而是观察学生细微变化,从学生内心体验出发开展教育
辅导员 E 教育体验故事 5:聆听学生心声,挖掘学生内驱力	专家	辅导员教育机智的源泉,是在理解学生、关心学生的基础上形成的。每一个学生都是独特的,辅导员要善于发现学生内驱力,了解学生干部真正的兴趣或需求,给予鼓励支持和满足。辅导员要发现学生内驱力,加以调动,给予客观因素辅助,才能更好地挖掘学生动力
	学生工作部门负责人	辅导员如何培养学生干部?要积极去发现学生干部的内驱力及需求,调动好学生干部内驱力,才可能培养出一个有责任担当、有理想信念、有价值追求的学生干部

表 6-5(续)

一级编码	二级编码	教育洞见
辅导员 F 教育体验故事 6:解密大学期间兼职	专家	辅导员了解到学生的真正需要,这是一种智慧。真正优秀的辅导员,他会情不自禁地关心他的学生,去关心每一个学生的独特性。他会通过反思,意识到自己做得不够和不足之处,下次遇到类似的教育情境时就能做得更好,这是我们辅导员育人的一个非常独特的地方
	研究者	辅导员应该从教育学角度理解学生内心体验,引导学生规划学业和职业,让学生在充满希望和信念中走出困境,走向充满美好的前程
	辅导员 C	辅导员要善于倾听学生心声,挖掘学生内心真正想法,以便更好地施以个体化开导和教育
	辅导员 I	辅导员在学生困难的时候要站出来,站在学生的角度去引导学生迎难而上,解决困难
辅导员 G 体验故事 7:以身示范教育的面面观	专家	辅导员反思各个教育场景的体验,可形成教育智慧。辅导员仅参加一些理论和技术性培训是不够的,需要共同围绕一些教育体验去探索、去追寻,形成一种教育敏感性
	研究者	辅导员在面对学生错误行为时,应该了解清楚情况,有温度、有爱心地教育学生
	学生工作部门负责人	辅导员要言传身教,公平公正地评价学生,给予及时肯定和赞扬的教育方式也是辅导员的教育智慧体现之一
辅导员 H 体验故事 8:巧用“领头羊”“牛鼻子”的影响力	专家	教育是一种影响,辅导员日常教育管理中,需要聚焦在影响上,把握教育时机,让学生影响学生,达到教育的效果和目的
	研究者	辅导员应该从教育学角度去理解学生的内心体验,给予肯定和锻炼机会,从而激发学生责任心和进取心
	学生工作部门负责人	辅导员在教育管理中,要有敏锐的思维以及抓住重点、解决问题的能力

由此可见,辅导员仅参加一些理论和技术性培训是不够的,还需要教育专家、高校辅导员及学生工作部门负责人组成共同体,共同基于教育现象学视域下对教育体验故事一字一句地拆分开来,进行深入的反思、访谈、交流、探索、追寻,从而挖掘出故事的深层本质与意义,提炼出故事中的“闪光点”,在大家的观点、理念、智慧碰撞下产生共鸣,追寻出教育学洞见,共同形成和发展教育敏感性和机智,养成教育智慧。这也证实了本教育现象学的行动研究范式使高校辅导员获得了更多更深的教育感悟和启发,得到了教育洞见,养成和发展了教育智慧。

第七章　研究结果与反思

当今世界，面临百年未有之大变局，以中国式现代化全面推进中华民族伟大复兴，需要充分发挥教育、科技、人才在全面建设社会主义现代化国家中的基础性、战略性支撑作用。作为高校辅导员仅仅拥有理论知识和教育管理技能已无法满足新时代的要求，那么如何跟进时代变迁步伐接受新的考验？如何增强责任意识、大局意识、心理素质、应急回应能力？如何通过实践中反思、反思中实践来调整优化工作状态？如何从教育学的角度理解学生体验和看待学生行为并与时俱进地提升自身的教育智慧？这些都是高校辅导员需要面对和解决的重要课题，也是教育管理部门和高校需要重视并不断改善的重要问题。目前，对高校辅导员的培训和培育活动以理论知识、管理实践和技能为主导内容，忽视了教育智慧所涉及的教育关系、情感交织、身心体验等教育现象学视域上的感知和理解培养。教育界专家学者对教师教育智慧、高校辅导员教育管理技能和策略等研究比较多，以教育现象学行动研究系统研究高校辅导员教育智慧养成与发展的屈指可数，而本书弥补了这方面的空缺。研究者以现象学方法论为指导，采用教育现象学方法，组织参与研究的专家、高校辅导员及学生工作部门负责人对高校辅导员教育体验故事文本进行反思、理解和探究（见第四章），对参与研究高校辅导员及学生工作部门负责人开展教育现象学访谈交流和问卷追踪调查，探究出第五章“高校辅导员教育智慧具有的特质”和第六章“高校辅导员教育智慧养成与发展路径”。本章在第四章、第五章、第六章的研究基础上，重点阐述“教育现象学行动研究有效促进了高校辅导员教育智慧养成与发展和发展”的成效和反思研究情况。

第一节　研究结果

高校辅导员对大学生的教育充满着复杂性、不确定性、不稳定性及无规律性（见附录十四）。因此，高校辅导员教育领域的研究需要与时俱进地不断探究、不断认识、不断创新，需要寻求多元化管道、多方位解读、多路径选择来构建辅导员教育研究方法体系。而教育现象学方法作为一种独特的研究视域，对高校辅导员教育问题乃至整个教育领域问题都具有一定的解释力和权威性，能丰富和发展教育研究方法体系，是教育研究领域新的独特视角。研究者采用教育现象学行动研究对高校辅导员教育体验故事开展反思研讨，与参与研究者形成研究共同体，共同关注教育体验故事中的教育情境、个体体验的独特性，探究出教育体验故事中蕴含的本质与意义。结合延迟追踪访谈问卷调查数据，进一步阐述本书第一章提出的三大问题结论。

一、参与研究辅导员的教育智慧得到了养成与发展

本书运用现象学方法论和教育现象学方法，通过描述教育体验故事、撰写教育体验故事文本、分享教育体验故事，从教育事件本身去体验最原本的意蕴，使教育事件回到活生生的现实事物本身，给予教育洞见。第五章和第六章已分别对结论一和结论二进行了分析和阐述，本节主要在第四章、第五章、第六章的基础上，结合追踪访谈问卷数据，对结论三"参与研究高校辅导员教育智慧得到了养成和发展"进行阐述（图 7-1）。

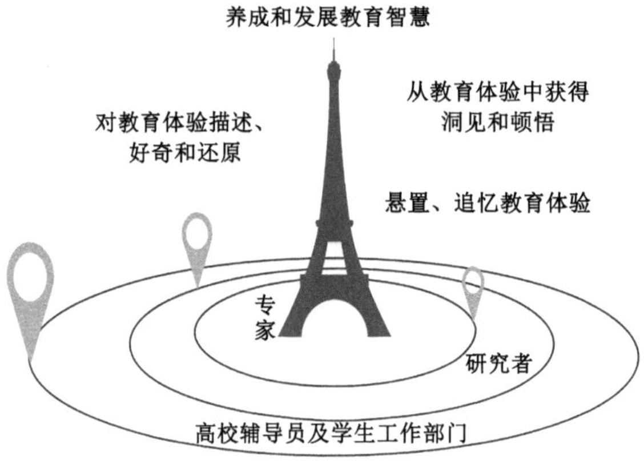

图 7-1　聚焦反思养成与发展教育智慧

（一）追踪访谈问卷调查第 4 题数据分析

第 4 题"针对体验故事的聚焦反思研讨，给您带来了什么教育启发或洞见？（聚焦反思人员填写）"10 位辅导员有 8 位填写了此问题，填写的主要内容如表 7-1 所示。

表 7-1　追踪访谈第 4 题回答情况

序号	您从事高校辅导员的工作年限/年	针对体验故事的聚焦反思研讨带来的教育启发或洞见（聚焦反思人员填写）
1	3	能够发现更多有智慧地处理问题的方法
2	8	聚焦反思研讨活动对我启发很大，在其他辅导员教育方式方法上感知到了自己的教育不足。辅导员教育智慧就是要学会如何与大学生更好地相处，如何从教育学角度去理解学生内心深处的体验，只有真正充满爱地去了解和理解学生，才会有教育智慧的呈现

表 7-1(续)

序号	您从事高校辅导员的工作年限/年	针对体验故事的聚焦反思研讨带来的教育启发或洞见（聚焦反思人员填写）
3	5	在研讨会现场，通过教授学者的分析，让我们了解到更多的教育形式，通过听取其他老师的教育分享，我也获取了更多教育信息，丰富了自己的教学经验。通过与其他老师的交流，我学到了更多教育方式方法，同时各位老师针对我的教育体验故事给出很多解决方案和经验，提出问题和不足，也让我了解到在日后工作中应该如何做
4	4	用欣赏的眼光看待学生，赏识教育是最大的亮点
5	5	体验故事所呈现的既是共性问题，又是个性问题，很多案例在学生教育管理中很常见，但是在处理具体个案时又不能千篇一律，因为每个案例的背景和个体都是不同的，我们可以从故事中寻求解决问题的思路，反思自己的处事方式，同时还要具体问题具体研判
6	3	学习不同的人对同一件事情地处理思路和方法，对以后工作确实受益良多，同时听听自己没遇到的事情，以后遇到时也可以心中有数
7	2	辅导员的工作不但需要有相对宽口径的知识技能储备，还需要有相对较高的综合素养。从反思研讨会的思维观点碰撞过程中，我发现辅导员的个人综合素养在很大程度上影响着处事风格和工作智慧。通过这次聚焦反思会，我看到了同样性质的工作得到妥善处理的更多可能性，受益匪浅，同时也看到了自己的差距和成长空间
8	1.5	通过体验故事的聚焦反思研讨，对于日常工作中的一些典型，结合工作实际加以反思，发现自身还存在许多不足的地方，通过反思研讨会让我领悟到，一切工作得以顺利开展都源于对学生的熟悉程度以及懂得以学生发展为中心

从表 7-1 可知，聚焦反思研讨中，辅导员都感知到了自己教育的不足，看到了自己的差距和成长空间；进一步知晓不仅要有知识技能储备，还要有较高的综合素养；了解和学到了更多的教育形式和有智慧地处理教育问题的方法；看到了同样性质的教育，通过具体研判，得到妥善解决的更多可能性；获取了更多教育信息，丰富了教育经验；洞见了一切教育得以顺利开展，都源于对学生的熟悉程度以及懂得以学生发展为中心。也这也证实了教育智慧就是一种常反思，对学生充满爱，从教育学视域去理解学生的内心体验，用欣赏的眼光去看待孩子，能更好地与学生相处。

（二）追踪访谈问卷调查第 5 题数据分析

第 5 题“您参与本书后，对大学生的教育有何改变?”中，10 位参与研究辅导员和1位学生工作部门负责人进行了填答，填写的主要内容如表7-2所示。

表7-2 追踪访谈问卷第5题

序号	您从事高校辅导员的工作年限/年	您参与本书后，对大学生的教育的改变（所有人都填写）
1	3	明确了很多大学生教育的方法策略，学习到很多有智慧的育人方法
2	8	更注重学生内心深处的想法和体验，更加关爱、关心学生和注意他们的细微变化，对学生的一些出格和过激行为产生了更多好奇，更喜欢与其他辅导员沟通交流，探讨教育工作，教育敏锐性和机智有较大提高
3	5	更有耐心地对待学生，更细心地观察学生，更真心地关怀学生
4	4	作为教师、家长，我们要看到学生的优点、闪光点
5	5	相比中小学生，大学生是一群有一定思维基础和认知的准成年人，他们相对更加有自己的思考方式，老师们很难在短期内扭转他们的想法，我们要遵循教育规律，在把握大方向的同时，允许学生多元化发展，引导学生学会及时自我规劝，不触碰法律的边缘
6	3	琐事要处理，思想引领也要跟上，抓住琐事中的细节进行思想引领能起到以小见大的效果，所以做一个辅导员要有洞察力，同时做事还要果断
7	2	在参与研究前，于常规工作层面，我更多注重的是技能技巧方面；在跟学生沟通层面，我更多是以真心换真心，真诚地去跟学生沟通，但并不是每次都管用。通过反思会交流讨论，我发现，在跟学生沟通的过程时，尤其是处理学生问题时，真心要有，但不是解决问题的关键，解决问题的关键还在于，在平时充分了解学生的基础上发挥个人智慧，最终达到更好地帮助学生成长的目的
8	2	最大的收获就是对教育理念有了更深刻的理解
9	6	以后在教育学生过程中要更加有耐心，要善于发现问题的关键和转机，多运用教育智慧。对于犯错误学生，惩罚不是主要目的，重要的是让学生认识到错误，以后此类错误的规避，从中获得成长，只要事情向好的态势转变就是有意义的
10	1.5	参与研究后，对大学生的教育应该根据学生的个性特点采取个性化教育，始终围绕以学生发展为中心，多站在学生角度思考问题，做学生成长成才路上的引路人，更要做好学生的知心朋友
11	3	尊重学生

从表7-2可知，聚焦反思研讨活动后，参与研究的辅导员都不同程度地更加

确定教育理念对学生的教育是贯穿始终、至关重要、决定成败的关键因素；学到了有智慧的育人方法，更注重学生的内心体验，关爱、关心学生和注意他们的细微变化，对学生的行为产生了更多好奇，引导学生学会及时自我规劝；更有洞察力地了解学生、尊重学生，站在学生角度思考问题，有耐心，善于发现问题关键和转机，看到学生的闪光点，允许学生多元化发展，根据学生的个性特点施以个体化教育；更注重教育工作总结和反思，以及与其他辅导员沟通交流探讨，从中获得教育经验、教育启发和教育感悟，不断养成和提升自身的教育敏锐性和机智，即教育智慧。

从追踪访谈数据结果可见，11 位参与研究者对第 7 题“您参与本书后，自身的教育敏感性和机智是否得到了提升”、第 8 题“聚焦反思研讨活动是否使您获得了教育启发和感悟”、第 9 题“您在撰写、描述体验故事时，是否对学生行为产生了更多的好奇和敏感”、第 10 题“访谈中是否促进了您对教育情境细微变化的追忆和教育敏锐性”、第 11 题“您参与本书中，自身教育智慧是否得到了养成和发展”等 5 项都选择了“是”，肯定率达到 100%（图 7-2 和表 7-3～表 7-7）。

A	B	D	G	M	N	O	P	Q
序号	提交答卷时间	来源	1、您从事高校辅导员工作年限？	7、您参与本研究后，自身的教育敏感性和机智是否得到了提升？	8、“聚焦反思研讨”活动是否使您获得了教育启发和感悟？	9、您在撰写、描述“体验故事”时，是否对学生行为产生了更多的好奇和敏感？	10、访谈中是否促进了您对教育情境细微变化的追忆和教育敏锐性？	11、您参与本研究中，自身教育智慧是否得到了养成和发展？
1	2022/10/28 16	微信	3	是	是	是	是	是
2	2022/10/28 16	微信	8	是	是	是	是	是
3	2022/10/28 16	微信	5	是	是	是	是	是
4	2022/10/28 16	微信	4	是	是	是	是	是
5	2022/10/28 17	微信	5年	是	是	是	是	是
6	2022/10/28 17	微信	3年	是	是	是	是	是
7	2022/10/28 17	微信	2年	是	是	是	是	是
8	2022/10/28 17	微信	2	是	是	是	是	是
9	2022/10/28 17	微信	6年	是	是	是	是	是
10	2022/10/28 22	微信	一年半	是	是	是	是	是
11	2022/10/29 17	微信	3年	是	是	是	是	是

图 7-2　追踪访谈问卷数据统计表

表 7-3　第 7 题 您参与本研究后，自身的教育敏感性和机智是否得到了提升？

选项	小计	比例
是	11	100%
否	0	0%
本题有效填写人次	11	

表 7-4　第 8 题 “聚焦反思研讨”活动是否使您获得了教育启发和感悟？

选项	小计	比例
是	11	100%
否	0	0%
本题有效填写人次	11	

表 7-5　第 9 题 您在撰写、描述体验故事时，是否对学生行为产生了更多的好奇和敏感？

选项	小计	比例
是	11	100%
否	0	0%
本题有效填写人次	11	

表 7-6　第 10 题 访谈中是否促进了您对教育情境细微变化的追忆和教育敏锐性？

选项	小计	比例
是	11	100%
否	0	0%
本题有效填写人次	11	

表 7-7　第 11 题 您参与本研究中，自身教育智慧是否得到了养成和发展？

选项	小计	比例
是	11	100%
否	0	0%
本题有效填写人次	11	

从图 7-2 和表 7-3～表 7-7 可知，参与本书的 10 位高校辅导员和 1 位学生工作部门负责人在研究过程中，自身的教育敏感性和机智得到了提升。总体来说，研究者及参与研究者在研究过程中，自身的教育智慧得到了养成和发展，这表明

教育现象学的行动研究有效促进了高校辅导员教育智慧的养成与发展。

二、三大研究问题的回顾

笔者在教育学博士论文准备课程过程中对教育现象学研究方法产生了浓厚兴趣，脑海中涌现出“如果把教育现象学运用在高等教育、高校教师队伍建设、高校辅导员教育等领域，将会给我国教育和管理带来新的视野、新的飞跃、新的发展，能解决教育实际问题，为我国人才培养、全民素质提高、人类发展带来无限可能性”的想法。因此，研究者根据自身近30年的高校教育教学管理经验，查阅有关高校教育教学、高校辅导员教育、教育现象学、教育智慧等文献，发现高校辅导员是我国特色高等教育的一个特色岗位，是思想政治工作、人才培养工作不可或缺的教育工作者；是高校实现立德树人目标的、实现大学生价值引领的重要依托；是确保党对大学的领导、贯彻党的教育方针、授业解惑中引人以大道、启人以大智的骨干力量，从而按照有兴趣、有挑战性、有吸引力、有可行性、可加深或扩大原有认知等研究原则提出第一章中的三大问题，问题一：高校辅导员教育智慧养成与发展需具备哪些特质？问题二：教育现象学的行动研究是否是高校辅导员教育智慧养成的一种有效路径？问题三：教育现象学的行动研究是否促进了高校辅导员教育智慧养成与发展和发展？这三个问题是一种新的可能性，从新的角度去看辅导员实践教育问题，研究过程中需要有很多创造性的思路、思想、好奇心、敏感性和想象力。这三个问题能为我国高校人才培养、大学生素质教育、高校辅导员队伍建设、高校辅导员职业发展、高校辅导员整体教育水平提升以及高校高质量发展带来新格局、新视野、新发展。

三、研究发现小结

本书紧紧围绕上述三大问题，在现象学方法论指导下，以教育现象学视域，在研究者高校辅导员工作坊开展高校辅导员教育智慧养成与发展路径研究活动，形成了以“研究者＋专家＋高校辅导员＋学生工作部门负责人”为研究共同体，共同以教育现象学方法对高校辅导员教育体验开展深入反思、访谈、研讨，探究教育体验故事蕴含的本质与意义。在对高校辅导员教育体验故事的探索上，结合其他辅导员教育体验、研究者自身的教育体验、对辅导员及大学生现象学访谈、对辅导员及大学生问卷调查、组织开展辅导员工作坊聚焦反思及研讨，以及教育现象学研究模式进行分析和论述，提炼出有教育智慧的高校辅导员所具有的特质，得出了教育现象学的行动研究范式是高校辅导员教育智慧养成与发展的一种可行路径的结论，同时发现参与本书的高校辅导员的教育智慧得到了养成和发展。研究的核心发现包括三个方面。

（一）高校辅导员教育智慧养成与发展具备的共有特质

研究者和参与研究者通过教育现象学聚焦反思研讨，获得8篇教育体验故事本质与意义，发现高校辅导员教育智慧养成与发展所具备的共有特质，包括但不仅限于常怀教育好奇心，具有教育敏感性和机智；善于倾听学生心声和观察学生细微变化，理解学生内心体验；对学生永远充满爱和信任，知行合一与学生同在；善于把握教育时机、挖掘学生优长，施以个性化教育；善于总结和反思，在与学生相处中不断自我学习和提升。

（二）教育现象学的行动研究范式是高校辅导员教育智慧养成与发展的一种可行路径

研究者和参与研究者通过教育现象学聚焦反思研讨，在 8 篇教育体验故事本质与意义基础上，结合 11 份“参与研究高校辅导员追踪访谈”的问卷调查数据，发现教育现象学行动研究模式是高校辅导员教育智慧养成的一种可行路径。通过教育现象学描述、撰写教育体验故事—教育现象学访谈、观察及还原、悬置教育体验故事—教育现象学聚焦反思研讨三个镜面开展数据采集与分析。研究者及参与研究专家、高校辅导员及学生工作部门负责人组成探究教育体验故事共同体，共同对教育体验故事进行回忆、反思、好奇、追问、探讨，创建了教育智慧养成路径。同时发现教育智慧养成是无法测量和量化的，是无止境、螺旋式循环上升的过程。

（三）参与本书的高校辅导员的教育智慧得到了养成和发展

根据 11 份参与研究高校辅导员“追踪访谈”问卷调查数据，发现研究者和高校辅导员通过教育现象学行动研究，养成了回忆、描述、撰写、反思自己的教育体验故事，以及对比、提炼其他辅导员的教育体验故事的本质与意义，从教育学的角度理解学生的内心体验，挖掘出自己当时教育情境中具有教育智慧的一面和教育不足的方面，从而更自觉并不断完善自己的教育习惯，提升了自身的教育智慧。

第二节　研究创新

研究过程中，研究者始终保持高校辅导员的教育是指向教育生活、教育现象、教育体验这个教育理念和伦理价值趋向的，始终确立追寻研究的是高校辅导员如何从教育现象学视域下理解大学生的内心体验，如何养成更好地与大学生相处这个教育指向性，目标在于培养教育的善和教育的幸福。因此，研究者和参与研究者在研究过程中，通过对教育体验故事的反思、访谈、研讨，自身的教育感知力和胜任力得到了提高，教育智慧得到了养成和发展。本书属于新的主题，有着新的思想观点，得出了新的研究结果，创新性强。

一、构建了一套以教育现象学行动研究为路径的辅导员教育智慧养成范式

本书采用的是教育现象学行动研究方法，与一般研究方式不同，是一个新的研究尝试。具体来说，就是采用教育现象学从抽象到具象的蹊径，以高校辅导员日常教育体验中具体而独特的个人在教育情境此时此刻人和人、人和环境之间的具体教育体验和感受为研究对象，由专家、研究者、辅导员及学生工作部门负责人组成的聚焦反思共同体，聚集了大家的思想和智慧，碰撞出教育体验故事中的教育共鸣和洞见，如此研究得出的结论容易提高辅导员认同感、接受度，使辅导员更自觉、更有效地以此教育现象学研究范式来追求教育智慧养成和发展。

二、获取了一套以教育体验故事为文本数据分析的辅导员教育智慧养成依据和支撑材料

本书采集数据不是简单的数字编码，而是通过邀请高校辅导员撰写教育体验故事、与辅导员进行开放式的对话访谈和追忆式写作、研究者讲述自身教育体验来获取一个个教育体验故事，并将收集到的教育体验故事文本、访谈录像录音、聚焦反思研讨录像录音等保存为“数据库”，以便随时可提取出来反思研讨。然后通过一个由专家、研究者、高校辅导员及学生工作部门负责人组成的多元化、多层次的聚焦反思研讨小组，共同反思、理解、追寻和筛选出反思研讨的教育体验故事背后存在的本质与意义，对现在的相关教育理论和学者态度加以重构，使高校辅导员教育智慧养成与发展具有更可靠、更可信的支撑依据。

第三节　研究建议

当今世界，科学技术不断创新发展给最具中国特色职业之一、处在思想政治教育最前沿、离学生最近、站在人才培养第一线、担负着培养社会主义建设者和接班人重任的我国高校辅导员带来巨大挑战。如何打造一支高质量、高水平、具有教育智慧的高校辅导员队伍，高校辅导员如何在教育工作中始终坚持初心和本心，如何养成和发展教育智慧来与专业教师一道培养高素质人才，这需要党和政府教育管理部门、高校及辅导员的高度重视。为此，研究者结合前几章的研究体验，从高校辅导员内部因素和外部因素两个维度提出建议。

一、强化辅导员教育智慧养成与发展的内部因素

本书将教育现象学行动研究探寻方式应用于探究高校辅导员教育智慧养成与发展，有效养成和发展了辅导员教育智慧。其关注点是实践体验和反思，聚焦辅导员日常教育生活事件的直接体验，探索高校辅导员与大学生的教育生活关系，理解辅导员教育生活世界的本质与意义，使辅导员与大学生能更好地相处和互动。本书主张辅导员的教育要从教育学视域去理解和对待大学生内心深处的

体验，在教育情境中能综合协调多种因素，正确处理复杂与多元中的变化与未知，带来教育情境中师生的轻松、愉悦、和谐、理解与幸福，辅导员的教育智慧也就自然而然得到养成和发展。范梅南提出作为父母和老师，我们该如何从孩子的视域来培育他们的成熟，让他们学会担当、关爱和尊重呢？本书建议在与他们相处的过程中，辅导员要做好自己的本分，用关爱赢得关爱，用尊重激发尊重。

辅导员在实践教育过程中，发挥自身在对大学生教育管理中作为人的主体作用，意识到我的存在，彰显我的地位，才会有真正教育的发生。只有辅导员自身真正成为教育实施主体，才能成为对大学生思想政治教育的实施者、高尚品格塑造者、人生道路引领者，有效发挥自己的教育理念、信仰、理想、情操等主体作用，让大学生获得人生经验，培养高尚品格，塑造魅力人格，这是辅导员教育智慧的重要标志，也是教育智慧养成和发展的目标。

辅导员的教育智慧具有独立的个性和自主的人格，是一种独特的能力。本书体现了辅导员教育智慧是教育过程中日积月累形成的综合知识、综合管理能力和实践经验思维、批判、创造力等的集中反映。因此，本书在辅导员撰写、描述教育体验和对自身教育体验的反思中感知当时教育情境下自己与学生的细微变化、自己与学生当时的内心深处体验，从而感知到当时自己的每一个教育细节对学生的教育效果和给学生带来的影响，理解其中的利弊，有助于更好地面对未来的教育。特别是在聚焦反思研讨中，研究者和参与研究高校辅导员对自己的教育体验和其他辅导员的教育体验进行了反思，提出了自己的好奇、感悟和观点，最终集大家的智慧探究出每一个教育体验故事的本质与意义，从中获得启发和感悟，养成和发展了自己的教育智慧。

辅导员的教育智慧养成只有在不断反思教育体验情境中才能获得，是充满实践性和行动性的，是根据教育目的和任务，利用自身的知识、学识、经验、信息等，瞬间产生某种独特、新颖、有价值的行动能力，是辅导员开展能动思维活动，展现其综合素质能力和整体精神质量的教育行动。可以说，没有教育现场，就无法体现辅导员的教育智慧，教育现象学行动研究方法给辅导员自身教育智慧养成和发展提供借鉴，这是开展教育现象学行动研究的意义所在，希望本书研究能为辅导员自身在日常教育过程中养成教育智慧提供参考。研究者认为，高校辅导员教育智慧养成与发展的内部因素主要是树立正确的教育初心和理念、加强理论和实践学习、不断反思教育体验三个方面。

（一）从教育学理念出发，不断养成自身的教育智慧特质

辅导员的态度和价值观是养成教育智慧的重要内部因素。辅导员需要遵守教育行业的职业道德规范，保持积极的态度和开放的心态以及高度的责任感和使命感，以保持良好的职业声誉和信誉下更好地理解和回应学生的需求，为学生

提供最好的支持和帮助。00后大学生大多具有个性价值追求、多元化思想观念和强烈的自我意识。要实现大学生对主流意识形态和核心价值观的认同，高校辅导员需自身拥有坚定的意识形态立场，有职业认同感、成就感、幸福感，有责任、有担当地围绕落实立德树人根本任务去开展教育。这需要辅导员不仅仅要加强自身的思想政治觉悟，还要积极参加各种专业培训、学习活动、教育研究和实践，以提高自己的专业水平和能力，完善自己的教育工作，适应教育的不断变化和发展。我国2021年度“最美辅导员”的马军创办“马大姐”心灵有约工作室，其中有“同心圆梦”团体辅导室和“自我悦纳”个体咨询室。她的教育初心就是帮助没有目标的大学生发现自己的长处和优势，挖掘潜能，树立目标，不断提升。可见，有智慧的高校辅导员的教育初心和理念就是心系学生，对学生永远充满爱和希望，使学生在温暖、愉悦、轻松的体验下接受教育，认识到自己的错误，从根本上改正不足，充满自信地成长。高校辅导员可参照和借鉴本书结论一的阐述，从高校辅导员教育智慧养成与发展的五个特质“常怀教育好奇心和敏感性，倾听学生心声和观察学生细微变化，对学生永远充满爱和信任，把握教育契机及施以个性化教育，善于反思及与学生共成长”方面下功夫，使自己不断地靠近和完善具有教育智慧的五个特质，始终围绕“培养什么人、怎样培养人、为谁培养人”这个根本问题和立德树人的根本任务，加强辅导员教育和管理工作的科学研究，持续提升教育境界，养成和发展自身的教育智慧。

（二）加强教育体验理论和实践交流学习

具有教育智慧的辅导员在教育情境中能及时准确地把握教育时机，瞬间做出在此时此景对学生最有利的教育言行，这是一个瞬间的反思行动，需要高校辅导员具有很强的教育敏锐性，也就是说要有教育智慧，这种教育智慧很大程度来源于辅导员自身理论和实践学习的积累。目前，辅导员工作繁杂琐碎，日常工作事务已占据绝大部分时间，用于学习的时间很少，有些辅导员对党和国家的最新政策不了解，对所有工作职责贯彻不全面，对所带班级专业知识不关注，无法做到有智慧地教育学生和与学生很好相处。辅导员自身的教育背景也是非常重要的，有着丰富的学术背景的辅导员更容易理解和应用学科知识，更好地从学生内心深处的体验和驱动出发理解学生的需求和问题，能够有针对性地为学生提供指导、支持和帮助。很多如马军一样的高校辅导员，在要求学生努力学习、不浪费大好时光时，自己也会加强学习，主持或参与课题研究，发表论文、出版著作、参编教材，使自己成长为具有正高级职称的辅导员。因此，要成为一位有教育智慧的辅导员，一方面需要加强理论业务学习，包括学习最新法律法规、学校规章制度、专业领域知识，学习心理学、教育学、哲学、人文科学、法学等方面理论知识，关注时事政治、热点新闻，不断扩展自身的理论知识面、业务知识面，使自己成为一位博学多才学识渊博的高校辅导员。只有提高了理论水平、政策水平和时事分析能力，才能面对学生咨询、提问、不解时，做到应付自如、对答如流，得到学生尊重。另一方面要加强实践学习，坚持“学中干、干中学”，紧密结合自身工作实际，向其他辅导员学习、向大学生学习，弥补自己的不足和缺失，不断完善自己的教育和管理能力，丰富自己的综合能力、应急能力、解决学生实际问题的能力。辅导员具备丰富的咨询知识和技能，了解教育法规和政策，掌握时事政治，同时有较强的人际交往能力和沟通技巧，才能为学生提供准确的信息和建议，才能与学生和其他教育工作者进行有效的沟通和合作，更有效地帮助、引导学生解决实际问题。而本书高校辅导员教育智慧养成与发展路径的第一步“描述、撰写教育体验故事”就给高校辅导员提供了提升理论和实践教育机智和水平的依据。辅导员在日常教育和管理中，可通过自身撰写教育体验故事，与其他辅导员或教育工作者描述教育体验故事来自我反思、共同反思，从反思中认识到当时教育情境中成功的或有遗憾的教育面，从而不断增强自身的教育敏锐性，使自己在未来的教育中遇到同样或类似教育情境时会更加机智、敏感地做出在当时教育情境下对学生最适合的教育行为。

（三）反思教育体验，不断提升教育敏感性和机智

辅导员要在日常教育管理中，善于记录自己的教育体验故事，善于收集其他辅导员及网络教育体验故事或案例，通过养成对这些教育体验故事进行总结和反思的习惯和能力，形成自身对教育的“在行动前反思、在行动中反思、在行动后反思，还要反思中反思”从中寻找出或领悟出教育体验中的本质与意义，使自己未来的教育更加有智慧，更好达到教育效果和目标。教育现象学大师范梅南及其弟子李树英教授所倡导的教育现象学反思性描述和写作，是教育者个人教育体验严肃的、艰辛的描述与写作，悬置、还原教育体验，追忆当时的情境，对细微的变化如语言、语气、表情、眼神等变化状态的关注和把握，深入当时当地的情境，真实地理解教育体验中生命及心灵的投入，发现和挖掘主题意义，这是找出教育契机的最有效方法。辅导员这样去反思，将会理解到日常教育工作过程切不可千篇一律开展“说教”式的理论教育。要关心关爱学生、平等地对待每一位学生，不要轻率给学生贴“标签”和下定论。要永远带着探索学生世界的好奇，走近学生和与学生相处。要充分了解学生，找到学生行为背后的原因，包容甚至原谅学生的欠成熟与不理性。辅导员的包容是保持和谐师生关系的重要因素，也是教育之“教”与“育”的应有之义。还要善于创造轻松舒适的教育环境，理解学生内心深处的体验，让学生表达出内心真正的想法和需求，施以个性化教育。高校辅导员只有在反思中取其精华、去其糟粕，不断提升自身的教育智慧，探索新思路、新举措、新方法，才能达到事半功倍的教育效果和教育目标。高校辅导员

还要创造条件地去参加、组织针对教育体验故事开展的聚焦反思研讨，通过分享教育体验、经验和方法，与其他辅导员相互学习、借鉴，探索新的教育方法和技术，了解如何更好地理解和掌握学生需求和挑战，不断地发展和提高自身教育机智，创建一个更加理解学生的教育环境，以便能够为学生发展提供更好、更恰当的支持和引导。同时，使自己在反思自身的教育体验故事和其他辅导员的教育体验故事中领悟自己教育中的欠缺或者不足，从其他辅导员的教育体验故事中寻找教育“闪光点”和亮点，加以对比和借鉴，从而增强自己的教育机智和敏锐，不断完善自己的教育行为，发展自己的教育智慧。

综上所述，辅导员的教育智慧养成与发展涉及多个内部因素，包括教育理念、教育背景、教育理论和实践、专业知识和技能、态度和价值观、职业发展等。而最重要的因素是需要从教育学的角度理解学生内心体验，通过自身追忆教育生活体验、反思教育生活体验情境以及参加教育体验故事聚焦反思研讨来不断提升自己的教育好奇心、敏感性和机智，以便在自身未来的教育过程中，更敏锐地对学生做出最恰当的教育行动。

二、助推高校辅导员教育智慧养成与发展的外部因素

教育的重要性日益凸显，对于高校辅导员的培养和培训也越来越受到关注。目前，教育管理部门和高校对辅导员的岗前培训、入职培训、继续教育培训基本上以理论学习、政策学习和沟通技巧、活动组织和培训以及经验分享来强化辅导员的意识和能力，职业化、专业化来源于培训专家或是领导，还未形成专家、辅导员、学生工作部门负责人等组成的专门针对教育体验反思研讨共同体，共同挖掘教育体验故事中蕴含的本质与意义，共同养成或发展教育智慧范式。

本书以教育现象学的思想和方法，通过脚踏实地地对教育体验故事的撰写、描述及一对一访谈，去接近教育体验故事事实本身，使辅导员的教育体验回到教育事务本身，在“生活体验世界”中获取知识，得到领悟。以“撰写教育体验故事—教育现象学访谈描述体验故事—教育现象学改写体验故事—聚焦反思教育体验故事”模式，对教育体验故事进行细致入微的反思、分析研究，而不是虚无缥缈的思辨和构想、高高在上的纲领式学习和泛泛的论证，引导辅导员深入学生和其他辅导员当中开展对话式反思、研讨，探究教育体验故事中蕴含的本质与意义。此教育现象学行动研究模式，一方面有助于激发辅导员关注教育世界的细节，把教育体验作为其探寻的起点和基础，把辅导员教育根植教育生活世界，发现教育生活世界中的问题，从而探究出教育的目的和价值，也使辅导员领悟到在日常教育管理中了解大学生的精神世界和内心深处体验，为辅导员和大学生更好地相处创造基础和条件，也为辅导员理解学生行为背后因素提供途径。另一方面有助于辅导员以教育学的眼光看待大学生。以对教育体验故事悬置自己的偏见和前认识，排除积淀潜意识中的一切文化、知识、认知等影响，全身心地投入到教育体验故事本身，认真地审思教育情境中的当时现象，引导辅导员以教育学的眼光看待学生、理解学生，发现学生的优长和闪光点，突出学生主体性，关注学生生活世界、内心体验及环境因素，认识大学生主体性的重要意义。加之教育现象学研究的现象包括如辅导员对学生的情感，学生所产生的不满、不屑、愤怒、激动、悲痛，也包括一些教育经验层面的内容如教育管理、日常活动、辅导员教育态度、学生学习、学生生活、学生精神等，可使高校从辅导员或大学生的现象学研究中了解师生对学习、生活、环境、关系的体验，更好地完善学校教育决策、制度建设、管理办法。特别是能使辅导员从学生内心体验出发，不断改善自己的教育方式方法、教育策略、教育环境。基于以上研究意义，希望本书能在教育管理部门、高校对辅导员培养培训中得到借鉴、运用和推广，使辅导员教育智慧更好地在对教育体验故事反思研讨中得到养成和发展。因此，从外部来说，建议从以下几个方面着力。

（一）加强对高校辅导员教育学理念的渗透

理念问题是辅导员教育的宗旨问题、方向问题和准则问题，也是指导辅导员自身教育智慧发展的问题。辅导员的教育学理念是对自身价值和使命的精准阐发，是对其自身发展定位和愿景的高度凝练，更是对教育行为的明确要求。高校应当将辅导员岗位的目光、内容观和方法观与具体时空背景和未来发展需要相结合，使党和国家的要求、大学生成长成才的期盼、辅导员的职业追求有机结合起来，促进辅导员教育学理念并为其所遵循和践行，成为辅导员教育智慧养成和发展强有力的指导思想。

（二）建立高校辅导员人文育人评价机制

目前，我国高校辅导员受现行重业绩和数量等外部评价机制影响和驱动，忽视了学生内在的生命价值和精神因素教育。评价机制应全方位、多角度地反映辅导员的岗位职责和工作实绩，使辅导员管理制度真正成为辅导员职业建立、工作发展的保障。本书启发的问题有如何通过以教育学生的精神结构为主旨评价辅导员的教育成果，引导辅导员从教育学的角度看待学生和教育学生。高校应更多地从辅导员日常教育管理中如何对待学生、如何与学生相处、如何引导学生思想觉悟、如何施以个性化教育、如何从学生内心体验开展教育和管理等方面，对辅导员工作给予科学合理的评价。建立或补充这样的人文育人评价机制，必将有效促进辅导员完善知识结构、健全工作能力、增长教育智慧。

（三）引导和培育高校辅导员从学生内心深处体验出发去理解学生行为

随着社会的不断发展，高校辅导员不仅需要具备更高的教育水平、更广泛的知识面和更强的专业技能，还要增强教育情境的敏锐性、人文关怀性等，以满足社会对于高等教育的不断增长的需求。辅导员也是一个个鲜活的个体，每一位辅导员的思想境界、行为准则、家庭情况、教育背景、社会认知等都不同，年龄、性别、阅历、领悟性等也不一样，所以每一位辅导员都是不同的个体，都具有不一样的个性特征，这些差异性和个性化使辅导员的胜任力、自我反思力、教育理念、教育目标、教育效果各有差异。培育有教育智慧的高校辅导员或者说激发和养成高校辅导员的教育智慧，这需要了解辅导员个人背景情况，关心、关爱、激励和挖掘辅导员内在优长和潜能。要求并激发所有辅导员都从教育学角度认识学生、了解学生、对待学生，从学生内心深处体验出发去理解学生行为，施以有智慧的教育和管理。

（四）为高校辅导员提供更多的培训、进修、交流机会与管道

经本教育现象学行动研究，参与研究的辅导员均不同程度地提升了自身的教育智慧，而聚焦反思研讨为最佳提高点。在聚焦反思中，辅导员针对教育体验故事共同反思、研讨，获得教育本质与意义，得到启发和顿悟，并反思自身的教育情境与其他高校辅导员的教育体验，感悟自己的不足，从而改进和完善自身以后的教育方式方法，提升和发展自身的教育智慧。因此，教育管理部门和高校有必要出台一系列政策和措施，提供这样围绕教育体验故事进行聚焦反思研讨活动的平台，并保障必要的资源和资金支持，让辅导员有更多的培训、进修、交流、研讨机会，以多元化、多种管道使辅导员在提高教育水平和专业技能的同时实现养成和发展自身教育智慧。

（五）帮助高校辅导员做好职业发展规划

辅导员工作烦琐，千头万绪，精神压力大，很容易产生职业恐慌，或对辅导员工作了解不深，以致有工作态度不积极、工作效率低下、跳槽、换岗等情况发生。因此，高校管理机制应该为高校辅导员提供更好的工作环境、教育资源和发展机会。通过提高高校辅导员的工作待遇、职业发展、晋升机会以及教育资源的保障，从而吸引更多的人来从事高校辅导员的工作。当高校给予辅导员更多的经济、生活、工作上的帮助和支持，帮其做好职业发展规划，给予发展希望，包括支持学历提升、职称晋级、岗位晋升，出台相对应的配套奖励办法，才能吸引人才入职辅导员岗位，留住充满教育智慧的辅导员长期从事大学生教育和管理工作。还可建立高校辅导员轮岗制或兼职制，消除辅导员的工作疲劳感，对各岗位的理解和体验，增强综合教育、管理能力。

近年来，随着教育的不断发展和变革，科技的不断发展和普及，各种新的教育技术和方法不断涌现，辅导员的教育和管理面临着新的挑战和机遇。为了更好地适应时代的需求，促进辅导员的教育智慧养成已经成为一个重要的任务。辅导员教育智慧的关键在于培养其创新思维和能力，采用新技术和方

法，更好地激发学生的内在兴趣和积极性。高校可以通过组织创新教育培训、激励创新教育研究，提供相关的技术和设备、鼓励辅导员尝试新方法，同时加强与辅导员的沟通和交流、建立良好的教育氛围等方式，帮助辅导员提升创新思维和能力，从而更好地应对学生的需求和挑战，更好地服务学生，推动教育事业的发展。

综上所述，政策支持、社会需求、高校管理机制和教育资源是助推高校辅导员教育智慧养成与发展的重要外部因素。只有在这些外部因素的支持下，高校辅导员才能不断提高自己的教育敏感性和机智，养成和发展教育智慧，更好地服务学生和社会，落实党和国家的立德树人根本任务。

第四节　研究局限与展望

全面推进中国式现代化落实教育、科技、人才“三位一体”战略部署，是新时代的大学生教育面临新机遇和新挑战。每一个大学生背后都牵系着一个家庭，每一个家庭又牵系着一个单位和集体，大学生的教育和成长与国家、社会有着千丝万缕，如何培养出有优秀能力、有自立自强意志、有智慧、有信仰、有爱国情怀等品格的大学生？这需要处于高校学生工作最前沿的辅导员不仅在日常教育和管理中对学生进行“润物细无声”的思想教育和引导，还要结合大学生个体特征、个体情况施以个性化教育，实现教育无缝衔接以及全程育人、全方位育人。因此，作为对大学生思想政治教育和日常管理第一人的高校辅导员，要在教育和管理过程中交互式、开放式、定制式地养成和发展教育智慧。

一、研究局限

本书聚焦高校辅导员的教育生活体验，通过教育现象学的参与式行动研究方法，以期在行动研究中，不断提升辅导员的反思力，形成教育的敏感和机智。但因新冠肺炎疫情影响，原本计划开展一次大型的聚焦反思研讨和多轮反思研讨未能如期进行。如果没有疫情影响，面对面针对体验故事文本的采集、聚焦讨论和反思活动可开展多轮，能更加深入和多维地探讨辅导员的教育生活体验。因此，目前的研究只是初步的，范围不大，还需要不断拓展和深化，需要大量管理部门、各高校、所有辅导员都给予重视，采取更多举措办法，丰富研究样本，形成更多新的规律性认识，建立健全高校辅导员教育智慧养成与发展和发展机制。

二、研究展望

当今社会，高校辅导员的教育智慧养成与发展已经成了一个备受关注的话题。然而，要想让辅导员的教育智慧养成与发展取得更好的成效，除辅导员自身因素外，更多的是来源于国家、社会及高校从方针政策到社会舆论等全方位对辅导员职业威望和社会地位的尊重、关心、理解和认可。其中，提供辅导员成长情感动力，建立健康的人际关系是重中之重。随着党和国家一再强调高校辅导员工作的重要性和对辅导员工作的创新需求，高校将辅导员工作融入课堂教育，实现了对学生日常管理和教育与课堂教育相融通，辅导员的价值和意义得到更大的显现。如何更好地激发和挖掘辅导员的教育情怀、教育智慧，使之更能胜任大学生教育和管理的职责，研究者将从包括但不限于以下两个方面延续本书。

（一）搭建多元化教育智慧养成研讨平台

本书深入阐述了教育现象学的基本概念、原理和研究方法，从理论层面上为高校辅导员教育智慧养成与发展提供了支持。通过以教育现象学的视域对高校辅导员的教育智慧现象进行深入分析，探索出了高校辅导员教育智慧养成与发展的实践路径和方法，并采用邀请研究对象撰写体验故事文本、访谈及观察研究对象、聚焦反思研讨等方法，收集到了高校辅导员教育智慧养成与发展的实践经验和问题，共同探索出了教育体验故事文本的本质与意义，提出了教育智慧养成的主要特质和路径，从实践层面上推动了该领域的研究和探索。

研究者将继续在本书成果的基础上，通过搭建学术交流平台和专业社群等方式，如学术论坛、研讨会、培训班，以及建立专业组织、学术平台、社交网络等，参与更多的学术交流和研究合作机会，有效将教育现象学视域下高校辅导员教育智慧养成与发展的有效途径和方法进行推广，增强与高校辅导员之间的交流研讨，分享经验和创新成果，提升自身和高校辅导员的教育水平和研究能力。同时，从现有研究实践中总结经验、发现问题、优化策略，与相关领域的专家学者以及高校辅导员、学生工作部门负责人等形成合作体，共同推进高校辅导员教育智慧养成与发展的实践研究和运用，例如开展辅导员聚焦反思研讨工作坊活动，帮助高校辅导员提升整体素质和水平，助力其专业发展和职业成长。

（二）跨学科探究教育智慧养成更多可能性

研究者将梳理现有研究成果，通过问卷调查、访谈等方式，进一步了解目前高校辅导员教育更多的实际需求和问题。根据大学生教育的整体需求，从教育质量提升、学生综合素质培养等方面出发，跨学科探究高校辅导员在大学教育中的作用和价值，邀请不同领域的专家学者参与研究，如心理学、教育学、社会学等，建立高校辅导员教育智慧养成与发展的跨学科研究探讨结构，促进从不同领域探究高校辅导员教育智慧养成与发展更多可能性，提高研究的深度和广度，为高校辅导员的教育智慧养成提供多视野、多角度的理论和实践支持。同时，进一步探究教育现象学理论和实践运用，例如，以“教育现象学视域下探讨高校辅导员核心素养培养培育研究”“教育现象学视域下高校辅导员教育智慧生成与发展研究"为主题的国家级、省级课题申报等，从而发掘教育现象学在高校辅导员教育智慧养成与发展中的应用前景，将本书教育现象学研究范式实实在在落地到高校辅导员的教育实践中去，为高校辅导员的专业发展和职业成长提供更多可能性支持和帮助。

附　录

附录一　参与研究同意书

本人　　　　自愿参与“中国高校辅导员教育智慧养成与发展之教育现象学的行动研究”的访谈与讨论会。该研究目的在于用教育现象学的理论和研究方法，开展高校辅导员教育智慧养成与发展的研究，以促进高校辅导员更好地理解教育体验，养成教育智慧。

本人知道并同意参与该研究的写作、访谈与小组讨论会：讲述或描写本人在教育学生过程中的生活体验；针对本人的教育学生生活体验故事，接受进一步的访谈；参与研究者与专家、高校辅导员组成的研究讨论小组会，共同对教育体验进行总结、反思；参与研究后接受问卷调查进行相关情况的反馈。

本人了解该研究以录音、视频及文字形式记录，也明白参与研究为自愿原则，可于任何时间要求退出或终止参与该研究。

研究者必须向本人保证，有关录音、视频及笔录内容只供本书所用，并保密。如果用于研究者的论文或在学术刊物上发表，须把本人的名字以匿名或代号方式显示，涉及本人身份的地方（如所在工作单位名称）如未经本人允许则必须作出变更。

参与者签名：　　　　　　　　　　研究者签名：
日期：　　年　月　日　　　　　　日期：　　年　月　日

附录二　教育体验写作邀请函

尊敬的高校辅导员：　　　　　您好！

本人是广东科技学院李英，现正在进行《我国高校辅导员教育智慧养成与发展与发展之教育现象学的行动研究》的辅导员教育体验故事收集工作。衷心邀请您在百忙之中参加本书的故事写作。研究者承诺，保护您的隐私，您的姓名以及在写作中出现的所有人名、学校信息都采取匿名方式呈现，写作内容只作为本书使用。

写作要求：请您描述在教育和管理学生过程中，让您记忆最深刻最难忘的教育体验故事。请您根据回忆，在什么时候、什么地方、什么情景下发生的，当时您内心的感受、学生的反应是怎么样的等教育体验故事，按最真实、最原本的发生经过描述出来。例如，当时发生了什么？您说了什么、做了什么？您对所说所做有什么感受？故事中的人（学生、与故事相关的人）说了什么、做了什么？神态、表情有什么变化？您瞬间的感受是怎样的？描述越具体越好，越原本越好。您无须考虑文笔是否优美，也无需对故事进行解释与反思，只按原本事件的整个过程流水式描述出来即可。

对于本书，若您有任何意见或建议，欢迎随时提出。谢谢您！

联系人：李英，电话：13790380101，邮箱：280242734@qq.com

广东科技学院：李英

日期：　　年　月　日

附录三　教育体验文本确认书

本人已亲自阅读教育体验文本，确认该文本符合本人在草稿撰写和访谈中的描述，同时确认研究者已删除教育体验文本中能够识别身份信息的内容，仅呈现用于编码的象征性编号。

本人同意广东科技学院李英的《我国高校辅导员教育智慧养成与发展与发展之教育现象学的行动研究》使用教育体验文本中的资讯。

特此确认。

签 名：　　　　　　　　　　日期：　年　　月　　日

附录四　一对一访谈提纲(辅导员版)

尊敬的高校辅导员：　　您好!

非常感谢您参与《我国高校辅导员教育智慧养成与发展与发展之教育现象学的行动研究》的项目访谈。此次访谈旨在了解您在教育体验中最难忘的故事。受访者提供的信息我们将严格保密,并只作研究用途。希望您能接受我们的访谈。谢谢!

广东科技学院 李英 敬上

一、访谈对象基本信息

1. 姓名：　　2. 性别：　　3. 年龄：

4. 最高学历：　　5. 最高学位：　　6. 最高职称：

7. 工作高校：　　8. 从事高校辅导员工作年限：

二、访谈基本问题

1. 针对描述文本中没有描述完整的对话场景：

当时您(或者对方)说了什么话吗?

2. 针对描述文本中已有对话但缺乏体验描述的情况：

当时的情境是什么样的?您说这句话的时候心里的感受是怎么样的?对方有何反应?对方说这句话的时候有什么表情?是什么语气?您听到对方说这句话的时候有什么感受和反应?

3. 针对描述文本中对体验的描述,进一步追问：在文本中,您写道——,您为什么会这么认为呢?当时您出现这种情绪,有什么原因吗?您觉得当时学生为什么会有这种反应?

您觉得当时与学生相处时,您当下的反应是否具有教育智慧?是否抓住了教育契机?是否达成了教育效果?是否有哪些行为或言语是自己觉得后悔的?

如再遇到这种情况,您会选择怎样的处理方式?在进行文本写作后,您是否发现之前教育情景发生时没有意识到的蕴含在教育体验故事中的意义?

附录五　一对一访谈提纲(大学生版)

尊敬的　　　　　　　　同学:您好!

非常感谢您参与《我国高校辅导员教育智慧养成与发展之教育现象学的行动研究》的项目访谈。此次访谈旨在了解您在教育体验中最难忘的辅导员及故事。受访者提供的信息我们将严格保密,并只作研究用途。希望您能接受我们的访谈。

谢谢!

广东科技学院 李英 敬上

一、访谈对象基本信息

1. 姓名：　　　　　　2. 性别：　　　　　　3. 年龄：

4. 学历层次：　　　　　　5. 专业班级：

6. 学生干部职务：　　　　7. 就读高校：

二、访谈提纲

1. 你最喜欢什么样的高校辅导员?

2. 你最不喜欢什么样的高校辅导员?

3. 你们的辅导员在你和你们同学眼中是怎么样的?

4. 你认为最好的辅导员是怎么样的?

5. 你想从辅导员那里学到什么?

6. 你认为什么样的高校辅导员才是有教育智慧的辅导员?

7. 你能不能描述下你们辅导员对你一次最难忘的教育体验? 例如,您迟到了、旷课了、遇到困难了等,当时辅导员是怎样教育你的? 当时,有没有其他老师和同学在场? 你的心情怎么样? 内心是怎么想的?

附录六　聚焦反思邀请函

尊敬的＿＿＿＿＿＿＿＿＿＿＿高校辅导员，您好！

为更好地发展高校辅导员教育智慧，探讨高校辅导员教育智慧养成与发展路径，现针对采集的高校辅导员教育体验故事文本开展反思与研讨。本次研讨与反思邀请了教育现象学著名专家参与指导。鉴于您在高校辅导员工作方面有丰富的实践经验，特诚邀您出席研讨会并发言。

如蒙应允，不胜感激。

广东科技学院：李英

年　月　日

附件1：研讨会详细安排资料。

附件2：高校辅导员教育体验故事辑录。

附录七　研讨会详细安排资料

一、研讨会基本信息

1. 时间：　　年　月　日(星期)19:00

2. 地点:会议室

3. 形式:线上线下结合

4. 内容:分享辅导员教育体验故事、发现辅导员的教育智慧

5. 参与者:教育现象学专家 、学生工作部门负责人 、参与研究高校辅导员、其他辅导员

6. 主持:×××

二、研讨会流程

(一) 研究者介绍参与研讨会的嘉宾和辅导员

(二) 对教育生活故事文本逐个进行分享和展开讨论

每个故事的分享按以下顺序进行：

1. 辅导员教育体验故事撰写者分享故事文本。

2. 研讨会参与者分享对教育体验故事的理解和反思。

3. 专家分享对故事的理解和意义探究。

附录八　研究小组讨论提纲

尊敬的专家　　　　　　　：您好！

非常感谢您参与《我国高校辅导员教育智慧养成与发展之教育现象学的行动研究》项目讨论。此次讨论旨在了解高校辅导员在教育体验中难忘的故事。讨论者讨论的信息我们将会严格保密，并只作本书用途。希望您能接受并支持我们的讨论。

广东科技学院 李英 敬上

一、讨论对象基本信息

1. 姓名：　　　　2. 性别：　　　　3. 年龄：

4. 最高学历：　　　　5. 最高学位：　　　　6. 最高职称：

7. 研究方向：　　　　8. 工作单位：

二、讨论基本问题

1. 针对高校辅导员文本中描述的教育体验故事，您觉得真实吗？普遍吗？处理得有智慧吗？

2. 针对描述文本中教育体验的情况，您认为当时的情境，辅导员应该如何处理才在“此时此地”会更让学生接受？您对辅导员当时说的话觉得是否妥当？如果是您会如何感受和反应？

3. 针对描述文本中对体验的描述，您认为当时辅导员为什么会那样处理（那种反映），原因是什么？

4. 您觉得当时学生为什么会有这种反应呢？

5. 您觉得辅导员当下所做出的反应是否具有教育智慧？是否有哪些行为或言语是可以更机智些？

6. 如果您遇到这种情况，您会如何处理？

7. 您如何理解蕴含在教育体验故事中的意义？

8. 您觉得高校辅导员教育智慧应该具备哪些素养？

9. 您觉得高校辅导员教育智慧养成与发展有哪些路径？教育现象学行动研究是否是高校辅导员教育智慧养成与发展的可行路径。

附录九　大学生心目中的好的高校辅导员问卷调研第7题

1	序号	7、请您描述下，让您最难忘的一次辅导员对您的教育体验。	8、您是	10、您	11、您	12、您
2	1	有次我在教学楼抽烟，被一位老师抓到了，按校纪校规要被处分，我们辅导员只是把我批评教育了一番，但未给予我处分，感觉她很维护我，很感动，所以以后我再也没有违法过校纪校规了！	湖南涉外	专科	20	男
3	5	大学是小型社会.不能一根筋追求对错，更重要的是达成目标	(空)	本科	34	女
4	7	入学时候老师教导要学会求知	湖南涉外	专科	34	男
5	9	询问家庭困难情况，给与了帮助。	湖南涉外	专科	34	女
6	10	辅导员对我们的关爱和帮助	(空)	专科	(空)	女
7	13	有一次心情不好，辅导员耐心的跟我聊天，沟通，后来就解开心结了。	湖南涉外	专科	34	女
8	15	鼓励我竞选院团委副书记	湘潭大学	本科	42	男
9	19	开学的第一周，来宿舍找我们座谈，熟悉学校氛围，活动组织等。让我们及时融入学校。	湘潭大学	本科	32	男
10	20	步入校园，入住宿舍后辅导员过来亲和的和大家打招呼，拉家常，了解大家的心理落差，给大家分享大学生活应该有的样子。	湘潭大学	本科	19	男
11	22	一起过生日。	湘潭大学	研究生	35	男
12	28	为班级解决问题	广东科技	本科	21	男
13	32	带我看病	广东科技	本科	19	男
14	33	对自己交上去的作品细心指导纠正	广东科技	本科	19	女
15	37	做错事不批评嘘寒问暖	广东科技	本科	20	男
16	47	感情方面的教导	广东科技	本科	23	男
17	57	同学生病了十分关心	广东科技	本科	20	女
18	61	我的导员太好了，和他的多次沟通往往都能让我记忆深刻， 学习到很多在为人处世以及生活学习方面的方式方法	广科	本科	20	男
19	64	风趣幽默	广东科技	本科	18	女
20	68	一对一面谈我的考研想法和发展	广东科技	本科	19	女
21	74	已自身经验对我们进行教育	广东科技	专科	18	男
22	75	一次自己犯了错，辅导员一直帮我解决	广东科技	本科	20	男
23	84	热情帮助同学 学校生活关心到位	广东科技	专科	18	男
24	89	告诉我放松身心，积极应考，考糟糕了也没有关系	广东科技	本科	19	男
25	90	热情的帮助 就是一个非常负责任的辅导员很感谢他的帮助	广东科技	专科	18	男
26	91	耐心的帮我们宿舍解决各种问题	广东科技	专科	20	女
27	94	无论学生何时遇到情况，总能及时回应	广东科技	本科	20	男
28	97	第一次开班会很幽默，让我感觉很轻松	广东科技	专科	20	女
29	102	很包容，会及时回复	广东	本科	20	女
30	103	让我们学会自立、自强、自爱	广东科技	专科	19	女
31	104	让我意识到自己没有想象中那么完美,所以要尊重别人的不完美	广东科技	本科	19	男
32	111	就是让我们怎样更好的去管理班级	广东科技	本科	18	男
33	112	辅导员每次都语重心长地教导我们应该在大学期间努力学习专业知识，多参加比赛，积累经验，实现自己的价值。	广东科技	本科	21	女
34	114	初来乍到的时候来寝室问候	广东科技	本科	18	男
35	115	和辅导员的第一次接触，没有什么紧张的感觉，辅导员和善也挺风趣	广东科技	专科	18	男
36	116	帮忙解决问题	广东科技	本科	22	男
37	118	第一次开班会，从心底感觉到一个好的辅导员在我未来大学三年的学习，为人处世，充实自己等的生涯中帮助很大	广东科技	专科	19	女
38	124	开学时认真对我们进行安全教育以及学习思想教育	广东科技	本科	18	女
39	125	向导员问问题他都非常认真的回答我们的问题	广东科技	专科	18	男
40	126	请假不问理由，尊重我们，把我们当成一个成年人对待，懂得自己的事情为自己负责	广东科技	本科	20	女
41	127	在我进行秋招找工作时，辅导员通过自身的体验给我分享了建议	广东科技	本科	23	男

42	128	帮助同学度过难关	广东科技	本科	19	男
43	140	在讲台上激情方言、鼓励同学	广东科技	本科	19	女
44	145	对我关心，问我在大学有什么感觉	广东科技	本科	19	男
45	149	即使到了下课时间，也仍耐心地为我们解答疑惑。	广东科技	本科	18	女
46	159	经常宿舍走访 了解我们的生活状态和学习情况	广东科技	本科	22	男
47	160	在有困难时伸出援手	广东科技	本科	18	女
48	161	在处理问题时，永远不会刁难学生，大多数都是情大于理，让学生心里能真正体会到人情味。	广东科技	本科	21	男
49	178	在入学第一天，辅导员为我们悉心准备了第一次新生班会。他详细介绍了广科，并让我们进一步了解了大学生活的方方面面，帮助同学们规划大学生涯，使众位新生受益匪浅。	广东科技	本科	18	男
50	187	辅导员对我的缴费问题的帮助	广东科技	本科	19	男
51	189	疫情在校安抚我们的情绪	广东科技	本科	21	女
52	199	帮助我解决生活上的困难，关心爱护学生	广东科技	本科	22	女
53	213	在我犯错误的时候耐心的安慰我开导我	广东科技	本科	20	女
54	215	了解学生情况，关心学生	广东科技	本科	21	男
55	218	辅导员经常对我们说要爱护自己	广东科技	本科	22	女
56	223	走访宿舍关心同学	广东科技	本科	22	男
57	224	用心关爱我们大家，在封校时期做好了心理疏导	广东科技	本科	21	女
58	231	用实际行动去理解学生	广东科技	本科	18	女
59	232	在咨询考研相关事项的时候	广东科技	本科	20	女
60	233	及时跟进学生遇到的问题	广东科技	本科	24	男
61	235	有困惑需要去咨询老师时，老师耐心解答	广东科技	本科	22	女
62	238	老师很关心学生，经常了解学生的学习情况	广东科技	本科	22	女
63	250	跟我一起送舍友去医院	广东科技	本科	22	女
64	254	1.耐心，关心我们封校的心理状态2.亲切，能玩到一块	广东科技	本科	23	女
65	255	在疫情期间调节我们的心情	广东科技	本科	23	女
66	256	辅导员经常关注我们学生情况	广东科技	本科	25	女
67	259	对我们提出的问题，都能够及时的帮我们解答及提供帮助	广东科技	本科	21	女
68	265	教会我与舍友如何相处，把自己的格局打开，当他人背地里说自己坏话的时候，自己的格局要打开，不和他人斤斤计较，做好自己。	广东科技	本科	22	女
69	270	辅导员得知我们因为五育等级不达标可能无法申请到奖学金，是辅导员尽心尽力为我们争取，并且鼓励我们努力学习，继续保持好成绩。	广东科技	本科	22	女
70	274	非常细心地关心我所遇到的问题	广东科技	本科	21	男
71	276	认真倾听我们的需求并帮我们解决问题	广东科技	本科	22	女
72	277	宿舍使用大功率 辅导员悉心讲解使用大功率的危害	广东科技	本科	21	女
73	283	和我们一起谈心，谈未来，谈就业	广东科技	本科	22	女
74	290	给予了我很多关于简历上的指导	广东科技	本科	22	女
75	295	说好听我们心声换宿舍，但是把我给调到了无人认识的宿舍生活，真的是够了	广东科技	本科	24	女
76	296	倾听我们的需求并帮我们解决问题	广东科技	本科	22	女
77	297	第一次见到辅导员的时候，和我们讲了在职场上所经历的种种，有好有坏，那次我真正意识到要努力要多考证平时少说多做，让自己发光别人才能看到你	广东科技	本科	21	女
78	302	在我对待学生工作不够细心时会安慰我并且教我如何做好它	广东科技	本科	21	女
79	303	主动友好的关心我换宿舍的问题，很感谢她的耐心与温柔，非常好的一个辅导员。	广东科技	本科	23	女
80	305	老师倾听学生的需求，积极开展班级活动	广东科技	本科	22	女
81	315	教会我如何面对失败。	广东科技	本科	21	女
82	318	请教辅导员问题耐心细心解答	广东科技	本科	23	女
83	322	大着肚子为学生奔波	广东科技	本科	22	男
84	323	有问题询问，会及时回复和积极帮助解决问题。	广东科技	本科	23	女

85	329	和蔼可亲，即便我做错事也只是教育，并没有进行不正当的批评	广东科扌	本科	21	男
86	331	生病时关心学生	广东科扌	本科	22	女
87	332	身体不适，辅导员关心很及时	广东科扌	本科	21	男
88	335	沟通好实习相关事宜 及时通知及时沟通	广东科扌	本科	21	女
89	336	对于我问的多个问题 非常有耐心 认真负责的解决我的疑问	广东科扌	本科	18	女
90	337	辅导员给我们发军训服，他的组织方式很军训，却又不是想军训那样说一不二的，是带有幽默风趣的，严厉中有流露着温油	广东科扌	本科	18	女
91	338	心理压力太大时，辅导员陪我聊天谈话疏通。	广东科扌	本科	23	女
92	339	遇到问题，及时解决	广东科扌	本科	22	女
93	344	及时提醒我补交资料并耐心等待我，让我能不因自己的疏忽错过奖学金评比	广东科扌	本科	22	女
94	345	和我聊人生，给我建议	广东科扌	本科	21	男
95	353	班会课悉心教导我们要好好做人	广东科扌	本科	19	女
96	354	我生病时要到医院去照顾我	广东科扌	本科	19	女
97	355	打电话问我到家没	广东科扌	本科	20	女
98	356	在假期也依旧耐心给我们处理问题	广东科扌	本科	19	女
99	364	辅导我参加比赛	广东科扌	本科	18	女
100	367	私底下交流很温柔	广东科扌	本科	20	女
101	369	在我隔离期间，及时关注我的动态	广东科扌	本科	22	女
102	382	因为疫情元宵节回不了家辅导员组织大家过元宵节	广东科扌	本科	22	女
103	384	老师开车载我去医院核酸	广东科扌	本科	21	女
104	385	班会做事效率高，不磨磨唧唧	广东科扌	本科	18	女
105	388	辅导员走访宿舍，悉心关怀每一位同学	广东科扌	本科	24	女
106	390	暑假留校打工，辅导员来宿舍关心我的情况	广东科扌	本科	20	女
107	391	因为疫情封校，学生在宿舍上网课，辅导员来宿舍看我们，陪我们聊天	广东科扌	本科	19	女
108	392	疫情导致心理非常难过，然后辅导员让我回家	广东科扌	本科	19	女
109	398	会热情的向我介绍学校有关的知识和悉心指导我们学习	广东科扌	本科	20	女
110	401	好像没有被批评过，更多的是收获到辅导员的鼓励。	广东科扌	本科	23	女
111	402	来宿舍关爱大家	广东科扌	本科	19	女
112	403	体谅我们，关心疫情封校的我们	广东科扌	本科	21	女
113	405	不开心的时候开导我	广东科扌	本科	21	女
114	414	疫情期间辅导员对我们不能回家的安慰	广东科扌	本科	19	女
115	416	帮助我解决问题	广东科扌	本科	19	男
116	417	耐心细心的教导	广东科扌	本科	21	女
117	426	走访宿舍，关心学生	广东科扌	本科	20	女
118	427	来寝室宣讲防诈骗知识	广东科扌	本科	20	女
119	429	班会课上告诉我们不要人云亦云要有自己独立的思考	清华大	本科	20	女
120	430	有一次在辅导员睡觉的时间打电话给她了她也接	广东科扌	本科	19	女
121	433	热心关爱同学	广东科扌	本科	20	女
122	434	站在他人角度看待问题	广东科扌	本科	20	女
123	443	个人比较敏感，每一次对话都很难忘，没什么事不想再有接触，放弃所有想评奖的念头，自己做好自己的事	广东科扌	本科	22	女
124	446	不要因为要做的事情没有劳动所得或者报酬就不去做，就比如帮新生帮忙搬东西，我们作为师兄师姐，要尽里出一份力	广东科扌	本科	21	女
125	448	初次来学校，我很晚打电话给老师说什么我忘了，反正老师很温柔的回我，一点不见生气，这个我很受震撼	广东科扌	本科	21	女
126	449	辅导员关爱学生	广东科扌	本科	21	女
127	452	多次强调预防诈骗知识与日常行为规范提醒	广东科扌	本科	19	女
128	453	心情极其难过，辅导员跟我谈心	广东科扌	本科	20	女

129	456	理解同学所需，包容同学的小错	广东科扌	本科	23	女
130	457	打电话咨询我们宿舍的人际关系	广东科扌	本科	23	男
131	458	不厌其烦为我们解答疑惑。	广东科扌	本科	19	女
132	459	生病时的关心	广东科扌	本科	22	女
133	463	第一次当班级干部 辅导员会认真交代好我需要完成的工作 并且耐心的跟我讲解	广东科扌	本科	20	女
134	474	每次找老师纠正自己的资料是否有错误，老师都会帮我认真的看	广东科扌	本科	21	女
135	476	相信老师就没好果子吃，实践检验真理，懂得都懂	青海大乌	专科	做客	女
136	479	一时想不起来 但我们辅导员的教育方式属于润物细无声	广东科扌	本科	22	女
137	482	平时讲反诈骗宣传的时候很耐心	广科	本科	19	女
138	483	很耐心很体贴	广科	本科	19	女
139	489	辅导员让我明白了要在正确的时期做正确的事情，做好自己未来的职业规划	广东科扌	本科	20	男
140	494	感觉老师更像朋友一样	广东科扌	本科	20	女
141	502	无论什么情况下，辅导员都很认真地帮我解决所遇到的难题，谢谢老师~	广东科扌	本科	21	女
142	505	辅导员面对我的问题耐心解答	广东科扌	本科	19	女
143	508	谈论如何看待追星的态度	广东科扌	本科	19	女
144	513	她很善于与我们沟通，采纳我们的意见	广东科扌	本科	19	女
145	514	很关心班级的每一个学生	广东科扌	本科	20	女
146	519	积极解答学生的问题	广东科扌	本科	22	女
147	524	在疫情期间关心我，经常与我聊天	广东科扌	本科	23	女
148	525	对我们所有事都很细心	广东科扌	本科	23	男
149	526	在封校期间，辅导员积极走访宿舍，鼓励我们即使封校也可以在宿舍运动，学习，走出宿舍，走进操场。	广东科扌	本科	25	女
150	528	知道我情况特殊，且经济困难之后，马上给我打电话问详情，之后也很理解我的各种决定，并且支持我，鼓励我。使我感到亲切感，不区别对待。	广东科扌	本科	19	女
151	530	有一次因为身体原因请假，辅导员很关心我	广东科扌	本科	19	男
152	534	大学刚刚入学去面试校团委部门干事的时候，有些害怕，辅导员一直相信我鼓励我！	广东科扌	本科	20	女
153	536	及时处理了我的困难	广东科扌	本科	21	女
154	537	有难必相助	广东科扌	本科	25	女
155	540	以李易峰嫖娼事件给我们讲诉道理，告诉我们要怎么前进	广东科扌	本科	20	女
156	541	上网课时候来看望我们	广东科扌	本科	21	男
157	542	很有耐心地去倾听我的烦恼，并和我谈了好久	广东科扌	本科	22	女
158	544	在一处开班会的时候，应该是诈骗班会，对我们苦口婆心的教导。	广东科扌	本科	22	女
159	547	在我有考研学习的问题时帮助我姐姐	广东科扌	本科	22	女
160	548	老师一对一解决我的生活烦恼	广东科扌	本科	21	女
161	555	有一次看老师没有看清楚，就没和老师打招呼就走了，到时候来幽默的调侃了我，觉得老师很平易近人，很讠	广东科扌	本科	20	女
162	560	上次班会辅导员跟我们沟通追星的问题吧，这个问题其实挺容易引起对辅导员的抵抗情绪的，但是辅导员还是充满勇气开启了这话题给我们传达她的看法，就觉得辅导员好有勇气好厉害！	广东科扌	本科	22	女
163	561	晚上回宿舍晚了，辅导员的谅解	广东科扌	本科	22	男
164	576	辅导员经常来班里关注同学们的情况	广东科扌	本科	19	女
165	577	假期还能及时回复消息	广东科扌	本科	19	女
166	584	认真了解我的需求，会认真为我解释事情的原由	广东科扌	本科	19	女
167	585	通过沟通进行心理疏导	广东科扌	本科	19	女
168	586	对学生充满爱心责任心	广东科扌	本科	21	女
169	589	探访宿舍	广东科扌	本科	22	女
170	590	疫情期间不可以随意进出校门，辅导员细心劝导我。	广东科扌	本科	19	女
171	591	遇到问题能及时得到辅导员的讲解	广东科扌	本科	20	女
172	592	每次有任何疑问，找辅导员总能帮助我们解决。	广东科扌	本科	22	女

173	594	辅导员教我组织班会	广东科技	本科	20	女
174	595	防诈骗教育宣传	广东科技	本科	19	男
175	596	身体的不适，辅导员细心周到	广东科技	本科	22	女
176	598	仁慈善良，理解学生	广东科技	本科	18	女
177	599	有一次晚回 辅导员出门口领我	广东科技	本科	20	女
178	601	军训时顶着高温来关心我们的情况	广东科技	本科	19	女
179	603	教我如何预防生病	广东科技	本科	20	男
180	612	我生病时，辅导员及时送我去医院治疗。	广东科技	研究生	50	女
181	620	在学校遇到问题可以及时帮我解答	广东科技	本科	24	女
182	621	以前的辅导员他会具体问题具体分析 给出建议	广东科技	本科	22	男
183	626	班会不死板 容易听进脑	广东科技	本科	21	女
184	627	跟学生军训	广东科技	本科	19	男
185	632	他让我们注意多方面的安全以及让我们好好思考大学的规划。	广东科技	本科	18	女
186	643	在心情低落时，对我的倾心劝导	广东科技	本科	22	男
187	649	在考试的前几天学生证落在家了 微信和辅导员说之后立刻打电话过来给我教我怎么开学生证明 还叮嘱我以后记得拿好证件	广东科技	本科	220	女
188	659	帮助我完成奖学金申请	广东科技	本科	23	女
189	662	不管什么事情，王琎辅导员都好有耐心	广东科技	本科	23	女
190	663	在开班会的时候我们学生只要有问题，老师都会积极的为我们去解决，而且会为我们考虑很多	广东科技	本科	21	女
191	664	辅导员在疫情期间打电话关心我在家的情况	广东科技	本科	21	女
192	669	教育我注意在网上的言行举止，并督促班上同学	广东科技	本科	20	女
193	675	真的很负责很耐心的解决我家庭经济困难认证的相关事情，虽然这件事很繁琐	广东科技	本科	22	女
194	684	给我们开班会时所教我们的为人处事的道理。	广东科技	本科	22	女
195	685	给我们开会时所教我们的为人处事的道理。	广东科技	本科	22	女
196	690	就是有我提的问题或者有困难辅导员都会有好的回应以及好的解决办法	广东科技	本科	20	男
197	697	询问我的身体状况是否能参加军训时耐心解答，让我轻松应对军训	广东科技	本科	18	女

附录十　大学生心目中的好的高校辅导员问卷(709 份)

大学生心目中的“好的高校辅导员”问卷

为了解大学生心目中的“好辅导员”，从而使高校辅导员从大学生教育体验出发开展教育智慧，特向大学生征集此问卷。

*1. 您最喜欢的高校辅导员【多选题】

- ☐ 从学生的内心体验出发开展教育
- ☐ 理想的用“爱”倾注学生教育
- ☐ 用“实践”去理解学生的体验，具有亲和力
- ☐ 与学生“同在”，做学生的良师益友
- ☐ 倾听学生“心声”，做学生的知心保密者
- ☐ 呵护学生，宽容大度对待学生的“错误”
- ☐ 善于创造和营造轻松愉悦环境
- ☐ 公平公正，不势利的对待每一位学生
- ☐ 知识渊博、专业扎实，能带给学生学识
- ☐ 平等对待学生，能听取和采纳学生好的建议和意见
- ☐ 经常表扬和鼓励学生，使学生充满自信和正能量
- ☐ 对学生行为“好奇”，帮助学生解决问题和困难
- ☐ 风趣幽默，能化解矛盾，活跃气氛
- ☐ 对自己的教育管理常总结、反思，及时改进和完善
- ☐ 思想开放，视野宽广，与时俱进，勇于创新

*3. **您的辅导员在您和您同学眼中是什么样的？**【多选题】

- ☐ 和蔼可亲
- ☐ 关爱同学
- ☐ 学识渊博
- ☐ 风趣幽默
- ☐ 公平公正
- ☐ 体贴温柔
- ☐ 宽宏大量
- ☐ 善于沟通交流
- ☐ 善于营造轻松气氛
- ☐ 认真负责，勇于担当
- ☐ 及时帮助学生解决问题
- ☐ 带动学生开展学术活动和研究
- ☐ 从辅导员身上学到很多为人处事品格
- ☐ （可自行填写）

*4. **您认为最好的高校辅导员是什么样的**【多选题】

- ☐ 知识渊博、专业扎实，能引导学生开展学术交流和研究
- ☐ 思想品德高尚，政治站位高，能引导学生树立正确的价值观、人生观、世界观
- ☐ 勇于创新、勇于担当的开展班级实践活动
- ☐ 善于沟通交流，了解学生个体差异，区别教育
- ☐ 善于营造轻松愉悦氛围，使学生能表达出内心深处想法
- ☐ 善于发现学生细微变化，对学生变化敏感和好奇
- ☐ 善于发现班级学生干部作用，给予自主管理权力
- ☐ 善于开发学生智力和能力，引导学生特性成长
- ☐ 善于采纳学生好的建议和意见，完善班级管理
- ☐ 能帮班级和学生解决实际问题和困难
- ☐ 与时俱进的学习新知识，带领学生尝试新的知识领域
- ☐ 善于利用信息技术开展教育管理
- ☐ 具有“学生的事无小事”观念
- ☐ 乐观积极的面对一切，带给学生正能量
- ☐ 立场坚定，不阿谀奉承，有自己的思想观点和原则

*5. **您想从辅导员那学到什么？**【多选题】

- ☐ 思想品德和修养
- ☐ 学识、专业知识
- ☐ 为人处事
- ☐ 社会阅历
- ☐ 风趣幽默
- ☐ 积极向上、乐观豁达
- ☐ 从别人的角度看问题
- ☐ 正直善良
- ☐ 对学生充满“爱”
- ☐ 管理能力、解决问题能力
- ☐ 沟通交流能力、组织协调能力
- ☐ 学习能力，领导能力
- ☐ 认真负责、有担当

*6. **您认为什么样的高校辅导员才是具有教育智慧的**【多选题】

- ☐ 从教育学的角度看待学生
- ☐ 对学生的“行为”具有“好奇”心
- ☐ 对学生教育具有敏感性和机智
- ☐ 从教育学的角度理解学生的内心体验
- ☐ 在教育情境中能瞬间做出对学生最好的教育行动
- ☐ 能营造良好的教育环境和氛围
- ☐ 具有总结、反思能力
- ☐ 能与学生互动，并产生“共鸣”
- ☐ 对学生充满爱心、责任心
- ☐ 对学生成长成才永远充满期待和希望
- ☐ 充分了解每个学生情况，能根据学生实际施以个体化教育
- ☐ 俯下身子倾听学生的“心声”，做学生的知心朋友
- ☐ 加强学习，积累经验，关注学生热点话题
- ☐ 思想开放，善于开发学生潜能，采纳学生好的建议和意见
- ☐ 关注时事政治，各项政策，及时传达给学生，引导学生把握一切机会
- ☐ 为班级和学生提供帮助，解决实际问题
- ☐ 保持适当“距离”，与学生保持良好的教育关系

*7. **请您描述下，让您最难忘的一次辅导员对您的教育体验。**

*8. **您是哪所高校的大学生**

9. **您的专业班级（不需作答）**

*10. **您的学历层次是**

◯ 专科

◯ 本科

◯ 研究生

*11. **您的年龄是多少岁**

*12. **您的性别是**

◯ 男

◯ 女

*13. **您是否是学生干部**

◯ 是

◯ 不是

14. **您的姓名（不需作答）**

提交

附录十一　高校辅导员智慧教育养成路径问卷(61 份)

高校辅导员智慧教育养成路径问卷

为使具有中国高等教育特色职业-高校辅导员，更好的发挥大学生成长成才的人生导师和知心朋友角色。现在高校辅导员中开展教育智慧养成路径问卷。烦请各位高校辅导员积极参与，认真作答，谢谢！

*1. 您是哪个层次的高校辅导员

○ 大专院校

○ 本科院校

○ 大学

*2. 您的性别是

○ 男

○ 女

*3. 您从事高校辅导员工作多少年

○ 1-3年

○ 4-6年

○ 7-10年

○ 10年以上

*4. **您的职称**

○ 初级职称

○ 中级职称

○ 副高职称

○ 正高职称

*5. **您最高学历**

○ 专科

○ 本科

○ 硕士研究生

○ 博士研究生

*6. **您的最高学位**

○ 学士学位

○ 硕士学位

○ 博士学位

*7. **您觉得有教育智慧的高校辅导员具有哪些特质**【多选题】

□ 对学生的行为常有“好奇心”

□ 具有教育敏感性和机智

□ 善于总结、反思

□ 能从教育学的角度看待学生

□ 对学生永远充满爱和信心

□ 能从学生内心体验开展教育

□ 能公平公正，解决学生实际问题

□ 能制造轻松愉悦的谈话及教育环境

□ 了解学生详细情况，施以个体化教育

□ 能充分利用网络信息技术开展教育

□ 能与时俱进自我学习、提升，掌握最新知识和领域

□ 勇于创新、担当的引领学生开展实践、学术活动

□ 善于倾听学生的“心声”和观察学生的“细微”

□ 善于抓住教育学时刻

□ 善于发现学生优长，引导学生成长

□ 能在教育情境中瞬间做出最适切的教育行动

*8. **您觉得目前我国高校辅导员有哪些缺失？** 【多选题】

- □ 缺失个体化教育
- □ 缺失理性化教育
- □ 缺失从教育学角度理解学生的生活体验
- □ 缺失教育敏感性和机智
- □ 缺失从教育学角度看待学生
- □ 缺乏教育艺术性
- □ 缺乏“知行合一”的教育生活体验
- □ 缺乏批判性教育思维
- □ 缺乏对学生行为的“好奇心”
- □ 缺乏使学生能感知的“在”
- □ 缺乏营造轻松愉悦的氛围和环境
- □ 缺乏教育能力提升的培训
- □ 缺乏教育智慧养成的培训
- □ 缺乏获取更多晋升的机会
- □ 缺乏国家、高校、社会的认可度
- □ 缺乏安全感和归属感
- □ 缺乏稳定性

*9. **您觉得目前高校优秀辅导员具有哪些特质？** 【多选题】

- □ 弘扬传统文化、坚定理想信念
- □ 善用“思政课”，激发学生青春梦想
- □ 用心关爱，温暖学生
- □ 倾尽毕生所学，引导学生成长
- □ 用尽全力，帮助学生解决困难，走出困境
- □ 细心呵护和观察，执行个体化教育
- □ 以身作则，引领学生积极向上、乐观进取
- □ 善于发现学生优长，鼓励学生特性发展
- □ 善于学习，与时俱进
- □ 善于沟通交流，晓之以理动之以情
- □ 善于抓住教育时机，达到事半功倍
- □ 能从教育学角度看待学生

* 10. **您觉得我国高校辅导员教育智慧养成路径有哪些？**【多选题】

- ☐ 参加各种专业、业务学习与培训
- ☐ 养成总结和反思习惯，不断提升教育敏感性
- ☐ 描述和撰写教育生活体验故事
- ☐ 对“教育生活体验故事”开展反思
- ☐ 组织或参与集体反思和研讨，分享教育体验
- ☐ 在实践中反思，在反思中实践
- ☐ 不断学习，掌握热点领域和新知识，与时俱进
- ☐ 从教育现象学视阈下开展教育研究
- ☐ 从教育学、现象学视角下开展学生教育
- ☐ 走进学生，与学生“同在”，了解学生的体验
- ☐ 建立日常教育“备忘录”“教育故事案例”等“台帐”

11. **请描述下您最难忘的一次教育生活体验故事。（无需在意文笔文采，只需真实、原本描述出来即可）**

12. **您觉得高校辅导员教育智慧养成路径还有哪些？（在第十题基础上进行补充）**

附录十二　参与研究高校辅导员教育智慧养成与发展问卷(11位)

“中国高校辅导员教育智慧养成之教育现象学行动研究”追踪访谈问卷

为了解参与“中国高校辅导员教育智慧养成之教育现象学行动研究”高校辅导员，在参与研究过程中是否养成或发展了自身教育智慧？以便使本研究更有信度，特展开本追踪访谈及调研。

1. 您从事高校辅导员工作年限？（所有人都填写）

2. 您在撰写“体验故事”时有哪些反思和感悟？（撰写“体验故事”辅导员填写）

3. 教育现象学一对一访谈对您反思“教育体验”有何帮助？（受访谈辅导员填写）

4. 针对“体验故事”的聚焦反思研讨，给您带来了什么教育启发或洞见？（聚焦反思人员填）

5. 您参与本研究后，对大学生的教育有何改变？（所有人都填写）

6. 您对高校辅导员教育智慧养成有何建议？（所有人都填写）

*7. 您参与本研究后，自身的教育敏感性和机智是否得到了提升？（所有人）

○ 是

○ 否

*8. “聚焦反思研讨”活动是否使您获得了教育启发和感悟？

○ 是

○ 否

*9. 您在撰写、描述“体验故事”时，是否对学生行为产生了更多的好奇和敏感？

○ 是

○ 否

附录十三　高校辅导员制度

1.《关于在高等学校有重点地试行政治工作制度的指示》(1952 年)

2.《教育部直属高等学校暂行工作条例(草案)》(1961 年)

3.《高等学校学生思想政治工作暂行规定》(1981 年)

4.《中共中央关于改进和加强高等学校思想政治工作的决定》(1987 年)

5.《中国大百科全书·教育》(1995 年)

6.《中共中央关于加强和改进思想政治工作的若干意见》(1999 年)

7.《中共中央国务院关于进一步加强和改进大学生思想政治工作的意见》(2004 年)

8.《教育部关于加强高等学校辅导员班主任队伍建设的意见》(2005 年)

9.《普通高等学校辅导员队伍建设规定》(2006 年)

10.《2006—2010 年普通高等学校辅导员培训计划》(2006 年)

11.《普通高等学校辅导员培训规划(2013—2017 年)》(2013 年)

12.《高等学校辅导员职业能力标准(暂行)》(2014 年)

13.《普通高等学校辅导员队伍建设规定》(2017 年)

14.《高校思想政治工作质量提升工程实施纲要》(2017 年)

15.《高等学校学生心理健康教育指导纲要》(2018 年)

附录十四　高校辅导员工作任务

高校辅导员综合工作任务一览表

序号	工作项目	工作内容	工作时间
1	党务工作	写论文；主题党日活动；升国旗；写简讯，通讯；填写入党材料，相当烦琐；支部会；党课笔记；谈话、宿舍、困难学生、对应团支部等的通知监督工作；临时性安排；党委组织的各种竞赛	星期为单位，时间花费较多
2	团务工作	团活（团活都有主题，辅导员进行调配、督导）；青年志愿者活动（为使该活动有深度并上报上电视，辅导员要花费大量时间）；主题宣传、教育活动，如节水、节电等；板报（督导）；例会；其他活动；临时安排	星期为单位
3	学工工作	早读、晚自习的例行检查；宿舍卫生、留人情况的例行检查；学生上课情况的点名；检查有无通宵上网，在外租房情况；大型活动、晚会、运动会等的信息沟通工作；根据领导指示迅速下发的整顿某些风气的安排；晚讲评（例会）；临时的各种通知	以天为单位
4	其他工作	教学办临时调课，选课、学籍注册等；校医院体检，急诊，统一疫苗注射等；保卫科下发的各类通知；教授督导组的检查；户籍室的各种通知；其他部门的临时通知，如后勤、财务等；任课教师的要求与安排	不定，但要求发出较急，要迅速做出回应

高校辅导员学生工作细化表

序号	工作内容	时限
1	各种请假批条；学生会、团委等建立、招新、调配、安排（由于缺乏高年级带，学生干部普遍缺乏经验，需要辅导员足够指导）；对于大型学生活动的统一协助、安排、调度；大课间通知事情；讲评的计划与实施；解决学生的各种问题，如调宿舍，解决学生间矛盾，解答生活、工作、学习上的疑问等；做学生的人生指导；等等	共性，长期性
2	学生的心理问题；突发性事件，如打架，出走，急诊等；沉溺于网络、游戏者；未经请假外出不归者；由于一时情绪激动，做出不理智决定者；无意识参与各种行为，被骗甚至受到人身伤害者；一些学生心灵阴暗，有心理变态倾向，如伤人、偷窃者；缺乏独立生活能力者；等等	个性，但最费心力，也最担心

续表

序号	工作内容	时限
3	早晚自习；宿舍内务、留人情况；逃课问题；上网问题；请假制度；租房问题；酗酒问题；作弊问题；赌博问题以及各种不文明行为；等等	短期，但讲不到就要出问题
4	多些各种体验；读书风气；听大师讲学讲人生；一丝不苟的学术精神；搜索信息的能力；运用资源的能力；生活独立问题；人文精神；心理能力的锻炼；思维方式的进步；人际交往的能力	对学生真正有意义的，长远性
5	对于专业的兴趣；艺术以及美学的熏陶；安全自卫知识；独立学习的认识；研究性学习；独立的见解和对社会问题的思考与认识；诚信；道德心灵；创新意识；眼界；健康的体魄；并非急功近利的心理	
6	大学规划；职业规划；人生规划；自我意识；责任承担意识；社会责任意识；技能型人才的培养；价值观；意志力；等等	

高校辅导员影响因素明细表

影响因素	因素内容
自身因素	有家庭的辅导员要照顾孩子，老人；年轻大龄老师面临恋爱问题（时间、精力）；一些辅导员家庭存在不稳定因素；赡养家庭，需要想其他办法增加收入；工作的升迁空间狭小，不利于进取心，等待转行；在人际中采取自保策略，不愿展示自己的才华
其他因素	身体健康情况；校内的某些不良风气；一些冲击性事件；一些人觉得得不到重用；一些人觉得太累却得不到相应回报；周围遇到不好相处同事或上司；本身性格孤僻；与学生的不恰当交往；觉得周围人不理解辅导员的辛苦；等等
考核因素	党务、团务、政务等；每天至少深入宿舍一次；每天至少与二名学生谈话，并有报告（写报告形式化，费时）；每周至少检查一次学生上课情况；早自习、晚自习、学生违纪情况、宿舍、四级、计算机通过率等；论文发表情况；等等

参考文献

[1] 埃德蒙德·胡塞尔.欧洲科学危机和超验现象学[M]. 张庆熊,译,上海:上海译文出版社.2005

[2] 洛伦 S.巴里特,托恩·比克曼,汉斯·布利克,等.教育的现象学研究手册[M].刘洁,译. 北京:教育科学出版社,2010.

[3] 别敦荣.应用型高校的办学理念与建设路径[J].中国高教研究,2022(4):1-8.

[4] 陈尚达,吴迪.教学智慧及其生成路径[J].教育科学研究,2017(8):53-57.

[5] 陈贤艮.教育智慧的形成机制研究[D].重庆:西南大学,2010.

[6] 陈向明.教师实践性知识研究的知识论基础[J].教育学报,2009,5(2):47-55.

[7] 陈向明.实践性知识:教师专业发展的知识基础[J].北京大学教育评论,2003,1(1):104-112.

[8] 陈晓东.高校辅导员在新冠肺炎疫情防控中的新挑战、新角色和新突破[J].科教文汇,2020(25):36-38.

[9] 陈勇,朱平.高校辅导员"双重身份"的现实与未来[J].思想理论教育导刊,2016(10):144-148.

[10] 陈正芬.我国高校辅导员制度研究[D].重庆:西南大学,2013.

[11] 程芬萍.教师教学智慧的类型与生成[J].教学与管理(小学版),2019(7):1-3.

[12] 邓锐.大数据背景下高校辅导员学生管理工作的挑战与策略[J].国际公关,2022(7):22-24.

[13] 邓喜英.新时代高校辅导员素质能力提升路径探究:兼谈辅导员的"七种能力"[J].湖北开放职业学院学报,2023(19):56-58.

[14] 杜社娟.高校辅导员队伍建设政策研究[D].郑州:郑州大学,2020.

[15] 高丹燕.辅导员应对心理问题学生机制研究:基于个案比较[J].湖北开放职业学院学报,2019,32(8):103-105.

[16] 高晓晶.先秦儒家生命智慧对当代大学生人生观教育的启示[D].北京:北京化工大学,2016.

[17] 顾明远. 教育大辞典[M]. 增订合编本. 上海:上海教育出版社,1998.
[18] 郭红霞,方晓东. "现象学研究方法在教育科学研究中的运用"报告会综述[J]. 教育史研究,2006(1):95-96.
[19] 郭宇琼. 新形势下高校辅导员学生管理工作面临的挑战及其应对[J]. 产业与科技论坛,2020,19(24):285-286.
[20] 海朋洋. 我国高校辅导员制度的发展历史与未来趋势[J]. 产业与科技论坛,2020,19(5):132-133.
[21] 何萌. 高校辅导员核心能力建设问题研究[D]. 济南:山东大学,2016.
[22] 赫伯特·施皮格伯格. 现象学运动[M]. 王炳文,张金言,译. 北京:商务印书馆,1995.
[23] 黄丽. 新冠肺炎疫情下高校辅导员面临的挑战及应对策略[J]. 黄冈职业技术学院学报,2021,23(3):52-55.
[24] 姜浩. 智慧德育研究[D]. 石家庄:河北师范大学,2018.
[25] 姜美玲,王赛凤. 理解教师实践性知识[J]. 全球教育展望,2004,33(11):47-51.
[26] 靖国平. 教育的智慧性格:兼论当代知识教育的变革[D]. 武汉:华中师范大学,2002.
[27] 鞠玉翠. 教师教育与教师个人实践理论的更新[J]. 教育探索,2003(3):92-94.
[28] 黎晓明,莫妮莎,王新婷,等. 辅导员视角下的大学生教育管理智慧[J]. 管理观察,2017(6):155-157.
[29] 李德华. 新手教师实践性知识的建构:从教师生活史分析[J]. 当代教育科学,2005(12):26-30.
[30] 李端节. 教学智慧及生成路径初探[J]. 山西青年,2022(2):157-159.
[31] 李树英. 关注生活的体验与以人为本的德育:现象学的人文科学方法在德育中的运用[J]. 中国德育,2006(8):87-90.
[32] 李树英. 教育现象学视野下的教师课程决定研究[J]. 河南大学学报(社会科学版),2011,51(1):147-151.
[33] 李树英. 教育现象学:一门新型的教育学——访教育现象学国际大师马克斯·范梅南教授[J]. 开放教育研究,2005(3):4-7.
[34] 李树英,马克斯·范梅南. 生活体验研究:人文科学视野中的教育学[M]. 宋广文,译. 北京:教育科学出版社,2003.
[35] 李树英,王萍. 教育现象学的两个基本问题[J]. 华东师范大学学报(教育科

学版),2009,27(3):40-45.
[36] 李树英,郑曼瑶.并非遥不可及的学问:再论教育现象学[J].教育研究,2021,42(4):64-73.
[37] 李志兴.教育现象学视角下的教师行动研究[D].保定:河北大学,2015.
[38] 梁广东.职业能力提升视角下高校辅导员实践智慧探析[J].河北农业大学学报(农林教育版),2016,18(2):129-132.
[39] 梁亚娟.回归生活世界:从胡塞尔《欧洲科学危机和超验现象学》谈起[J].西北农林科技大学学报(社会科学版),2006,6(2):127-130.
[40] 廖勤.高校辅导员学工智慧初探[J].高校辅导员学刊,2017,9(6):17-20.
[41] 刘兴国.我国高校辅导员专业化发展研究[D].武汉:华中科技大学,2007.
[42] 罗伯特·哈里曼,刘宇,刘明艳.实践智慧在二十一世纪(上)[J].现代哲学,2007(1):63-73.
[43] 罗伯特·哈里曼,刘宇.实践智慧在二十一世纪(下)[J].现代哲学,2007(2):110-117.
[44] 马海艳,高晓霞,王莉.网络时代给高校辅导员工作带来的挑战和机遇[J].文教资料,2009(22):209-210.
[45] 马宏瑞,吴雅娜,王晓涵.基于教师专业发展的高校辅导员专业化建设途径探究[J].科教导刊(中旬刊),2020(23):74-75,184.
[46] 马克斯·范梅南,巴斯·莱维林.儿童的秘密:秘密、隐私和自我的重新认识[M].陈慧黠,曹赛先,译.北京:科学教育科学出版社,2014.
[47] 马克斯·范梅南.教学机智:教育智慧的意蕴[M].李树英,译.北京:教育科学出版社,2015.
[48] 马克斯·范梅南.教育的情调[M].李树英,译.北京:教育科学出版社,2019.
[49] 马克斯·范梅南.实践现象学:现象学研究与写作中意义给予的方法[M].尹垠,蒋开君,译.北京:教育科学出版社,2018.
[50] 慕海军,王晓鹏,李世龙.中美高校辅导员职能比较与我国高校辅导员专业化建设[J].思想政治教育研究,2008,24(4):103-106.
[51] 彭聃龄,陈宝国.普通心理学[M].6版.北京:北京师范大学出版社,2023.
[52] 任建蕊.高校辅导员队伍专业化建设研究[D].石家庄:河北科技大学,2009.
[53] 宋一婷.高校辅导员实践智慧探寻:基于全国高校辅导员年度人物的文本分析[J].高校辅导员学刊,2021,13(5):32-37.

[54] 宋钰.师生关系中的身体意蕴探究:基于梅洛-庞蒂的身体-主体理论的重思[J].当代教育理论与实践,2013,5(6):34-36.
[55] 孙景福,陈东旭.新时代高校辅导员素质能力提升路径探析[J].宿州教育学院学报,2022,25(2):15-19.
[56] 唐文红.我国高校辅导员队伍建设政策研究[D].桂林:广西师范大学,2016.
[57] 王春旭.新时代高校辅导员素质能力提升路径探赜[J].南阳师范学院学报,2024,23(4):89-94.
[58] 王鉴,徐立波.教师专业发展的内涵与途径:以实践性知识为核心[J].华中师范大学学报(人文社会科学版),2008,47(3):125-129.
[59] 王萍.教师的教育情怀及其养成:基于教育现象学的视角[J].当代教育科学,2020(9):18-23.
[60] 王萍.教学智慧生成研究[D].济南:山东师范大学,2015.
[61] 王萍.教育现象学的发展历程[J].河北师范大学学报(教育科学版),2011,13(9):70-74.
[62] 王劝.高校辅导员职业能力提升与专业化发展[J].文教资料,2018(18):157-158.
[63] 王宇.教师实践性知识及其发展策略研究[D].长春:东北师范大学,2009.
[64] 王宇琼.论教师教育智慧的形成[D].太原:山西大学,2013.
[65] 席梅红.论教师实践智慧的可言传性[J].教育发展研究,2008,28(20):74-77.
[66] 向伟.新时代高校辅导员素质及提升策略研究[D].长沙:湖南师范大学,2020.
[67] 肖晓哲.国内外高校学生事务工作比较分析及对高校辅导员职业能力研究的启示[J].高教学刊,2018(4):16-17,20.
[68] 徐辉富.教育现象学及其研究步骤[J].开放教育研究,2008,14(2):32-39.
[69] 徐立波.教师实践性知识生成与发展研究[D].兰州:西北师范大学,2009.
[70] 杨茜.教师教育智慧的教育现象学透视[D].宁波:宁波大学,2008.
[71] 杨雪菲.智慧教育的机遇与挑战:互联网+教育的伦理问题探析[D].重庆:西南政法大学,2016.
[72] 叶澜.在学校改革实践中造就新型教师:《面向21世纪新基础教育探索性研究》提供的启示与经验[J].中国教育学刊,2000(4):58-62.
[73] 殷玉新.教师实践性知识的获得:为何与何为[J].湖南师范大学教育科学

学报,2015,14(6):34-40.

[74] 俞国良.创造力心理学[M].杭州:浙江人民出版社,1996.

[75] 袁强,张杰.教师个人实践智慧生长的影响因素探析[J].当代教师教育,2009,2(4):29-32.

[76] 张楚廷.教育学属于人文科学[J].教育研究,2011(8):3-8.

[77] 张军.智慧教育视域下的全人化人才培养[J].中国高教研究,2022(7):3-7.

[78] 张耀灿.研究思想政治教育“人学范式”的拓新之作:评林伯海教授《思想政治教育的人学取向》一书[J].邓小平研究,2016(3):156.

[79] 张耀灿,郑永廷,吴潜涛,等.现代思想政治教育学[M].2版.北京:人民出版社,2006.

[80] 赵凯荣.论马克思的现象学[J].马克思主义哲学研究,2023(2):1-13.

[81] 赵正新.教师实践智慧的来源与生长探析[D].上海:上海师范大学,2015.

[82] 钟登华.坚定中国特色高等教育自信加快推进高等教育高质量发展[J].中国高教研究,2022(7):1-2.

[83] 周浩波,李岩.新时代高校辅导员队伍专业化建设体系探究[J].学校党建与思想教育,2021(19):77-80.

[84] 朱小蔓,何蓉.论教育现象学及其应用:兼论教师的教育现象学反思写作[J].教师教育研究,2014,26(6):1-5.

[85] 朱羽潇.教师实践性知识的基本内涵与价值[J].文学教育(下),2022(3):168-170.

[86] BODE B H. Three Thousand Years of Educational Wisdom: Selections From Great Documents. Edited and commented upon by Robert Ulich, Harvard University. Cambridge: Harvard University Press, 1947.

[87] BRINK MANN M. Purposes of school-a phenomenological analysis via Hegel, Langeveld and Fink[J]. Journal of Curriculum Studies, 2021, 53(3): 255-269.

[88] CHEN C, CHEN M. The research of social network analysis on college students' interactive relations [J]. International Journal of Cognitive Informatics and Natural Intelligence, 2021, 15(2): 49-59.

[89] CHESSMAN H M. Student affairs professionals, well-being, and work quality[J]. Journal of Student Affairs Research and Practice, 2021, 58(2): 148-162.

[90] DE F AFONSO E Z, TAYLOR P C. Critical autoethnographic inquiry for culture-sensitive professional development[J]. Reflective Practice, 2009, 10(2): 273-283.

[91] DE F A, FONSO E Z, TAYLOR P C. Critical autoethnographic inquiry for culture-sensitive professional development [J]. Reflective Practice, 2009, 10(2): 273-283.

[92] FERMÍN-GONZÁLEZ M, DOMÍNGUEZ-GARRIDO M C. A phenomenological approach to Intercultural Initial Education[J]. Intercultural Education, 2021, 32 (6): 624-648.

[93] GARCIA C E, WALKER W, MORGAN D, et al. Aligning student affairs practice with espoused commitments to equity diversity and inclusion[J]. Journal of College Student Development, 2021, 62(2): 137-153.

[94] GREEN M V, DAVIS T J. A student affairs imperative: Articulating and mitigating supervisory tensions[J]. New Directions for Student Services, 2021, 20(175): 41-51.

[95] HA M J, RHEE E. A case study of smart learning in higher education[J]. Asia-Pacific Journal of Multimedia Services Convergent with Art, Humanities, and Sociology, 2017, 7(12): 335-343.

[96] HEATOR M. Learn how to turn student complaints into opportunities [J]. Student Affairs Today, 2021, 24(5): 5.

[97] HOLCOMBE E M, KEZAR A. Exploring the organizational value of integrated transition programs for underrepresented college students[J]. Journal of Student Affairs Research and Practice, 2021, 58(1): 15-28.

[98] KAZANTSEVA E V . Actualization of the ideas of narrative pedagogy in the conditions of personality-oriented education of higher school [J]. Humanitarian, 2017(1(2)): 26-28.

[99] KRUSÉ S A. Three Thousand Years of Educational Wisdom. Selections from the great documents by Robert Ulich. Harvard University Press, Cambridge, Massachusetts. 614 pp. $6. 50[J]. The Educational Forum, 1948, 12(4): 498-499.

[109] NAKAE S, HAYWOOD Y, LOVE L J, et al. Office of student affairs: engagement and leadership opportunities for medical students, residents, and fellows[J]. MedEdPORTAL, 2021, 17: 11093.

[101] ROBERTS J W. Service design in student affairs: blueprinting the student experience [J]. Innovative Higher Education, 2022, 47 (3): 367-387.

[102] STANDAL F. Phenomenology and adapted physical activity: philosophyand professional practice [J]. Adapted Physical Activity Quarterly:APAQ,2014,31(1):35-48.

[103] TIAN H S. Educational wisdom and intellectual teachers are called on by the times[J]. Frontiers of Education in China,2007,2(1):119-132.

后　记

掩卷时刻，已是夜阑人静。望着寂静又绚烂的夜景，“采得百花成蜜后，为谁辛苦为谁甜”涌上心头，日复一日地研究、撰写，今天终于可以搁笔。通过查阅大量研究领域文献和书籍，参与各种学术会议、论坛并作学术报告和主题演讲，我真正体验到研究的价值与意义，并迷上了以教育体验故事为研究数据，追寻教育体验中蕴含的本质与意义，让教育者能与受教育者更好相处的教育现象学研究方法。在研究过程中，我感悟到从教育现象学角度理解辅导员与学生内心体验的重要性。这种研究也让我在工作过程中深刻认识到教育现象学的魅力和价值，特别是对教育改革发展和人才培养的贡献。

感恩李树英教授给予我鼓励、关怀、支持和指导，在他的悉心指导下，我增长了学识和智慧，逐渐从学生转变成学者。

感恩我的导师汤贞敏教授，本书的顺利完成离不开导师的悉心指导。从选题、写作到定稿的每一个环节都倾注了导师的大量心血。

感谢我的工作单位——广东科技学院，感谢董事长刘东风、校长梁瑞雄、常务副校长周二勇对我工作和学业的支持与指导，没有他们作为强大的后盾，我恐难以完成本著作研究。

感谢参与研究的同事，林艳、肖波、叶梓三位院长和张珂、王盈、李贺、黄智勇、陈家纯、杨绪绪、张云波、宋菲、钟祖辉、樊婷、罗永彬等多位辅导员老师，是他们的参与撰写、描述、接受访谈和聚焦反思研讨，才使得本书顺利完成。他们丰富的教育理论和工作经验让我得到了很多研究启发和灵感。对他们的感激之情永记于心，只愿在以后的工作、生活特别是研究中，能同舟共济、肝胆相照，共同谱写研究新篇。

感谢我的宝贝女儿，是她给予我信心和动力，也是她引发和激起我对教育智慧的兴趣和研究，给予我研究的灵感和创意。

感谢我至亲至爱的父母。他们含辛茹苦地将我抚养成人、培养成才，他们无私的爱和殷切的期望始终是我前进的莫大动力！

人生道路上，我要感谢感激的人太多太多，纵有千言万语也难以描绘我心中的感激、感恩之情。正如李树英教授所说“教育是一种影响”“辛勤耕耘、必有回报”，我将在今后的人生旅途中，承载大家的关爱和期望，努力拼搏，积极进取，尽自己最大能力回报社会，回报所有关心、帮助、支持我的人。

“宝剑锋从磨砺出，梅花香自苦寒来。”我将继续在教育现象学、教育智慧、高校教育教学等领域开展科学研究，不断提升自身的真善美，谨遵自己心中明灯，努力创造自身人生的最大价值！